JN130146

昭和の懐かしい簡単レシピ帖

伊藤さん家の母の味

伊藤政彦
masahiko ito

歴史春秋社

双葉町の山田地区から遠く阿武隈の山々を臨む

ふるさと

井上　靖

〝ふるさと〟という言葉は好きだ。古里、故里、故郷、
どれもいい。外国でも〝ふるさと〟という言葉は例外
なく美しいと聞いている。そう言えば、ドイツ語の
ハイマートなどは、何となくドイツ的なものをいっぱい
着けている言葉のような気がする。漢字の辞典の援け
を借りると、故園、故丘、故山、故里、郷邑、郷関、
郷園、郷井、郷陌《きょうはく》、郷閭《きょうりょ》、郷里、たくさん出てくる。
故園は軽やかで、颯々《さっさつ》と風が渡り、郷関は重く、憂愁
の薄暮が垂れこめているが、どちらもいい。しかし、
私の最も好きなのは、論語にある〝父母国〟という呼び方で、
わが日本に於ても、これに勝るものはなさそうだ。
〝ふるさと〟はまことに、〝ちちははの国〟なのである。
ああ、ふるさとの山河よ、ちちははの国の雲よ、風よ、陽よ。

『詩集・遠征路』より

はじめに

私が幼少期を過ごしたのは、福島県の浜通り地方に在る双葉町である。平成二十三年三月十一日の東日本大震災に伴う東京電力福島第一原子力発電所の大事故によって存亡の危機に瀕しているあの双葉町である。

私は昭和二十七年の生まれで、母の実家がある岩手県の北のはずれにある温泉の町で三歳まで育ったが、それ以後は高校を卒業するまでの十五年間をずっと福島県の双葉町で過ごした。昭和三十一年から四十六年頃のことになる。

昭和三十年といえば戦後の混乱もどうにか収まり平穏を取り戻しつつある頃だが、経済的にも物質的にもまだまだ貧しい時代であった。

東京オリンピック（昭和三十九年）を境にして、片田舎の双葉町あたりにもようやく自家用車や家電製品がポツポツ登場し始めた。

その頃の双葉町は、農業以外にはさしたる産業もなく、わずかに「小野田精機」という工場が一つあるきりで、のんびりとした農村地帯であった。田畑を耕すのは牛や馬であり、町のはずれの葉タバコの収納倉庫には、煙草の葉を満載した馬車がひっきりなしに往来して道を糞で汚した。そのすぐそばを走る国鉄常磐線には、モクモクと黒い煙を吐きながら力強く走る蒸気機関車の姿があった。

人々の暮らしは一様に慎ましく、台所は土間に竈《かまど》、飲み水は井戸水で手押しポンプ、煮炊きや風呂の燃料は炭か薪である。夕暮れ時には、町の至るところの家々の煙突から白い煙が立ち上った。

便所は汲み取り式でトイレットペーパーなどはあるはずもない。

憧れのテレビはまだまだ高嶺の花で、一般庶民は、わずかにお医者様の家ぐらいにしかなかったテレビに群がった。人気のプロレスや大相撲の実況中継放送には皆がおしかけて手に汗握って観戦した。人々の娯楽といえば、町に一軒の映画館が健在で、夕方ともなれば景気づけに拡声器で流行歌を町中に響き渡らせていた。ペギー葉山の歌う「南国土佐を後にして」が今も私の耳にこびりついている。

幼い私は、時代劇映画好きの父に連れられて映画をよく見にいった。

双葉町の商店街は小規模ながらも活気があり賑わっていた。

新山から長塚まで旧国道六号線沿いに五十～六十軒の商店が並び、食料品店、肉屋、魚屋、八百屋、豆腐屋、菓子屋、食堂、寿司屋、旅館、酒屋、呉服屋、洋品店、雑貨・金物屋、電器店、薬屋、時計屋、自転車屋、燃料店、花屋、本屋、新聞販売店、仏具屋などと一応一通りの店が揃っており町の人々の暮らしを支えていた。

夕方ともなれば、夕餉のための買い物をする主婦で賑わった。

皆、一様に割烹着を着け、竹や蔓を編んだ買い物籠を提げていた。野菜は、たいがい新聞紙に、魚や肉、豆腐などの食品は経木や竹の皮に包まれたものを、買い物籠に入れるのである。ビニール袋などはまだなく化学製品の類は輪ゴムぐらいのものか。

冷蔵庫が普及していないあの頃は、その日に食するものしか買わなかったので、買い物は毎日のことであった。主婦は毎日出かけ、買い物のみならず、店先で近所の人達とのおしゃべりに興じ情報を仕入れるのであった。「どこそこの娘さんの縁談が決まったらしい」とか「どこそこの爺さんが寝込んでしまった」とか。

お盆や年末の大売り出しや新春のダルマ市などの時には驚くほどの人出があった。どこからこんなに人が集まってきたのかと思うぐらい大勢の買い物客でごった返したものだ。

その双葉町の商店街は、今や原発事故のために全ての町民が避難してしまってあの昭和の姿そのままに、悲しいかな、ゴーストタウンと化している。商店街どころか、山や野や川、そして海までもが放射能で汚染されてしまった。思い出いっぱいの我が故郷は、このまま消滅してしまうのであろうか。何とも無念でやりきれない……。

私は、十八歳で大学進学のために双葉町を離れ上京し、東京で長い会社勤めのあと、現在は退職して千葉県に在住している。

双葉を離れてから優に四十五年を超え、双葉で過ごした時間の三倍にもなる。齢六十を越えてから何かと過去を振り返り、故郷で過ごした日々を思い出すことが多くなった。

平成二十二年に母が脳出血で倒れてからというもの、かつて食べた母の味がやたらに懐かしく思い出されてならない。無理もない。幼少期から成長期まで母の手料理で育ったのであるから。子供時分には、外食をするなどということは滅多になかった。外食は、稀に両親に連れられて近隣の町のお祭りの時ぐらいのもので、食事は全て母の作るものと決まっていた。ましてや中学、高校の六年間は毎日休むことなく弁当の世話までかけたのである。

母を思う時、何より料理上手を思う……。しかし豊かではなかったあの時代、料理上手は、何も私の母だけではなく、どこの家の母親も料理上手だったに違いない。遊びに夢中になって腹を空かせた子供達のために、どこの母親もあり合わせのものをやりくりして、手早くパッパッと作って、食べさせてくれたのである。

「あの時のあれは旨かったなぁ」という思い出の中の母の料理は、何の変哲もないありふれた素朴な田舎料理ばかりであったが、そこに母心がこもっていたからこそ、格別に旨かったのであろう。

私にとっては、そんな母の味は、忘れようにも絶対に忘れられないものである。

人は、誰しもが故郷を想う時、真っ先に想い浮かべるものは何であろうか。やさしい父母や祖父母の顔か。美しい故郷の山や川か。

楽しかったお祭りの夜店の灯りか。いずれもがかけがえのない大切なものばかりに違いない。

私が故郷を想う時に浮かんでくるものは、「あの頃」「あの時」に食べた「あの味」「この味」なのである。我が故郷、双葉でしか味わうことの出来なかった大事な思い出の料理の数々である。

それらの料理は、自然と一体になった生活の中で育まれてきたものであり、自然の恵みを巧みに利用した季節感に富んだ潤いの濃いものばかりであった。私が過ごした昭和三十〜四十年代の双葉は、物質的には貧しかったが自然の恵みは実に豊かであった。

素朴ながらも旬のものに工夫を凝らした手料理が並ぶ我が家の食卓には、母の慈愛が満ちあふれていた。今、思うにそれは、私にとって単なる田舎の味ではない。それは、私に「食べる幸せ」を教えてくれた母の味であった。幼き頃に食べた味こそがその人の味覚を形作るといわれるが、私の味覚はまさに母の手料理によって作られた。そして家族で囲んだ食卓は、私に「食べる楽しさ」を教えてくれたのである。

食べ物や料理は、健全な身体を養うものであり、家族と囲む食卓こそが、健全な心を養うものである。

食は、衣食住の中で最も大切なものといえよう。食は、単に人間の命を支え、健康を保つだけのものではない。食は、常に人間に生きる喜びや楽しみを与えてくれるものであり、作り手、食べ手の双方に慈愛と情を感じさせるものである。日々の暮らしの食のみならず、おめでたい時、嬉しい時、その喜びや楽しさは、食によってよりいっそう華やぎ、倍加される。婚礼やお祭り、お盆やお正月、また仏事にも普段とは異なる特別の料理が作られた。

食は、常に人生のあらゆるシーンを彩るものであるから。

懐かしいあの昭和の時代、私は母の手料理を食べて育った。

何を食べ、どんな思いで、暮らしていたのだろうか。

思い致してみると少年時代に嗅いだ濃密な故郷の空気と共に、あの頃、あの時に食べた数々の料理が私の脳裏に次から次へと押し寄せて来る……。芹のごま和え、ワラビのおひたし、白魚とウドの卵とじ、タランボの天ぷら、筍ご飯、ふきのじゅうねん味噌和え、味噌おむすび、からし菜漬け、じゃがいもの煮ころがし、蒸しパン、ホッキ飯、鰹の焼きつけ、きゅうりのドブ漬け、ドジョウ汁、ハツタケご飯、ナメタガレイの煮つけ、茶碗蒸し……。どれもが切ないほどに懐かしい母の味ばかりである。

還暦を過ぎて四年になるが、母の味が恋しくてならない。

舌の記憶を唯一の手がかりに少年時代に食べたいろいろな料理、そして食卓の情景やあの頃の暮らし、家族の思い出などを思い浮かべながら一品一品と試作を繰り返してその再現に心血を注いでみたがこれがなかなか難しい。何ぶんにも、五十年以上も昔のことゆえに記憶違いや勘違いが多々あるものと思われる。

調味料や材料も異なるためか、なかなかあの「母の味」には近づけなかった。

我が母の味を忘れたくないという一心で台所に立ち、包丁を握り、孤軍奮闘し、夜な夜な慣れないパソコンに向かって筆を進めることになった次第である。かくして少年時代に故郷の双葉で食べた春夏秋冬の料理と、いっしょになって食卓を囲んだ家族の思い出などをあれこれと思い浮かぶままに綴ってみると、料理というものは、人や家族、故郷など私の心の旅路を語るのにこれ以上相応しいものがあろうかという思いを強くした。

食べることは、生きることである。それなるがゆえに食の記憶は、人生の記憶や生きた時代の記憶と直に繋がっている。

帰る故郷を失っても、故郷で暮らした思い出や家族と楽しく食べた料理は、永遠に私の舌と心の中に生き続けていく。

この先もずっと作り続けて、語り継ぎ、ずっと食べ続けていきたい。

失いたくない。

ふるさと双葉の味を。

伝えたい。

残したい。

思い出の味を。

切ないほどに懐かしい母の味を。

目次

秋

冬

ふたばの春

前田川の土手沿いに
待ちに待った桜の開花だ
里山には　タランボ　ゼンマイ
ワラビにウド
小川や谷津川のほとりには
セリやヨモギが顔を出す
田畑は　未だ眠りから覚めないのか
阿武隈の山峰には　うっすらと霞が
たなびき美しい
ぽかぽか陽気に誘われて
幼子達の元気な声が響き渡る
見守る爺のやさしいまなざし
間もなく
田畑には　鍬が入れられ賑やかな
農耕の日々が始まるのか
橋の上から水面を眺めると
川藻が清流に揺らいでいる
日増しに濃くなる魚影はハヤか
それともウグイか
川の水がぬるむにつれ泳ぐ動きも
早くなるみたいだ
心が浮き立ってくる
ああ　いとしい
わが　ふるさと　ふたばの春

芹のごま和え

［芹
白ごま］

摘んできた芹は丁寧に洗い、根っ子もきれいに洗う。そして熱湯にサッと通して湯がき、すぐに冷たい水にさらしてよく水気を切る。そしてよく擂った白ごまと醤油、砂糖、出しを合わせた衣で和えると出来上がりだ。早春の野の香りがその歯ごたえと共に口中に鮮やかに広がり、春の訪れを実感したものである。

早春に美味なのが、田の畔などに自生して、摘み草になる野芹。アクが強いので水にさらし、おひたし、ごま和え、白和えにすると美味しい。

レシピは118ページ

春、三月というけれど、双葉に春はまだやってこない。でも日増しに少しずつその気配は感じられる。

よく晴れた日には気温も上がり外へ出ても寒くはない。そんな時は、セーター一枚でも平気であった。

小学生時分の私は、母とよく芹摘みへいった。

昔の双葉南小学校の坂下から前田の田んぼの畔で芹を摘んだ。水はまだ冷たくて手が切れそうだったが、背中は陽が当たってぽかぽかと気持ちがよかった。

傍らの母は、唄を口ずさみながら手早く芹を摘んでいた。唄の好きな母は日頃からよく歌った。炊事や洗濯をしながら……。よく通るきれいな声であった。

私は、そんな母の唄を聞くのが大好きだった。

ザル一杯に芹を摘んで家に戻ると、母はすぐに湯を沸かして、手早く調理に取り掛かった。

すり鉢で擂るごまのよい香りが漂った。

ワラビのおひたし

［ワラビ
生姜
花かつお］

アクをぬいたワラビは固い根元の部分を切り落とし、サッと茹で、水気をよく切ってから三センチぐらいの長さに切り、器に盛り付ける。おろし生姜を添え、花かつおをのせ、醤油をかけていただく。またそばつゆ（辛つゆ）に一晩漬け込んだものや、とろろを擂りおろした山かけもオツなものである。汁の実や煮しめに使うのはいうまでもない。塩漬けにして保存すると一年中楽しめて嬉しい限りである。

ワラビはシダの新芽で、そのままではアクが強くて食べられない。木灰もしくは重曹をふりかけて、熱湯を注ぎ完全に浸かった状態で一晩置いてアクをぬく。それでも苦い時は、さらに水にさらすとよい。

レシピは118ページ

春の楽しみは山菜採りである。

山に入った瞬間に、木々の枝先から新芽が吹き、むせ返るような新緑の匂いとウグイスや野鳥のさえずりが響き渡り、全身で春を感じるのだ。

冬の寒さに耐え、養分を蓄えた山菜には独特の苦味と香りがある。アクが強くえぐみもあるが、これが旨い。病み付きになる味なのだ。この苦味こそが待ちわびた春の味であり、身体の中を浄化してくれるに違いない。

山菜の中でもワラビは特に美味で、そのねばりのある食感と繊細な味はまさに滋味というべきものであり、食通をうならせるに足る。

握りこぶしのような新芽が特徴で、芽が開いていない太いものが旨い。五月晴れの気持ちのよい日に弁当を持って父と山に入った。レジャーなど無縁の田舎では春の山菜採りは家族の楽しみごとなのであった。

山で広げた弁当の旨かったこと。ただの塩むすびであったが忘れられるものではない。

白魚《しらうお》とウドの卵とじ

［白魚　ウド　きぬさや］

春が旬のウドは香りと歯触りがよい。皮を厚くむいて、酢水に浸けてアクを取る。味噌を付けての生食や酢の物にする。皮は捨てずに細く切ってきんぴらにすると旨い。ウドの香りと淡泊で上品な白魚を濃い出しで軽く火を通して卵でとじると春の幸せを感じる。

白魚は、内湾性の魚で、二～四月頃に産卵のために河川や湖沼などに遡上する。生きている時は無色透明だが死後は白色不透明になる。淡麗なその姿が珍重され、味は淡泊で、出合い物のウドと卵でとじると絶品である。

白魚は、春を呼ぶ魚である。その当時は高級品で普段、口に出来るものではなかった。大事なお客様が来る時などに、この白魚でもてなしたのである。また「干し白魚」はお遣い物として重宝した。お客様が来ると、長塚の志賀魚屋までお使いにいかされた。お土産用の干し白魚は、薄板の箱にきれいに並べられて水玉模様のビニールの風呂敷に包んでくれた。その値段の高さにも驚いた。

たまには、我が家の食卓にも到来物の白魚が上ることもあった。そんな時は家族に歓声が上がったものだ。母は腕によりをかけて「白魚ご飯」や「卵とじ」を作った。

白魚は、ハゼの仲間のシロウオとは全く別種である。

漢字で白魚と書けば両方いっしょになってしまうために混同されることが多いようだ。白魚の方が、はるかに美味であり高価であるのはいうまでもない。新ワカメと白魚の酢の物なども、春を感じさせる一品で、お客様料理となった。後年、母は東京に戻る私に、世話になっている大家さんへのお土産として「干し白魚」をこの時期、必ず持たせてくれた。

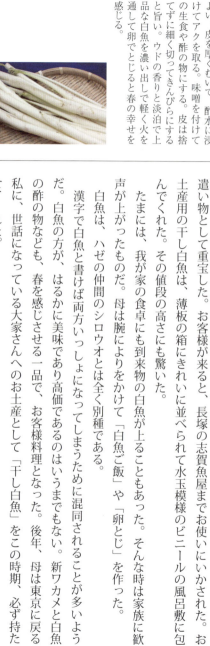

タランボの天ぷら

［タランボ（タラの芽）］

タランボとはタラの木の新芽。五～六月頃、十センチ程度の、葉の開く前の芽を食べる。その特有の香味は山菜の王者ともいわれる。天ぷら、汁の実、煮浸し、和え物などいずれも絶品である。

春、萌えの季節は山菜の季節でもある。双葉周辺の野山は山菜の宝庫であった。タランボ、シドケ、山ウド、コシアブラ、コゴミなど、一様に天ぷらが旨い。タランボは、袴を取って根元に十文字の切込みを入れ、高温の油で一気にカラリと揚げるのがコツである。

レシピは119ページ

タランボの時期が近づくと、父は決まって竹棒の先にカギ型の太い針金を付けたタランボ採りの道具作りに余念がない。タラの木は、大きなものは四～五メートルにも達する。幹や枝には鋭いトゲがあるので、タランボを手繰り寄せるためには不可欠の道具なのである。

父は、朝早くに家を出て近くの山へ向かう。

タランボ採りは先手必勝、早いもの勝ちなので、誰よりも先に採ることが大事なのだ。ちょうど、母が朝餉の支度に取り掛かった頃に籠一杯のタランボを抱えた父が戻ってきた。

「あいやー」と母の歓声に祖父母も台所に顔を出し、笑顔を見せる。

朝の食膳には早速タランボの卵とじの味噌汁が供された。

初物の山の恵みに皆、感謝するかのように黙って舌鼓を打つのであった。

初物のタランボは、神棚と仏壇にも供えられた。

その日の夕食には、タランボの天ぷらが出たのはいうまでもない。

海苔巻きと いなり寿司

昭和三十四年四月小学一年の遠足で浪江町の丈六公園へ。帰路は疲れて父の背におぶさった。この写真は父が写したもの。

小学一年生の時の遠足は、浪江町の丈六公園までおよそ五キロを歩いた。丈六公園は、富岡町の夜の森公園に次ぐ、双葉郡内の桜の名所であった。五キロという道のりは、小学一年生にしては充分過ぎる距離で足が痛くなった。カメラを持った父が付き添いで同行した。他の子は全員が母親だった。双葉南小学校を出発して旧国道六号線をぞろぞろと長い行列を組んで歩いた。当時の道路は舗装などされてはいない砂利道であった。自動車は滅多に通らず、ウグイスの唄声に包まれてのどかな道中であった。途中の休憩地点で飲んだ水筒の水がやけに旨かったのを覚えている。遠足の楽しみはやはりお弁当である。母の手による大好きな海苔巻きといなり寿司である。母の特製のいなり寿司には福神漬けの刻んだものが入っていてほんのりと甘くて旨かった。それに茹で卵も付いていた。お弁当の他に、真新しいリュックサックには、明治ミルクチョコレートや森永ミルクキャラメル、新発売の缶ジュースが入っていた。当時の子供にとっては、夢のような一日だった。

海苔巻き（太巻き）は、かんぴょう、卵焼き、サクラデンブなど二種類以上の具を芯にして、一枚の海苔で寿司飯を巻いたもの。いなり寿司は、甘辛く煮た油あげに寿司飯を詰めたもの。家庭で作るお寿司の定番である。

レシピは119ページ

筍ご飯

筍
木の芽
油あげ

筍にはいろいろな種類があるが、一番先に顔を出す孟宗竹がいわゆる筍である。鮮度がものをいうので掘ってからすぐに下茹でをすることが肝要。

筍は鮮度が命。早く下茹ですることが大事。鮮度によって米ぬかと鷹の爪を入れて湯がいてアクを取る。筍ご飯は、柔らかな穂先の部分と、食感も味わいもしっかりしている根元の部分の両方を楽しむ。しっかりと取った鰹と昆布の二番出しと、油あげを刻んで入れる。塩と醤油、酒で味を付けると、こっくりとした風味に炊き上がる。山椒の葉がさらに美味しさを引き立ててくれる。おむすびにしてもまた旨い。

レシピは120ページ

風薫る五月、竹林に一歩足を踏み入れると、筍があちこちにむっくりと頭を覗かせている。逸る気持ちを抑えながら品定め。

竹冠に旬と書いて「筍」である。その名の通り春の旬の味わいのさいたるものといえよう。天を穿つ勢いでぐんぐんと伸びるその勇姿にはたじろぎさえ覚えるほどの力強さがあり、さぞや身体にもよいに違いない。我が家では、皆が筍好きでこの季節を心待ちにしていた。

一番は何といっても筍ご飯である。柔らかな筍の風味と油あげのコク、そしてそのこっくりとした味わい。こたえられない春の美味しさである。無類の筍好きであった父のために、母はこの季節、毎日のように筍を調達してきては、ワカメや身欠きニシンと炊いて晩酌に供した。昭和三十年代の双葉では竹はまだまだ貴重な資源として籠、ザル、樽のタガ、物干し竿にと重宝されていた。従って竹林は、手入れも充分に行き届き、惚れ惚れするほど美しかった。

竹林の中は、気持ちがよくて心身が癒される思いがした。

メバルの煮つけ

［メバル
筍
きぬさや］

メバルという魚を漢字で書くと「目張」。文字通り目が大きいから「目張る」であって、魚体の大きさに比べて黒眼が大きく円らではっきりした魚である。目の澄んだ体色の鮮やかなものが新鮮な証拠である。体色は、棲む場所、深さによって異なるようで、アカメバル、クロメバル、キンメバルとあるが、アカメバルが一般的であろう。メバルは春から夏にかけて旨くなる魚だ。塩焼き、照り焼きも旨いが我が家では、何といっても煮つけであった。「今日は、よいメバルがあったよ」と買い物から帰った母の声に、魚好きの父は、にこにこしながら「んだがぁー」といかにも嬉しそうな声で応じる。メバルは旨い磯魚であるから家族皆に人気があった。夕暮れ時ともなると、メバルを煮つける旨そうな匂いが家中に漂ってきて食欲が刺激される。間もなく家族皆いっしょに笑顔で食卓を囲むのである。我が家では海の魚こそがいつも変わらぬご馳走であった。父は、メバルの身をたいらげたあと、熱い湯をかけて、頭から骨まで余すところなくしゃぶりつくし、最後には残ったその汁を旨そうに飲むのが常であった。

メバルは、軽く塩を振り三十分ほど休ませる。筍、きぬさやは、茹でておく。メバルのウロコを丁寧に取り、エラ蓋から包丁を入れ、ワタを取る。内側を水でよく洗う。鍋に酒、みりんを煮たてアルコール分をとばし、水、砂糖、醤油を入れ、メバル、筍を、落し蓋をして強火で煮つける。煮汁が半分になるまで煮詰まったら火を弱くしてさらに汁が少なくなるまで煮詰める。煮上がったら皿に盛り煮汁を少しかけ、きぬさやを添えて熱々を食べる。

レシピは120ページ

こってりと甘辛く煮つけたメバルは酒の肴によし、白い飯に、これまた旨いものである。筍やウドなどの出合い物を添えるとなお結構。

アイナメの味噌漬け焼き

［アイナメ しし唐］

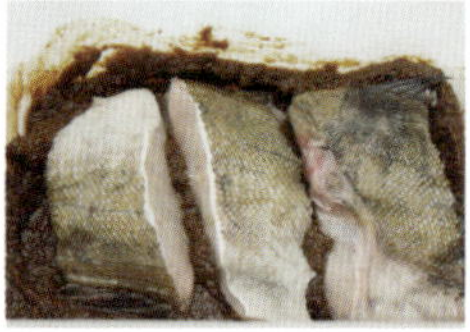

味噌床は、味噌とみりんを練り合わせて準備しておく。アイナメは、小骨が多いので三枚におろして、身から包丁目を浅く入れて骨切りをすると食べ易い。適当な大きさに切って、味噌漬けにする。一晩ぐらいで美味しく漬かる。焦げ易いので注意して焼く。

アイナメは、身は柔らかく淡泊で刺身も旨い。煮つけや照り焼き、から揚げなども美味である。

レシピは121ページ

アイナメは値段の割に旨い魚ということもあって、我が家では頻繁に食膳に上った。多めに買った時には、味噌漬けにして保存し朝に晩にと食べるのである。また近所に海釣りをする人がいて大漁の時にはお裾分けをいただいた。双葉の郡山海岸の磯では、アイナメの他にイシモチ、クロダイなどがよく釣れた。アイナメは大きく立派だった。新鮮なアイナメは刺身にした。身は柔らかく淡泊で旨かった。夏になると父はアイナメを、青シソやミョウガなどと味噌で叩いて酒の肴にして楽しんだ。煮つけてもその身はほっこりと旨かった。アイナメは、漢字で「鮎並」とも「愛魚女」とも書く。しかし、鮎に似ている点などは一つとしてない。愛魚女の当て字は、女性の肌のような感触を表すともいわれるが、アイナメの肌はザラザラしている。何故このような漢字を当てたものなのか全く不思議としかいいようがない。アイナメは、海岸近くの岩陰に潜んでいて、あまり動かずにじっとしている定着魚で、地味な色形をした目立たない魚である。東北の海で獲れるアイナメの味はクセもなく、なかなか侮れないオツなものである。ことにアイナメの味噌漬けは、高校の時の弁当のおかずにもよく用いられた忘れ難い味である。

ふきのじゅうねん味噌和え

［ふき　じゅうねん］

野ふきは、山野のいたるところに自生している。ふきの柄は、苦味が強いので板ずりして沸騰した湯に入れて茹で、冷水に取り皮をむいてから調理する。栄養的にすぐれたものはなく季節を味わうものである。

野ふきのほろ苦い味こそが春の味である。

山野にいくらでも生えているのを採ってきて晩餉のおかずにした。筍やワラビといっしょに煮たり、じゅうねん味噌で和えたりした。

じゅうねんとは、えごまのことで、福島ではじゅうねんという。母は、ごまのように煎って和え物やたれなどに使っていた。

また甘くして、餅やおはぎの衣に用いると旨い。じゅうねん味噌は、多めに作っていろいろと利用した。

懐かしい故郷の味である。

昔の子供は、学校から帰ると、ランドセルを放り投げて野山へ遊びに出た。夕方まで無我夢中で遊びに熱中した。

じゅうねん味噌の握り飯は、そんな遊びから帰った腹ペコの子供にとっては、最高のご馳走であった。

あの味を思い出すと今でも腹の虫が騒ぎ出す。

下茹でしたふきは皮をむいてからさらに水にさらしてえぐみを取る。じゅうねんはホウロクなどで煎ってからすり鉢で擂る。砂糖、味噌、出しを少し加えてさらに滑らかになるまでよく擂る。ふきは、出しで軟らかくなるまで煮る。水気を切ったふきとじゅうねん味噌をよく和えて出来上がり。ふきのほろ苦さとじゅうねんの香ばしさがよく合い春の味を堪能する。

レシピは121ページ

アサリとキャベツの蒸し煮

［アサリ
キャベツ
人参
きぬさや］

蒸し煮とは、材料を煮汁といっしょに入れて鍋蓋をして、蒸して火を通す方法をいう。材料が軟らかくなって味がよく浸み込み形も崩れにくい。

アサリは砂を完全に吐かせないと料理が台無しになってしまう。海水と同じ濃度の塩水につけて丁寧に砂を吐かせ、貝殻は、こすり合わせるようにして汚れを洗い落とす。殻ごと使う料理にはこの下準備が欠かせない。キャベツは大きめのザク切り、人参は千切り、きぬさやはスジを取っておく。強火で野菜を炒め、しんなりしたら、水、みりん、酒、醤油を入れて蓋をして沸き立つまで煮る。アサリを入れ、貝の蓋が開いてから三分くらい煮る。アサリには、持ち塩があるので塩加減には注意が必要である。

レシピは122ページ

母にとって、アサリとキャベツは黄金の組み合わせであった。

アサリは五月も終わりの頃になると相馬の中村あたりから活きのよいのを売りにきた。アサリはホッキと並んで最も身近な貝であった。特にアサリは、朝の味噌汁を始め、千切り大根といっしょに煮たおかずやねぎと酢味噌で和えたヌタなど父の酒の肴にも喜ばれた。

アサリの特筆すべきところは、何といってもその濃厚な出しの旨さである。この旨味が柔らかな春のキャベツにたっぷりと浸み込んだ味はキャベツの甘味と相まって絶品。

キャベツのことを祖母は「タマナ」と呼んでいたが、晩春から初夏にかけてのものは、巻はゆるいが葉肉が厚くて柔らかく、シャリッとした歯触りでとても旨い。また生食にも最適で、西洋野菜の中でキャベツが最も普及したというのも頷ける。

母は、度々この「アサリとキャベツの蒸し煮」を作った。野菜を嫌う子供でもこの料理は喜んでたっぷりと食べたからである。

エビガニの天ぷら

［エビガニ］

ザリガニは、戦後の食糧難の時に、アメリカから導入された食用蛙の餌としていっしょに日本にやってきた。蛙は美味しいが、日本人には受け入れられずにザリガニだけが残って繁殖し稲作に害をもたらした。しかしザリガニは本来、美味なもの。美食の国フランスでは好んで食べられている。

子供の頃、熱中した遊びにエビガニ釣りがある。餌はその辺で飛び跳ねている蛙で、捕まえてはすぐに地面に叩き付けて気絶させる。その後、ペロリと皮をむいてタコ糸に結び付け、細い竹を切って釣り竿に用いた。

エビガニは沼や川や田んぼなどどこにでもウジャウジャいた。稲に悪さをするので退治した方がよいと張り切った。エビガニの引きは強くその手応えがたまらなくて夢中になった。陽が沈むのも忘れて、いつも帰宅が遅くなり母に叱られた。

あの頃、家の周りは一面菜の花畑であった。私は春の宵闇の中で、家に入りづらくて菜の花の中に身を潜めてこっそりと家の様子を窺っていた。私の身を案じた母は勝手口から外へ出てくるや、いとも簡単に私を見つけて「そんなところに隠れてねぇで早く出てきなさい」という。

「ご飯冷めっから早く食べなさい」「……」「腹減ったべぇ」「……うん」

昔、双葉ではザリガニのことを「エビガニ」といった。バケツ一杯獲って帰ると母は気味悪がった。エビガニは、泥水の中にいる汚いもので、鶏の餌ぐらいにしか思われていなかった。旨さを知っている父の「天ぷらにしてみろ」の一言で、家族で食べることに。初めての味におそるおそる口に運ぶ。プリプリした歯ごたえで風味もよく気に入った。ポイントは、泥を吐かせること。そして寄生虫を持っている可能性があるので絶対に生食は避けて必ず加熱調理すること。むき身にして使う場合は背ワタを取ることなどである。安い冷凍の海老などよりはるかに旨い。

レシピは122ページ

真竹とニシンの味噌煮

「真竹
身欠きニシン
木の芽」

真竹は、孟宗竹に遅れること約ひと月ぐらいで顔を出す。比べると真竹は、細く小振りで、肉薄。食感も味も随分違う。淡泊であるが独特の旨さがあって捨てがたい。母は、真竹は味噌で煮た。チクワやさつま揚げ、そして時には身欠きニシンといっしょに煮た。しっかりした濃い味付けであった。筍好きにとっては、孟宗竹が終わってしまったあとの空白を再び埋めてくれる嬉しい真竹の時期の到来というわけで小躍りする。真竹は、竹細工の材料にも適しており、当時は盛んに籠やザルに用いられていた。双葉町にも数件の籠作りをなりわいにしている家があった。私の実家の道を挟んだお隣の家もそのうちの一軒であった。

子供の頃はそこのおじいさんの籠を編む見事な指さばきに見とれたものであった。作業場の中は竹の匂いにあふれていた。竹の切れ端や半端がうず高く積まれており、それをもらってきては、おもちゃ代わりに遊んだ。あの当時、山にあるもの、野にあるものなど自然の恵みを大事にし、季節を感じながら慈しむ生活があった。真竹の素朴ながらも柔らかな味わいは、まさに自然に寄り添った確かな生活の味わいであった。

穂先の柔らかい部分は下茹でをしなくてもそのまま刻んで汁の実に使える。太くなるにつれてアクが強くなるので柔らかく湯がいた方がよい。それを食べ易い大きさに切ってひたひたにかぶるくらいの水で煮る。戻した身欠きニシンを入れ、調味料（砂糖、酒、味噌の順に）を入れる。味噌は一度に入れないで味を見ながら入れていく。ニシンの旨味と味噌の香りが真竹の味をいっそう引き立てる。

レシピは123ページ

真竹は細くて小振り。「掘る」のではなく根元から「切って」収穫する。そのままでは、えぐみ、苦味、辛味があるので下茹でした方がよい。

からし菜漬け

［葉からし菜
天然塩］

寒さに耐え抜いて、内に秘めた鮮烈な辛さを春先になって見事に表す葉からし菜。鼻にツーンと抜ける辛さこそが双葉に春爛漫を告げるのである。

「葉からし菜」の鮮烈な辛さは他の野菜ではなかなか味わえるものではない。母はこの「葉からし菜」の漬物を作る時には、いつも熱湯をサッとくぐらせてから軽く塩を振って浅漬けにしていたような気がする。春眠を覚ますピリッとした辛さは、双葉の美味しい味噌汁と相まって、これだけで最高の朝めしになった。今では、懐かしい思い出の味になってしまった。

レシピは123ページ

五月の連休の帰省の折の楽しみの一つに「からし菜漬け」があった。それは、十八歳で故郷の双葉をあとにしてから何年経ってからのことであったろうか。定かではないが東京で食べる辛味の全く失せた「からし菜漬け」にうんざりさせられてからのことに違いない。

故郷の双葉で味わう母の漬けた「からし菜漬け」は、その鼻に抜ける鮮烈な辛さにおいて東京のものとは全く別物であった。その辛さは、まるで都会の淀んだ空気に弛緩した己の根性を、根底から目覚めさせるかのごときものであった。

母の漬ける「からし菜漬け」は、関東でよくあるような塩漬けではない。塩は辛味を奪ってしまうのであろうか。むしろ、塩を極力減らした、浅漬けに近いものだったような気がする。その代わり、辛味だけは存分に効いていた。朝めしの時に食べると、食欲が増して旨かった。

母は、私が東京に帰る時には決まって、握り飯とこの「からし菜漬け」をたんと持たせてくれた。

新じゃがの煮ころがし

［新じゃがいも］

土の香りがするコロコロとして可愛らしい新じゃがは「春いも」とも呼ばれる。新じゃがこそ「煮ころがし」にしてホクホクと熱いうちにパクリと頬張りたいもの。

小粒の新じゃがであれば、タワシでこするぐらいで皮付きでもかまわない。そのまま熱した鍋で炒め、煮出し汁を加えて、煮立てば中火にして落し蓋をして煮込み、最初に砂糖を入れ、蓋を取って少し煮詰めて甘味を含ませる。次に醤油を少し入れ新じゃがが軟らかくなって煮汁が少なくなった段階でみりんと醤油を入れて、鍋を上下に動かしてあおり新じゃがを転がしながら煮汁をよくからませて甘辛く艶よく仕上げる。

レシピは124ページ

祖母は、常磐線の線路脇の小さな畑でいつも何かしらの野菜を作って楽しんでいた。その畑は、昭和三十二年五月十七日の夜八時二十分頃、上野発青森行き下り急行「北上」が脱線事故を起こした現場の鉄橋のすぐ近くにあった。祖母は、農家の生まれではなかったが出来た野菜はどれもなかなかどうして立派なもので、エンドウ豆、じゃがいも、きゅうり、茄子、トマト、トウモロコシなどを作って家族をとても喜ばせた。初夏を思わせる強い日差しのもと、気持ちのよい汗をかきながら小さな畑で祖母と父と三人で「じゃがいも掘り」をした。まだ学校に上がる前の頃のことか。今になってもその時の情景は鮮明に思い起こすことが出来る。掘り出した新じゃがはすぐその晩のおかずとして「煮ころがし」になった。砂糖と醤油の甘辛い味付けでほくほくと旨くてたくさん食べた。新じゃがというのは、小粒で皮が薄くていかにも「春のいも」という感じがする。皮が薄いので包丁は使わずに、タワシでこするか、そのまま皮ごと食べるのも新じゃがの醍醐味であろう。新じゃがの旨さを語るうえでこのシンプルな「新じゃがの煮ころがし」という料理以上の料理はないような気がするが、いかがなものであろうか。

ニラと生利節の酢味噌和え
ニラと卵とじの醤油汁

ニラ
ワカメ
生利節

ニラ
卵

万葉時代には「蒜《ひる》ヒル（ノビルのこと）」と並び、「美良《みら》ミラ（ニラのこと）」は人気があった。魚や貝の膾《なます》に加えて風味付けに用いたようである。中国が原産で薬用として渡来したといわれるだけあって、その当時からすぐれた栄養価と効能は知れ渡っていたようだ。

ニラは、身体によいということで、よく食べさせられた。朝の味噌汁や夕のおつゆの実として食べることが多かったようである。あの頃は、おつゆのことを味噌汁と区別してあえて醤油汁といった。ニラと生利節の酢味噌和えは、父の好物でもあった。腹をこわした時の療養食として「ニラ粥」や「ニラ雑炊」なども食べさせられた記憶がある。ニラの葉は柔らかく、硫化アリルによる特有の強い臭いを持つ代表的な緑黄色野菜である。ビタミンAのもとになるカロテンやビタミンCも多く含まれ、スタミナの付く野菜であることは遠く万葉の時代から知られ、戦国武将の明智光秀は、ニラ粥が好物であったそうである。農家の庭先には必ずといってよいぐらい植えられていて、自家用野菜として利用されていた。春から本格化する農作業で疲れた身体を癒すスタミナ食として、ありがたがられてきたのである。

ニラは、臭いが強いので味噌との相性がよい。従って味噌汁や酢味噌和えが旨いわけである。調理する際の注意は、青みを損なわないようにすることである。加熱し過ぎると青みが褪せて、シャキシャキとした食感も失われ風味がなくなってしまう。酢味噌和えにする際にも、茹で過ぎは禁物である。保温作用があることから、寒い地方では常食されてきた。また殺菌や防腐作用もあるので、腸の有害物質の繁殖を抑え、腹痛や下痢にも効き目があるといわれている。餃子やレバニラ炒めなどがスタミナを付けたい時の人気メニューになっている。

レシピは124ページ

蒸しパン

薄力粉
黒砂糖
ベーキングパウダー
黒ごま

五月、田植えが済むと畑仕事だ。大麦の収穫、大豆、小豆、とうみぎ、じゅうねんを植え、裏の野菜畑には夏野菜を植える。次から次へと大忙しである。自ずと野良にいる時間が長くなる。そんな時、楽しみなのが小昼飯である。握り飯や漬物などの常備菜、そして蒸しパンなどの甘いものや季節の果物などを楽しむのである。うららかな春の日、菜の花の香りに包まれて、ウグイスの声を聴きながら熱々の蒸しパンを頬張った。

弟と（昭和35年春）

小麦粉に黒砂糖、膨らし粉、水を加えて練ったものを、蒸し上げたもの。昔懐かしい味がする。弁当箱を型にして手軽に作った。昔の子供は、この素朴極まりない蒸しパンが皆大好きであった。よく、母の作る蒸しパンの出来上がりを、幼い弟と二人でジッと待っていた。蒸《ふか》し缶の蓋がカタカタと音を立て蒸気が吹き始めるとよい匂いがしてくる。出来上がりの熱々の蒸しパンは、火傷しそうなくらい熱かったが黒砂糖の味がして旨かった。

レシピは125ページ

昭和三十年代の町の子供の一日の小遣いは、低学年で五円、高学年になって十円であった。それさえもらえない子供もいた。駄菓子屋などで甘納豆、ノシイカ、マエダのクラッカーなどを買って楽しんだ。また、メンコやビー玉、小刀、釣り道具なども買った。腹が空けば、あとは母の作ってくれたおやつがあった。遊び疲れ、腹を空かして家に帰ると夕飯までとても待ちきれない。母に食べ物をせがむのである。忙しい時は、手早く、味噌おかかのおむすびを握ってくれた。余裕のある時には、蒸しパン、ドーナツ、かき餅などが戸棚に入っていた。あとは、サツマイモ、どんどん焼き、ホットケーキ、柿やナシなどの果物……。その時その時様々であった。蒸しパンは、どこの家でも作るおやつであった。黒砂糖の甘さとしっとりとした食感で、素朴ではあるがあとを引く旨さがあった。子供達は、皆大好きだった。子供のおやつのみならず、小昼飯《こじはん》にも持っていった。午後三時頃になると、農家の子供はお婆さんから「野良さ、こじはん持っていげ」といわれて、握り飯やら漬物やら、蒸しパンなどを背負って持っていったのだ。あの時代は、何でも手作りで自給自足のような暮らしが普通であった。

新玉ねぎのおろし納豆

［新玉ねぎ　納豆］

玉ねぎを生食にするには薄切りにしなければならない。薄切りはまず、縦半分に切って芯を取ってから繊維にそって包丁をすべらすようにしながら切るとよい。さらし玉ねぎは、薄切りにしてから、軽く塩をして布巾に包み、揉み洗いをする。酢醤油や二杯酢をかけると、ちょっとした酒の肴にもなる。

新玉ねぎを納豆の薬味として用いるには、大根のようにおろして混ぜると旨いがみじん切りにしてもよいだろう。母は、たまたま、ねぎがなかったので玉ねぎで代用してみたら、旨かったからといっていた。新玉ねぎは水分が多くて、みずみずしく生食に適しているが秋に収穫して乾燥貯蔵したものと違って格段にアシが早い。早めに使い切る方がよい。残ったら甘酢やポン酢に漬け込むと旨い。保存も効いて長く楽しめる。

春から初夏には、いろいろな「新」ものが食卓を賑わす。新玉ねぎもその一つである。辛味が少なくみずみずしいので生食にはピッタリの味だ。これから暑くなり、体が汗ばんでくる時期には、この新玉ねぎを薄く切ってかつお節などをかけて酢醤油でサッパリと食べるのもよい。さて、朝めしには、何といっても納豆である。双葉では、どこの家でも納豆は毎日でも食べる。近所の農家では、まだ自家製の納豆を作っているところもあった。とにかく皆大好きなのだ。我が日本の主食はとりもなおさず「米」である。そしてそれを栄養的に補うのが「大豆」である。大豆とは、味噌であり醤油であり納豆、豆腐のことである。これらの大豆の発酵食品は、極めて「めし」と合う。これ以上はないすばらしい相方で切っても切れない間柄なのだ。母は毎日、納豆にじつに様々な工夫を凝らして家族の健康を支えた。工夫とは、納豆の薬味に変化を付けるのである。この「新玉ねぎのおろし納豆」もその一つである。その他には、揉み海苔、生卵、ミョウガやきゅうりの刻んだもの、青シソ、カリカリ梅、大根おろし、もちろんねぎは定番であった。かくして「今日の納豆はなんだべ」と楽しみにさえなったのである。

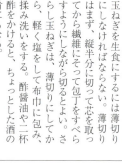

小昼飯《こじはん》の楽しみ

田植えや畑仕事が忙しい毎日が始まる

豆ご飯

野良仕事の合間に小腹を満たすのが「小昼飯」。おやつの意味合いもある。季節のものをいっしょに炊いたご飯や焼きおにぎりなど変化に富んでいる。青空の下で広げる小昼飯は野良仕事での何よりの楽しみとなる。時に、野良に小昼飯を届けるのは子供の役目であり、いっしょに食べる楽しみでもあった。

筍《たけのこ》・ニシン・ふきの煮物

旬である筍とふきと身欠きニシンを大鍋で甘辛く煮て、常備菜にした。夕餉や弁当のおかずに、そして小昼飯にと重宝した。ニシンの旨味が浸み込んだ甘辛い味は、握り飯によく合った。どこの家でも野にあるものをうまく利用して季節の味を楽しんだのである。ふきは、野にいくらでもあり「きゃらぶき」にして保存した。

ワラビ・ふき・こんにゃくの煮物

野山で採ってきたワラビもこの時期ならではの楽しみであった。やはりふきとこんにゃくといっしょに甘辛く煮て朝、昼、晩とおかずにするのである。子供の頃は、こういうおかずが苦手であった。山菜の苦味やふきの香りなどがどうにも嫌なものであったのだ。それが大人になるに従って、大好物となるのだから不思議なものである。

かしわ餅

五月の一番の楽しみが、このかしわ餅であった。端午の節句になると父は鯉のぼりを立て、山にかしわの葉を摘みにいった。母は朝からかしわ餅作りの準備に大忙し、節句の祝いで家中が活気付く。竈に薪をくべて大きな甑《こしき》で柏の葉に包んだ餅を蒸し上げる。重箱に入れてご近所に配るのは子供の役目。もちろん、小昼飯にも持っていった。

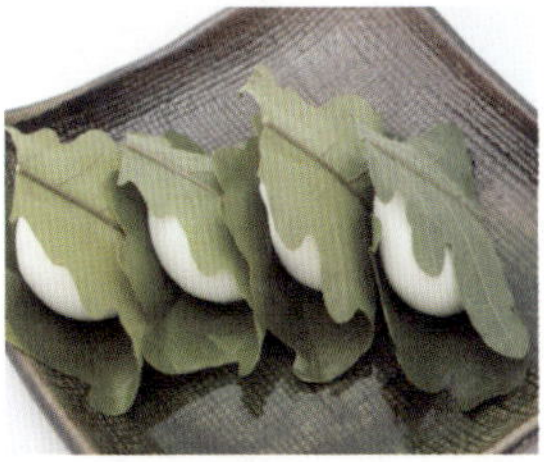

ふるさとエッセイ〈春〉

手前味噌

故郷を遠く離れて難儀したのは、水と味噌であった。十八歳で進学のために双葉を離れて上京した私にとって東京の水はまずくて、とても飲めたものではなかった。その当時は、お金を出して水を買う時代ではない。それに学生の分際で冷蔵庫などもちろんあるはずもない。真夏のぬるくてカルキ臭くまずい水には、辟易させられた。故郷の冷たく甘い井戸水がどんなに恋しかったことか。そして、味噌である。双葉に暮らしていた時には別段何とも思わずに毎日飲んでいた味噌汁であるが、故郷を離れて初めてその旨さをつくづく知らされることになったのである。

東京の安食堂の気が抜けたような味噌汁にはどうしても馴染めなかった。食べ慣れたあの母の手作りの味噌が懐かしかった。東京では、百貨店にいけば何でも一流の品が売られている。全国の有名味噌の売場には、高額な値札を付けた味噌がきれいな円錐形に盛られてズラリと並んでいた。さぞや旨いのだろうと奮発して求めてみた。確かにその味は、安食堂の味とは比べるまでもなく旨かったが母の味噌とは違う。当たり前のことだ。いくら旨くても同じはずはない。結局、どの味噌にも満足出来なくて、帰省のたびに母の味噌を二キロほどを持って帰った。水は列車で飲む分だけを水筒に入れてもらった。東京に戻って二～三日経ってから水筒に残っていた水に気が付いて飲んでみると、変わらない故郷の味がして旨かった。

双葉では、昔はどこの家でも味噌を作っていた。ちょうど、田植えの前頃に味噌作りが行われた。年間の一大行事であった。当時の台所は土間で、薪を燃やす竈があった。朝早くから、家族総出で取り掛かる。母は井戸で豆を洗い、父は竈に火を熾す。大鍋で豆を煮る。麹は「田子屋」で買ったものを用いた。田子屋では、麹を買うと煮上げた味噌を擂りつぶす道具を貸してくれた。大豆の煮上がったよい匂いにつられて熱々をもらって食べた。擂りつぶした大豆も食べた。コクがあって旨かった。大豆は大きな樽に入れ塩と麹を加えて密閉して、旨くなるまで一～二年の時を待つことになる。家族が力を合わせて作った味噌だ。旨くないはずがなかろう。これ以上語ると手前味噌を並べることになってしまうので、福島の味噌の旨さについては、楢葉町出身の食文化研究家である永山久夫先生に語ってもらうことにしよう。少し長くなるが、ここにその素晴らしい一文を紹介させていただく。

福島県の「みそ汁」はでっかいど

永山久夫

みそ汁のご利益

福島県のひとたちにとって、みそは第一のご利益である。

むかしは、みそ汁の甘い香りで目をさまし、日中せいいっぱい働いて、晩めしもみそ汁でしめくくった。そして、風呂では疲れを流し、一杯お茶をごちそうになってから、寝床に入った。

あとは何の心配もない。すぐにクークー熟睡である。

みそ汁が血液の循環をよくし、風呂が筋肉に残っている乳酸などの疲労物質を分解してくれるから、安心して眠れるのだ。

みそ汁、みそ汁というと、塩分がどうのこうのと、知ったかぶりの世の中が、とかくさわぎたがる。どうも、短絡的にものごとをとらえるのが、時代の傾向のようだ。

いけませんよ。

もっとも、塩分が高血圧の原因になるからだろうが、だからといって、みそ汁を白眼視するのは困る。塩分過剰が、からだによくないことは、先刻承知なんです。

ちょっとばかり、福島のみそ汁を見て下さい。実がお椀から盛り上っている。ふつう、福島では「おつけ」と呼ぶ。少々よそゆきのときには、「お」をつけて「おみおつけ」。

「御実」と「御汁食」が合体して、「おみおつけ」となった。つまり「実」が「汁」の上に出るくらい、てんこ盛りのみそ汁が、「おみおつけ」なんだ。

イモだのカボチャだの、人参、ゴボウ、コンニャク、豆腐だの、ワカメだの、とにかく「実の三品は身の薬」ということわざがあるくらい、最低でも、旬のものが三種類くらいは入るのが、福島の「おみおつけ」。

野菜や海藻にはカリウムが多いから、ナトリウム、つまり塩の害を消してくれる。

裏の畑でとれた緑黄色野菜が多い。春は山菜だし、秋はキノコ。冬になれば、山ウサギや山鳥の肉も入る。納豆やブタ肉もまぎれこんでくる。

いずれの場合でも、野菜たっぷりだ。

だから、ガンや成人病を防ぐカロチンやビタミンC、センイ質がたっぷりとれる。福島の「みそ汁」には、山のご利益、畑のご利益、海のご利益が山盛りなんです。

うまい福島のこうじみそ

みそは、みそ汁ばかりだけでなく、酢みそや油みそ、煉りみそ、みそ田楽、ニシン料理、シンゴロウのたれなど、その用途は無限だ。

みそ作りは、毎年田植えの前におこなわれる。昔は、煮豆を大きな桶にとって、ワラぐつで踏みつぶしたが、今は機械ですりつぶす。全部自分の家で作るところも多いが、麹屋《こうじや》に委託して仕込んでもらうケースも増えている。会津地方や浜通りなどでは、頼めば、麹屋が移動釜とみそすり機を持参で、来てくれるから便利だ。

みそは、土用と寒をすごしてから食べる。みそ汁にすると、米麹の白い粒々が浮かんでいて、これがたまらない福島みそのダイゴ味だ。このように、一年間寝かせたみそだと、生きた善玉菌がたくさん含まれているから、腸内菌のバランスをととのえるのに役立つ。

〈中略〉

「みそ」は、福島県人の健康を守る〝守り本尊〟であり、〝ご利益さま〟なんです。


出典／『日本の食生活全集　第7巻　聞き書 福島の食事』月報（農文協発行）

長い引用になったが全く同感である。母は、晩年になっては、味噌作りもかなわず自分の配合で味噌屋に委託せざるをえなくなった。それもまた麹たっぷりの旨い味噌であったが原発事故のあとは、それもままならず、さて、この先どうしたものかと弱り果てていた。しかし先般、会津に旅して母の味噌によく似た味の味噌に出会い、やっと幸せな朝餉を取り戻せホッとしている。

ふたばの夏

梅雨は　ふたばの田畑を潤す恵みの雨
畑に実る野菜や果物は季節の宝だ
雷様が暴れ出すと　梅雨が逃げて行く
さあ　いよいよ夏休みだ
海や川に遊ぶ子供達の歓声が聞こえる
黒潮に乗って待ちに待った鰹がやってくる
とうみぎは子供の背丈を追い越して房をつけている
なすもきゅうりも　トマトだって赤みを帯びてきた
早起きの子供達は　ラジオ体操だ
涼しいうちに「夏休みの友」を開いて勉強だ
弁当持ちで　郡山海岸へ海水浴だ
朝の暗いうちに起き出して　川へ魚釣りだ
楽しいことがいっぱいの真夏の日々は　夢のよう
うるさいくらいに鳴く昼下がりの蝉の声……
蛙の合唱が始まる頃には　蛍の灯りが美しい
お盆の提灯が燈ると　ご先祖様が帰ってくる
遠くから盆踊りの笛太鼓の音が聞こえてくる
打ち上げ花火が夜空に描くつかの間の夢
お盆が過ぎるとそろそろ終わるのか夏休み
宿題溜まってどうしようか
でも　もっと遊びたいな
ああ　いとしい
我が　ふるさと　ふたばの夏

若鮎のから揚げ

［鮎］

魚偏に占うと書いて「アユ」と読む。その字の通り、昔は戦況を占うのにその魚が用いられたという。縄張りの中に侵入した敵を追い払う鮎の習性を利用した占いか……。『万葉集』巻五には、大伴旅人の鮎の歌として「松浦川川の瀬光り年鮎釣ると立たせる妹が裳の裾濡れぬ」というのがある。その時代には、女性も鮎釣りをしていたことが窺われ興味深い。「鮎」という呼び名は日本独特のもので、中国で鮎と書けば何と鯰《ナマズ》を指すという。中国で鮎は香魚《シャンユィ》という。なるほどと頷ける。

鮎は、夏を代表する川魚。日本全国の清流に棲む。一年しか生きないところから年魚《ねんぎょ》、またその特有の香りから香魚《こうぎょ》と呼ばれる。最近は、養殖鮎も多く生産されているが香味に乏しく、脂がのり過ぎていて身に締まりがなく、天然ものに比べると味はかなり劣る。

レシピは125ページ

初夏、浪江町を流れる高瀬川の鮎漁が解禁になると、我が家には毎年のように活きのよい鮎がもたらされた。親戚に鮎獲り名人がいたからである。何故、鮎釣りではなくて鮎獲りなのか。それは、まさに鮎を釣るのではなく投網で鮎を獲るからであった。

その鮎は、まだ小振りでせいぜい、十センチ足らずのものであったが、から揚げにするとすこぶる旨かった。

大皿に山のように盛られた若鮎のから揚げは、熱々をハフハフしながら頬張って次から次へと胃袋へとおさまっていく。淡泊な味ながら香味に富む若鮎は、さわやかな初夏の季節にふさわしい味がした。鮎本来の旨さは塩焼きに尽きるが、小振りな若鮎は天ぷらやから揚げが旨い。

双葉の前田川にも鮎の姿は見られたが、子供にはとても釣り上げるのはかなわなかった。橋の上から魚影を眺めてはもどかしい思いをしたものだ。

思えば、あの時代は、山も、川も、海も美しく、いろいろな生き物がうごめき輝いて子供達を夢中にさせる魅力にあふれていた。

ごんぼ煮

「ごぼう
赤唐辛子」

ごぼうは、極めてアクが強いので、生の材料から調理する際には、細く切って、水にさらしてよくアク抜きをする。皮肌に香味、旨味と栄養価があるので皮はむかずにタワシでこする程度にする。また水にさらし過ぎもよくない。お吸い物、炊き込みご飯、五目寿司、油炒めにして甘辛く煮る「ごんぼ煮」など歯触りを残しつつ軟らかく煮る季節の味として楽しめる。大きく切って使う場合は、一度茹でてから使うとよい。

初夏に出回る美味な新ごぼうは繊維の柔らかさと、特有の土の香りがある。きんぴら、かき揚げなど人参と相性がよくて、いっしょに用いると甘味、風味が増す。

レシピは126ページ

子供の頃、ごぼうを食べ過ぎると、「ごんぼっ屁」といって臭いオナラが出た。確かに学校でも臭いオナラをした者は例外なく前の晩にごぼうをたくさん食べたといった。ごぼうは繊維質が多くて消化しにくいためであろう。昔のご飯のおかずは、どこの家でも周りの畑にある季節の野菜を利用した。初夏は、ごぼうである。土から掘り出したばかりのごぼうは、そばを流れる小川で土を落とされ藁ダワシでこすられてすぐに料理された。まずはきんぴら、そしてかき揚げ、煮物にと、近所の家々からごぼうのおかずのよい匂いが漂ってくる。翌日、学校の教室では、あっちこっちでオナラのニオイが立ち込めることになるのでなかろうか……。ごぼうは、地中海沿岸から西アジア方面が原産地といわれる。我が国には自生種はないが、平安の宮廷などではすでに食されていたらしい。野菜として食用にしているのは、世界中で我が国だけのようである。さて、夏のスタミナ食として人気の高いドジョウの柳川鍋に欠かせないのがこの新ごぼう。ドジョウの生臭みを消し、笹がきにしたごぼうの口当たりがドジョウの旨さをさらに引き立てるのである。この油を使って甘辛く煮しめたごぼうのおかずは、ご飯によく合い食が進む。

サンドマメのきんぴら

［サンドマメ
人参］

サンドマメは、夏に白または淡紅色の花を付け、そのあとに長い鞘を結ぶ。全国各地で栽培されている。塩茹でにして、和え物、ひたし物にする他、バター炒めやサラダなどの洋風料理に用いる。

サンドマメを調理する時は、この青みを損なうことのないようにするのが肝要である。茹でる時には、ひとつまみの塩を入れ、サッと茹で、水に取るなりして急激に冷ますと色鮮やかな緑色になり、風味も歯触りもよくなるのである。サンドマメは、緑色野菜としてこの緑の彩りこそが何よりもの魅力であるから、この茹で加減が最大のポイントになることをお忘れなく。

レシピは126ページ

夏の畑には、家で賄う野菜がいろいろ育っている。朝の涼しいうちに、祖母が丹精込めて手入れをしているのだ。比較的夏の早い時期に、食膳に出てきた野菜というとこのサンドマメであった。一般的には「さやいんげん」と呼ばれている。サンドマメの由来は、年に三度栽培するというところからであるらしい。

さて、このサンドマメであるが、畑でもいできたばかりのものは、緑鮮やかにみずみずしくてクセもなく、子供にも好まれる野菜である。朝の味噌汁に、夕のごま和えに、そしてこの「サンドマメのきんぴら」は弁当のおかずにも重宝した。

祖母は、一斉に実を付けた弦棚からどっさりと採ってくるので、連日連夜サンドマメのおかずが続くことになる。

母は、サッと茹でておひたしに、カラリと揚げて天ぷらにと、工夫を重ねてくれたので、家族は飽きることもなくサンドマメを楽しめたのである。サンドマメは、あれ以来ずっと私の大好物になっている。

ドジョウ汁

ドジョウ
ごぼう
豆腐
ねぎ

最近は、天然もののドジョウはめっきり少なくなり、時にはウナギよりも値の張る時があるという。ドジョウはごぼうと相性がよい。ごぼうは、笹がきにして水にさらすと、シャキッとした歯触りが心地よくその香りはドジョウと実によく合うので欠かせない。ドジョウ汁は多めの酒、醤油、みりんであっさりめの味を付ける。暑気払いには実によいものである。

田んぼの畔や小川にはいくらでもドジョウがいた

夏に旨いドジョウは、滋養に富みスタミナ補給にぴったりである。笹がきごぼうと卵とじにした柳川鍋、蒲焼、ドジョウ汁などにする。泥を吐かせるのが極めて大事。

レシピは127ページ

梅雨の晴れ間に父に連れられて近くの小川へ魚獲りにいった。

コブナ、ドジョウ、ナマズ、ウナギ、カニなどが父のすくう網にかかった。中でも一番獲れたのはドジョウだった。水辺のしげみには蛇がいたりして驚いた。

昔は、沼や田んぼの畔、小川などそれほど深くない水の流れているところにはたくさんの川魚がいた。ドジョウは泥の中に潜っているせいか泥臭い。

家へ持って帰るとすぐにきれいな水に放して泥を吐かせた。母は、大きなものを選りすぐってドジョウ汁をこさえるのだ。

ドジョウは生きたまま豆腐といっしょに火にかける。

グツグツと煮えてくるとドジョウは、熱くてたまらず豆腐の中に懸命に潜ろうとする。苦しいのだろう、チューチューと声を発するのである。

残酷な情景であるが目を見張ってひたすら見入っていた。純粋な子供心にも残忍さが潜んでいたのか……。

煮上がったドジョウは頭からそっくり食べるのである。

ホッキ貝づくし

ホッキの刺身
ホッキの酢の物
ホッキと野菜の煮物
ホッキご飯

ホッキ貝は寒海性の貝で福島の相馬が南限か。浅海の砂底に棲み、旬は春から夏。肉は灰褐色であるが、茹でるとピンク色になる。美味で、刺身、寿司種、焼き物、酢の物、吸い物などにする。

初夏からお盆の頃まで食卓を賑わすのがホッキ貝である。相馬原釜で獲れたものが出回るのである。いっしょに出回る海苔や新鮮な生ワカメなども相馬の産である。祖父が子供の頃には、双葉の郡山海岸でも、ホッキ貝がたくさん獲れて砂浜にはホッキの貝殻がうず高く積まれていたという。

ホッキ貝は、十センチぐらいの卵型の二枚貝でよく膨らんでいてずっしりと重い。身は大きくて食べ応えがある。我が家では、二十〜三十個ぐらい買って、いろいろ料理した。まず刺身、酢の物、煮物、そして炊き込みご飯である。刺身や酢の物は、甘くて歯ごたえもよく酒の肴にも最高である。

煮物や炊き込みご飯は、コクのあるよい出しが出て、つい食べ過ぎてしまうほど旨い。特に、煮物の野菜にホッキ貝の旨味が浸み込んで、ウドやイモガラ、人参などがとても旨くなるのだ。

夕餉は、久しぶりのホッキご飯に家族皆ご満悦であった。

弟と双葉町郡山海岸に遊ぶ（昭和37年８月）

夏休みには、弟を自転車の後ろにのせて郡山海岸へ遊びにいった。海水浴をしたり、浜辺で砂遊びをした。海の水はとてもきれいだったし、いろいろな生き物がいた。岩場では小さなカニやカラス貝を獲った。カラス貝はブリキ缶で煮て食べた。その頃は、もうホッキ貝はどこにも見当たらなかった。あの当時、海水浴客は少なくてほとんどが地元の子供達であった。砂浜に置いた弁当箱は手が付けられないほど熱くなっていた。中身は昨夜のライスカレーで、熱々で妙に旨かったのを覚えている。

レシピ（ホッキご飯）は127ページ

右上／ホッキの酢の物
右下／ホッキの刺身
左上／ホッキと野菜の煮物
左下／ホッキご飯

とうみぎ

［トウモロコシ］

子供の頃、餅のようにモチモチとした食感の「もちとうみぎ」というのが大好きだった。トウモロコシは、茹でるにしても、焼くにしても収穫してからすぐの味は最高だ。焼きトウモロコシは甘辛いタレを塗って焼くと香ばしくて旨いが焦げ易いので、こまめにひっくり返しながら焼く。

トウモロコシは南米北部が原産。南米では主食にされている重要な穀物。我が国では北海道が有名。そのまま焼くか、茹でて食べる。

双葉ではトウモロコシのことを「とうみぎ」といった。「とうきび」が訛ったのであろうか。

夏休みには毎日のように食べた。そこら中の畑には「とうみぎ」が、子供の背丈よりも伸びて房を付けていた。

暑い夏の日に、川で遊んで腹を空かせて家に帰ると、「とうみぎ、茹でてあっから食べな」と母の声。

卓袱台の上の布巾を取ると、まだ温もりの残っている「とうみぎ」があった。むっちりとして、甘い夏の味であった。

あの当時、スイートコーンなどはなく、いろいろな品種があったような気がする。色も紺紫色や白っぽい黄色やまだら模様のもあった。いずれも、祖母が丹精こめて育てたものであった。

今でもトウモロコシが大好きで、縁日の屋台などで見かけると年甲斐もなく、すぐにでもかぶりつきたくなる。

鰹の刺身

［鰹
ニンニク］

体長は五十センチ～一メートルぐらいあるのでおろすのは大変である。まず、背ビレから胸ビレにかけてウロコを取る。次に両方のエラのつけねから頭を切り落とす。背を左側にして肩口の中央から中骨に当たるまで包丁を入れ、尾のつけねまで切り目を入れる。中骨にそって三枚おろしのやり方でおろすと片身が二本になる。残りの片身も同じやり方でおろす。

鰹は回遊魚で、春、群れをなして太平洋を黒潮にのって北上を始める。五～六月にかけて伊豆半島～相模灘～房総沖で獲れた鰹は「初鰹」といって江戸っ子を狂喜させた。六～七月には常磐沖に入り気仙沼～北海道沖にたどり着く。水温が下がるにつれて今度はUターンして南下に転じる。「初鰹」は比較的サッパリしているが、秋に南へ帰る「戻り鰹」は脂肪も付いて濃厚な味になる。

双葉の人達は、皆で首を長くして鰹の到来を待ちわびる。北上を続ける鰹の群れが浜通り沖を通るのは六～七月頃である。ちょうどその頃の浜通り沖の黒潮と親潮の潮目にはプランクトンが多く発生し、鰹の好むイワシがたくさんいるため、浜通り沖は絶好の漁場となる。その鰹の身には、ほどよく脂がのって、江戸の初鰹よりも旨いと思うのは決して贔屓目というわけではない。新鮮な鰹は何といっても刺身である。

双葉では「カヅは刺身、刺身はカヅ」といって誰もが口を揃えて鰹の旨さを絶賛する。お盆のご馳走に、戻り鰹はなくてはならないものだ。帰省客や先祖供養に来たお客様のもてなしに「カヅの刺身」がなくては始まらない。

八月の戻り鰹は、マグロの中トロ以上に脂がのっており、食感は餅のようで、甘味と酸味のバランスもよく、独特の香りがあって口の中でとろける。この時期、町の魚屋は鰹の刺身の出前でてんてこ舞いとなる。

梅干し

［梅の実
塩］

六月半ばに塩漬けにされた生梅は、約ひと月半を経て、真夏の強い日差しのもとに土用し干となる。

大昔から梅干しには不思議な薬効があるといわれていた。食当たり、水当たり、日射病を予防する、疲労回復、下痢を治す、ご飯の腐敗を防ぐなどである。子供の頃、筍の季節になると、その皮を欲しがった。皮といっても五〜六枚むいて、白い色の美しいところが下の方にある皮が理想的だ。大き過ぎず小さ過ぎずちょうどよい大きさの皮を選んで、真っ二つに折り曲げて、間にタネを取った梅干しを入れるのだ。味がにじみ出てくるまでには少し時間がかかるが、しゃぶっては口から出して眺め、またしゃぶる。だんだんになめればなめるほどよくなった。梅干しの懐かしい想い出の味である。

昔の我が家でも、母と祖母によって梅干しは、毎年漬けられた。何かにつけて、かぶりついたあの懐かしい梅干し入りのおむすびは、ご飯の腐敗を防ぐだけでない。白いご飯の中に赤い梅干しを見つけた時、その酸っぱさと共に口の中に唾液が沸き上がり、食欲が増してモリモリと平らげた。「梅干しの力」のせいに違いない。

梅干しの歴史は、大変古く、奈良時代前期に中国から薬として伝わり、梅の木も移植され急速に広まった。鎌倉時代には、嗜好品として、安土桃山時代には、兵糧の握り飯に用いられた。赤ジソで色と香りを付けるようになったのは江戸時代に入ってからである。

鯵の塩ふり焼き

［鯵］

鯵には、腹の両側に、尾から頭の方へ向かってゼイゴというトゲのような特殊なウロコがある。鯵の調理には、まずこのゼイゴを除かねばならない。ゼイゴは尾の方からそぎ取り、エラと内臓を取ってから刺身、塩焼き、酢の物、から揚げ、煮つけなどにする。

鯵は、肉にクセや臭みがなくてどんな料理にも向く魚である。普通鯵といえば真鯵のこと。六月から八月頃の暑い季節が美味しい時期。

レシピは128ページ

その昔、鯵はさんまやイワシ、さばなどと共に、大衆魚の一つに数えられていた。我が家でも、夏の食卓には鯵がよく登場した。それも今ではとても考えられないことであるが、一匹ずつ串を打っての炭火焼きなのである。冬場に使う炬燵の炉は、夏には板で覆われているのであるが、この時ばかりは櫓も外して炉に炭をおこすのだ。鯵を焼くためである。何故か我が家では、鯵の塩ふり焼きとさんまの味噌漬け焼きの時はこうするのであった。どうしてこんな面倒なことをしたのであろうかと子供心に思ったものだが、何だかいつもと違ってワクワクして面白かった。

炭火がよい具合になると、いよいよ母が、串を打った鯵を炉にさしていく。鯵の脂がしたたり落ちてジュッという音がして、香ばしい香りが家中に漂い出す。家族全員が炉辺で固唾を呑んで鯵の焼けるのを待っている……。その旨さたるや、子供ですら、またたく間に、二尾をペロリとたいらげてしまうほど。祖父は魚の味にうるさかったらしく、「鯵は炭火で串焼きに限る」とかたくなに思っていたに違いない。今にして思えば、随分と手間暇かけた何とも贅沢なご馳走だったことか。

ウナギの蒲焼丼

［ウナギ］

小さな川にもウナギはいた。中学生は、ウナギを釣る仕掛けを夕方に川の淵あたりに仕掛けるのだ。「ひたし針」というウナギ用の針に餌を付けて一晩沈めておき、翌朝に掛かっているかどうかと、土手に埋め込んだ小竿を引き上げるのである。

ウナギが滋養強壮によいことは、万葉の昔から広く知られていた。確かに質のよいタンパク質と脂の量が多く、ビタミンAを豊富に含み、体力の衰えがちな夏のスタミナ補給には効果満点であるが、最近は値段の高騰が響いて高嶺の花になっている。

小さな田舎町である双葉には、むろんのこと鰻屋などはなかった。しかし川にウナギは、めっぽういたのである。ウナギが喰いたければ川で獲って家で焼いて食うわけである。

夏には、父と網を持って川に入った。小さな川にもけっこう大きなウナギがいたのだ。網を上げると小魚に混じってウナギがいた。私は慌てて〝ふご〟を差し出しウナギを中に収めたのであるが、たちまちに小さなすき間からまんまと逃げられてしまった。

「ぼけっとしてっからだ！」と父に叱られた。ベソをかきながら父のあとをついていくと再び網にウナギが入った！

緊張して目を見張っていると父は、手早くウナギを掴み、何と頭を口に入れ一噛みしたのだ。「これで絶対逃げらんにぇ」とニヤリと笑った。

家に帰ると、母はウナギの様を見てびっくりするやらあきれるやら……。母は、洋裁用の目打ちをウナギの頭に差して固定し、身を開き蒲焼を作った。

天然ウナギは、案外サッパリとして子供にも食べ易かったような気がする。

茄子きゅうりミョウガの揉み漬け

「茄子
きゅうり
ミョウガ
生姜」

夏の畑にいくと、きゅうりも茄子も鈴なりである。持っていった籠はすぐにいっぱいになる。とても食べ切れるものではない。夏休みの間中、お昼のおかずは茄子炒めやきゅうり揉みばかりが続くという子供にとって最悪の状態になるのであった。

レシピは128ページ

昔、双葉の夏で一番暑かったのは、七月の下旬頃であったろうか。梅雨開けと同時に夏休みになり、土用ぐらいまでが暑くて、土用過ぎには海へいくともう涼し過ぎるくらいだった。暑い盛りといっても三十度を大きく超えるようなことはなく、海からの風は心地よく、午後の昼寝は気持ちよかった。とはいえ、盛夏はやはり暑くて、涼しい朝めし時でもサッパリとした夏野菜の浅漬けは食欲をそそるに足る旨さであった。畑にどっさりとなっている茄子やきゅうりは次から次へと浅漬けにされ朝、昼、晩と食べた。

暑い日には、父にビールを買いにいかされた。さすがの父も、夏は酒ではなくビールが欲しくなったのであろう。昔は、ビールは夏場だけのものであった。今では信じ難いことであるが冬は売られていなかった。広町の幾田酒屋へビールを買いにいき、ぬるくならないように急いで帰った。当時一般家庭にはまだ冷蔵庫などない時代で、井戸でビールでもスイカでも冷やしたものである。父は、母の作った揉み漬けを頬張りながら旨そうに喉を鳴らして一気にビールを飲みほした。

「ああ、んめえーなあ」

白玉みつ豆

「白玉団子
寒天
スイカ
ミカンの缶詰
赤エンドウ豆」

昭和三十年代、バナナは超が付くほどの高級品だった。貿易赤字を防ぐため、輸入が制限されていたからである。昭和三十七年で一本五百円。今に換算すると一本、二千五百円に相当するというから驚きだ。バナナは滅多に食べられるものではなく、風邪を引いた時でもミカンの缶詰がせいぜいで、バナナは高嶺の花であった。

みつ豆（蜜豆）は、江戸末期、新粉細工の舟にエンドウ豆や新粉餅を盛り、糖蜜をかけて売り出したのが起源といわれる。今では、こしあんを入れた「あんみつ」、アイスクリームを入れた「クリームみつ豆」などがあり、昔と変わらずに女性に人気。

レシピは129ページ

お盆にお客様が来る時に祖母が張り切って作っていたのがこの「白玉みつ豆」であった。祖母は、普段の食事は全て母に任せていたのであるが、どういうわけかこの「白玉みつ豆」だけは、自分で作らなければ気が済まなかったようだ。作るといっても全て手作りというわけではなく、基本的には、榮太郎の缶詰を利用するのである。そこに白玉団子（もちろん手作り）、ミカンの缶詰、バナナ、スイカなどが入り、子供にとっては目がくらむばかりの豪華版となるのであった。お客様をもてなすためのものであったが、もちろん子供達にも振る舞われた。私のお目当ては、何といってもバナナである。みつ豆に使った残りのバナナが気になって遊びにもいかないで祖母の周りをウロウロしていたものだ。この祖母の作る「白玉みつ豆」はお客様にはとても好評で、毎年楽しみにしているという人もいたくらいである。昭和三十年代のあの頃、楽しみにしていた一年に一度の贅沢なデザートであった。酒飲みの私が今でも「みつ豆」に心が乱されるのは、懐かしい祖母の「白玉みつ豆」の思い出があるからに違いない。夏が来ると思い出す、あの「白玉みつ豆」の味……。

スルメイカの刺身

［イカ］

イカを刺身にしたあとの残りのエンペラやゲソを細切りにしていんげんと合わせて炒め煮を作ろう。鍋に油を敷いていんげんを強火で炒める。イカを加えてさらに炒め、イカに火が通ったら酒、みりん、醤油を加えて煮立たせ、いんげんとイカに煮汁を絡めるように鍋を動かす。いんげんの歯ごたえをしっかり残すぐらいに火が通ったら出来上がり。甘辛い味がいんげんとイカに絡まってこの両者は思いの外に相性がよいのにびっくりするだろう。いんげん好きの母の「自慢の一品」というのも頷ける。父は、酒の肴に喜んだが、飯のおかずとしてもあとを引く旨さである（130ページにレシピあり）。

イカは種類が多く、百三十種にも及ぶ。中でもスルメイカは七十％を占め、麦の穂が稔る七〜八月が旬である。日本海、三陸あたりで獲れるやや小型の「麦イカ」と呼ばれるものである。鮮度がよければ刺身が一番。焼いても揚げても煮ても旨い。

レシピは129ページ

昔、まだ冷蔵設備の発達していない頃は、夏場のイカは傷み易く、よくよく見極めないと刺身で食べられるものは少なかった。

しかし近海物の鮮度のよいものは、刺身が一番である。

生もの好きの父のために母は、イカ刺しには、用心のためにたっぷりの辛い大根おろしを添えていた。

スルメイカは、肉が薄いので、身を細く切り、大根おろしをまぶすようにして、生姜醤油をかけてトコロテンのようにスルスルと、啜って食べるのが最高である。

その旨さに思わず「あー、んめなぁー」と目を細める父の顔が今でも目に浮かぶ。

秋風が吹いて涼しくなると、祖母は酒飲みの祖父や父のために「イカの切り込み」（塩辛）を作り、瓶に入れて寝かすのである。

三日も経てば旨い「イカの切り込み」が出来上がる。

ヒラメの刺身

［ヒラメ］

ヒラメの旬は、本来は厳冬期であるが、夏にこそ、そのあっさりとした刺身の味はスズキと並んで、好んで食べられた。ヒラメの縁側（ヒレ下やしりビレの付け根の肉）が特に美味で人気が高い。新鮮なヒラメは、刺身が一番である。ヒラメは、振り塩をして三十分ほど休ませてから五枚おろしにして薄造りにする。

レシピは130ページ

鰹の刺身に飽きると、あっさりした白身の刺身が喰いたくなる。

母は、普段から刺身は白身が好きであった。暑くて食欲のない時などはきゅうり揉みとスズキなどの白身の刺身、かぼちゃの煮物ぐらいがよいのである。

海の幸に恵まれた浜通りでは、夏はそのまま何も余計な手を加えない刺身で魚を味わうことが多いのだ。

ヒラメは、本来は、冬に旨い魚であり、夏に旨いのはカレイである。しかしながら、双葉では、夏にもけっこう食卓に上った。水温の低い親潮のせいなのか？　そのあたりはよく分からないが夏にもヒラメはよく食べたのである。

ヒラメのような白身の魚を刺身にする場合には身を薄く造るほど旨い。

しかし、それには切れ味のよい包丁でなければ薄くは切れない。

昔、我が家には、専門的な刺身包丁などがあったとはとても思えない。

一体、母はどのようにしてヒラメやスズキの刺身をこしらえていたのだろうか？　今になって疑問は膨らむばかりである。

刺身に取ったあとの頭や中落ち、中骨は、甘辛く煮つけると極めて旨い。鍋に少量の水、砂糖、醤油、酒を煮立たせて湧いてきたところでヒラメのアラを入れる。中火にして落し蓋をして煮る。やや濃い目の煮汁にして冷蔵庫に入れておくと次の日には酒の肴によい煮こごりが出来上がる。このようにヒラメのアラは旨いものなので捨てるのはもったいない。塩味でアラの旨さを堪能する潮汁も最高である。醤油は薄口を仕上げに少し入れるのがコツ。ねぎやミツバを散らすと申し分なしである。

シソの実の味噌漬けの冷やし茶漬け

〔シソの実の味噌漬け
梅干し
ご飯
水出し煎茶〕

シソの実の味噌漬けは、いろいろなものが入っていた。シソの実、ミョウガ、茄子、きゅうり、大根、生姜、昆布などその種類は多いほどよい。それらは一度、塩漬けしたものを塩抜きして細かく刻み、さらしの袋に入れて味噌樽の底に入れておくのだ。何年でも持つすぐれた保存食である。

暑い夏の日、食のすすまない時や、おかずの少ない時に重宝したのが「シソの実の味噌漬け」である。双葉では、どこの家でも自家製の味噌樽の底深くにこの味噌漬けが眠っていた。そして、何かにつけて少しずつ取り出して食べるのである。

うだるような暑い昼には、冷たい井戸水で出した煎茶を冷や飯にぶっかけてシソの実の味噌漬けを冷たいお茶漬けにして食べるのである。ひと口啜ると、その旨さに食欲がまたたく間に目を覚ます。その素朴極まりない味たるや、どんなぜいたくなおかずにも負けやしない実にしたたかな旨さがあった。

母は、若い頃に山仕事で弁当に、この味噌漬けと梅干しを持っていった。そして弁当缶に入ったご飯に、冷たい山の清水を注いで茶漬けのようにして食べた時の旨さを忘れられないといっていた。

初秋になると、シソの穂に実が入る。それを一本一本手でしごきながらザルに収穫する。指はアクで真っ黒になる。水洗いしてからまず塩漬けにする。こうして母は、来夏の家族の食欲を支えるのだ。

かぐら南蛮の網焼き

［かぐら南蛮］

久しぶりにかぐら南蛮を焼いて食べた。生姜を擂りおろして醤油を付けて食べる。あっさりとしたその味、食感は万願寺唐辛子を思わせる。福島の地酒をやりながらかぐら南蛮を味わっていたら祖父のことが思い出された。魚が大好物で、魚さえあれば上機嫌であったらしい。温厚でやさしい人柄で、子供好きだったので、いつも大勢の甥や姪が遊びに来て賑やかだったそうだ。残念なことに私が小学校に上がる直前に五十九歳の若さで亡くなった。

かぐら南蛮は、唐辛子の一種で、辛さはあまりない。味は、しし唐に似ているが食感は、肉厚な分だけ万願寺唐辛子に近いかもしれない。焼く、炒める、煮る、揚げるなどの調理に適する。

最近は、とんと見かけなくなったのがこの「かぐら南蛮」である。店で売っているのは、どこもかしこもピーマンばっかり。かぐら南蛮は、ピーマンそっくりだが、ピーマンではない。これは、南蛮というぐらいだから唐辛子の仲間であるが、辛さはあまりない。爽やかな辛味はしし唐に近い。外観は、ピーマンにそっくりだがよく見るとピーマンよりもごつごつしている。その形が、お神楽の獅子頭を思わせるところからこの名前がついたのであろう。

祖父の好物だったせいか祖母の畑には毎年このかぐら南蛮が植えられていた。かぐら南蛮は網で焼いて生醤油で食べるのが一番旨い。祖父は、いつも火鉢に炭をおこして焼いていた。幼かった私は、祖父の膝の上で焼きたてをフーフーしながらお相伴したのを覚えている。小さな子供でも食べられたのだから辛さはそんなになかったのだろう。明治の人であった祖父は、何かというと億劫がらずに火鉢や七輪に炭をおこし、干物や海苔やスルメを炙ったりしていた。炭で育ったので焼き物はガスよりも炭の方がはるかに旨いことを知っていたのであろう。

スズキのアラ汁

スズキのアラ
大根
人参
豆腐
ねぎ

スズキは、ブリなどと同じ出世魚と呼ばれ、成長と共に呼び名が変わる。幼魚二十センチ前後のものをセイゴ、三十センチぐらいのものをフッコ、そして、それ以上のものをスズキと呼ぶ。セイゴやフッコの時代は、春に川を上り、秋に海へ下ることを繰り返して成長するが、スズキになるともう川へは入らずに河口へ近づく程度である。味は、スズキになると俄然旨くなり、とりわけ、初夏には味わいが深まり晩夏ともなると脂がのって一番旨くなる。相双沖のスズキは味のよさでは、日本一といっても過言ではないだろう。特に刺身(中でも洗い造りにした)の味は、筆舌に尽くしがたい。

魚をおろしたあとに残った頭、かま、中骨、薄身などをアラといいタイやスズキ、ブリなど脂ののった魚のアラはよい出しが出て旨い汁物が出来る。

レシピは131ページ

夏、郡山海岸の河口へいくと、スズキを狙って竿を出している人が大勢いた。暑い最中にスズキが今掛かるかとジッと見ていたがなかなか掛かるものではない。昼間の暑い最中では、スズキもどこかに隠れて昼寝でもしているのだろう。何回か河口へスズキ釣りを見にいったが、ついぞ釣り上げた場面に出くわしたことは一回もなかった。そうこうしているうちに親戚のおじさんが河口でスズキを釣ったといって持ってきた。見事なスズキであった。そして、今度スズキ釣りに連れていってくれるということになった。

憧れのスズキ釣りは、素晴らしかった。もちろん子供の私が大物を釣り上げたわけではない。おじさんが釣り上げるところを間近で見たのだ。掛かってから釣り上げるまでのスズキとの格闘はスリル満点。ハラハラドキドキの連続で、いつ釣り糸が切れてもおかしくなかっただけに釣り上げた時の嬉しさは格別であった。そばで見ていただけであったが大きな達成感があったのである。大きなスズキを一尾もらって、意気揚々と家に帰った。母は早速、刺身を作り、そしてアラ汁も作った。晩飯の最中にもおじさんとスズキの格闘を興奮しながら家族皆に話して聞かせた。アラ汁の味は絶品だった。スズキの旨味が溶け出たスープは、上品で深い満足が得られる味である。

鰹の焼きつけ

［鰹
しし唐］

鰹は、「海のネズミ」といわれるぐらいその繁殖力はすさまじい。たまに水温の関係で不漁が叫ばれることもあるが、それは異なる海域に移動しただけであって、鰹自体が減少したわけではないらしい。この恵まれた水産資源を巧みに利用して和食の旨さのベースである「鰹出し」にするのだから先人達の知恵には、ただただ驚くばかりである。

冷蔵庫が来てから、鰹の切り身は、焼きつけからフライパン焼きに変わった。調理の仕方も今度は、生の切り身を漬け汁に入れて味を浸み込ませてから、フライパンに油をしいて焼くのだ。洋風のソテーと同じである。八分通り火が通ったら、残っている漬け汁を回しかけて鰹によく絡ませる。味は「焼きつけ」よりも油を使って焼く分こってりとしている。

レシピは131ページ

「鰹の焼きつけ」は本来冷蔵庫のない時代に鰹の美味しさを長持ちさせるための料理であった。鰹を丸一尾で買い、三枚おろしにして、まずは刺身に。そして残りを切り身にし、素焼きにしてから醤油、酒、砂糖、ニンニクの擂りおろしたものを合わせた漬け汁に浸けておく。二〜三時間ぐらいで味が浸みて旨くなる。こうして「鰹の焼きつけ」は、冷蔵庫に入れなくても二〜三日は持ったのである。刺身に飽きた子供達には恰好のおかずになったし、鰹好きの父は弁当に喜んで持っていった。

我が家に冷蔵庫が来たのはいつ頃のことであったろうか。小学校低学年の夏の頃だったか。電器屋さんが暗い台所に運び込んだ小型冷蔵庫の輝かしい白さに小さな胸が高鳴った。父にいい付けられて、ビールとサイダーを買いにいった。そして早速真新しい冷蔵庫に入れて冷やしたのである。途中何回も冷蔵庫の扉を開けては、叱られた。今思えば、小さなおもちゃみたいな製氷皿であったが、家で夏に氷が作れるなんて夢みたいであった。暑い夏の日に、弟は「気持ちいいー」といって長時間顔を冷蔵庫の中に突っ込んで遊んでいて母にこっぴどく叱られていた。

きゅうりのドブ漬け

［きゅうり
青唐辛子］

「きゅうりのドブ漬け」は、朝漬けれぱ晩には食べられるが、古くなって飴色になったものは、絶品としかいいようがない。これを、薄切りにしておろし生姜でもかければ、いうことなし。先人達の素晴らしい知恵と工夫と努力に全くもって脱帽である。

「ご飯」「味噌汁」「漬物」こそは、日本食の原点であり、母の味、故郷の味である。双葉を故郷に持つ者にとって「ササニシキのご飯」「麹たっぷりの手作り味噌で作る味噌汁」「きゅうりのドブ漬け」は郷愁の味そのものである。

レシピは132ページ

夏の畑にきゅうりや茄子は、たくさん出来る。毎日食べようがとても食べ切れるものではない。そこで漬物ということになる。浜通りの双葉郡北部（旧標葉郷）に古くから伝わる「きゅうりのドブ漬け」の出番である。ドブ漬けとは、何とも強烈であまり旨そうな名ではないが、これが、実は旨いのである。「ドブ漬け」の「どぶ」とは、漬物の漬け汁が乳酸発酵のために白く泡立つのが「どぶ」のように見えるところからきている。「ドブ漬け」の面白いのは、乳酸菌の繁殖を抑えるために塩と唐辛子を入れた熱湯で漬けるところだ。双葉では、「ドブ漬けを漬けられるのは、元気の証」といわれている。というのは、「ドブ漬け」は、きゅうりを継ぎ足して漬ける時には、そのつど水洗いして、新しいきゅうりは、一番底へ入れ、塩の熱湯もその都度作って入れ替えなければならず、手間暇のかかる仕事となる。大きな樽に毎回重い漬物石を持ち上げての作業は重労働だ。これをひと夏に六〜七回は繰り返さなければならない。母も七十五歳ぐらいまでは頑張った。飴色に漬かった「ドブ漬け」の古漬けは絶品だ。双葉の母ちゃん達の「意地」が味付けになり、実に奥深い味がする。双葉では「きゅうりのドブ漬け」は他の漬物を俄然圧倒して追随を許さない夏の漬物の王様なのである。

川海老と空豆のかき揚げ

［川海老
空豆
玉ねぎ］

バケツで生きたまま持ち帰った川海老は元気に泳ぎ回っている。元気なうちにきれいな水に移し替え汚れを落とす。塩ひとつまみを入れた、ぐらぐらと沸き立ったお湯で一気に湯がくと鮮やかな赤い色になる。熱々のところを一つ、つまんで、口に入れると川の味がした。好物の川海老を肴に晩酌を始めた父は上機嫌になり、五円玉一枚を小遣いとして私にくれた。また明日も川にいこうと思った。

川海老とは淡水の河川、湖沼などに棲む海老の総称。
一番多いヌマ海老をさしていうことが多い。
特別に美味とは言い難いが、天ぷら、つくだ煮、茹でて大根おろし和えなどにする。

レシピは132ページ

子供の頃の夏の日、小川のほとりにしゃがみこんで、じっと水面を覗いていると、いろいろな水中生物が水草の中をスイスイと泳ぎ回っているのが見える。それが面白くて飽きもせずにいつも見にいった。

そのうちに見ているだけでは飽き足らずに捕まえたくなって、網ですくって小魚や海老を獲った。中でも川海老は小さくて透き通っていて不思議な生き物に見えた。川海老を、家に持って帰ると、父も母も喜んだ。夕のお菜になるからだ。特に父は、茹でた川海老を大根おろしで和えて酒の肴に好んで食べた。しかし、旨いのは、何といってもかき揚げだった。人参、ごぼうなどの野菜だけの天ぷらよりも川海老がそこに加われば断然旨くなった。

川海老は近くの小川や沼など双葉のいたるところにいくらでも生息していた。いくら獲っても、いなくなるなどということはなかった。

食べ残した川海老のかき揚げは翌日の父の弁当に収まったり、家族のお昼の天丼にと変身するのである。

お盆の煮しめ

茄子
いんげん
かぼちゃ
人参
厚あげ
こんにゃく

煮物の美味しさは、素材が持っている成分が煮汁の中に溶けだしたあと、それがもう一度材料の中へ含まれるという加熱処理の秘密にある。〝年寄りの煮物上手〟などといわれるが、料理好きのお年寄りがいる家は煮物が美味しいものだ。確かにある程度の年季がいるのが煮物なのかも知れない。母の煮物も五十歳を過ぎたあたりからことさらに美味しくなったようだ。煮しめは、野菜や乾物類などを形を崩さず時間をかけて煮たものであり、本格的に作るとなると、煮ては冷ましを繰り返して味を含ませて煮なければならない。材料が十分煮汁を含み、鍋に煮汁が少し残っているぐらいまで煮詰める。汁気が少なく味がしっかり染み込んでいると実に美味いものである。

八月十四〜十六日はお盆。ご先祖様への供養のために精進料理を供える。十三日には、お迎え団子、あんこ餅、十四日にはきんぴら、煮しめ、茄子の油炒り、ソーメンなどを作る。供養に来てくれたお客様には、鰹の刺身などの生臭ものでもてなすのである。

レシピは133ページ

お盆の夕暮れともなると、新盆の家々には高灯籠に灯が燈り、「ああ、あの家の爺さんがお盆で、帰ってくるんだなぁ」と思ったものである。どこの家の門口でも迎え火を焚いて仏様を迎えている。お墓は町の人達が総出で掃除をしたせいか見違えるほどきれいになってお迎えの準備は万端整っている。その墓地は、夕暮れともなると灯籠やら提灯に一斉に明かりが灯り別世界となる。浴衣掛けの人達が提灯で足元を照らしながら次々に墓参りに訪れる。どこのお墓も、花やお供え物で絢爛と輝き、墓地のあちこちでは、お盆で久しぶりに里帰りした人達との話に花が咲く。我が家でも仏壇の周りは、きれいに盆棚が飾られ、たくさんのお供え物が並んでいる。墓参りが済むと、家では賑やかにビールの栓が抜かれ、父や親戚の人達の宴が始まる。

どこからともなく盆踊りの音が聞こえてくる。町民大盆踊り大会の始まりだ。太鼓に加え、どことなく哀調を帯びた双葉盆唄が響き渡り、大勢の人達が幾重にも輪になり踊りは続く。屋台の夜店もギッシリと並び、子供達も興奮気味。お盆が終わると、夏休みも終わるなんて信じられない夢のような一夜である。祭りが終わって人気がなくなると静けさの中に秋の虫が鳴いていた。秋がもうすぐそこまで来ている。

夏の楽しみ

蝉捕り、水浴び、魚捕り、氷水、スイカ、アイス、カルピス

氷《こおり》水《すい》

蒸し暑い、夕飯後の夏の夜、「暑いから氷でも取ろうか」と母の声に、子供は「やったぁー」と大喜び。たまの贅沢としてかき氷の出前を取るのである。ミルク、イチゴ、小豆と思い思いのものを頼むのである。氷を食べると頭が痛くなった。これは「関連痛」というそうで、脳が氷を食べて咽頭神経が刺激され発生した信号を後頭部もしくはこめかみの痛みと誤認知することによって発生する痛みのこと。アイスクリーム頭痛というのは俗称ではなく正式な医学用語である。

大好きだったカルピス

子供の大好きな駄菓子屋には、変な飲み物がいろいろあった。ビニールに詰められたどぎつい色のジュースは飲むと歯のすき間や舌までその色に染まってしまうのだ。後味の悪い粉ジュースもあった。試験管みたいな器に入ったドロドロのものを竹串で突ついて食べる酸っぱい味の変な食べ物は一体何だったのだろうか？

母はそんなものを飲み食いするのを気持ち悪いと嫌がった。そこで母は、お中元で届いたカルピスと変な駄菓子屋のものとどちらがよいか片方を選べといった。カルピスの方がよいに決まっている。いつもカルピスに舌鼓を打ってからお昼寝をするのであった。

スイカ

夏になるまで待ち遠しかったのがスイカの味であった。朝から井戸水で冷やしてあって冷たくて旨かった。海水浴場でよく見かけるスイカ割りは、やったことはなかった。クリーム色のスイカを初めて食べた時の感激は、今も忘れない。小学生の頃、同級生に誘われて山のスイカ畑にスイカドロボーにいったことがあった。ナイフとスプーン持参で、一個だけ頂いて山で食べた。熟していて甘くて旨かった。あとでどういうわけかバレテしまって大目玉をくらった。「ひと様の物を盗むとは何事か」と、罰として押入れに長い間閉じこめられた。苦い思い出である。

アイスキャンディー

夏の風物詩の一つにアイスキャンディーがある。チリンチリンと大きな鈴を鳴らしてアイスキャンディーと染め抜いたのぼり旗をひらめかせて自転車で売りに来た。子供達は、この時と、ばかりに親に小銭をねだり、あちこちから駆け出してくる。暑い夏の日にアイスキャンディーの冷たさは、つかの間の夢のようであった。町には、小池製氷店と森製菓の二軒の店でアイスキャンディーを作っていた。買いにいったついでに面白くていつまでもガラス越しにアイスの工場を覗いていた。そこは涼しくてまるで南極にいるみたいだと思った。祖母は、アイスとトウモロコシの食べ合わせは腹をこわすからとやかましくいって絶対許さなかった。

ふるさとエッセイ〈夏〉

ニンニク醤油

福島県の浜通りに生きる者にとって初鰹ほど心を浮き立たせるものはない。

鰹は回遊魚で、春に大群をなして太平洋を黒潮にのって北上を始める。五～六月にかけて伊豆半島～相模灘～房総沖あたりで獲れた鰹は「初鰹」といって江戸っ子を熱狂させた。

六～七月に常磐沖に入りさらに北上を続け気仙沼沖に達し、夏には北海道東南部沖あたりにたどり着く。そして水温が下がってくると今度はUターンして南下に転じるのである。

「初鰹」と呼ばれる初夏のものが、「はしり」で比較的サッパリとしているが、秋に南へ帰っていく頃には成長して大きくなり脂肪もたっぷりとついて、これを「戻り鰹」といい濃厚な味になる。

さて、常磐沖にやってきた鰹はいわきの鰹船によって水揚げされ浜通り一帯に出回るのは七～八月頃。八月いっぱいは食卓を賑わすことになる。

私は夏休みで帰省するたびに、この鰹の刺身で父と双葉の地酒「白富士」の冷やで一杯やるのが何よりの楽しみであった。

この時期は親戚宅を訪れても、友達の家へいっても当然のごとくに鰹の刺身が振る舞われ、私も当然のごとくにパクついた。常磐沖を通る頃の鰹は脂もほんのりとのって香りがよく、味もよいと思うのは私だけの贔屓目だろうか。江戸の初鰹よりもはるかに旨いのである。

母は大振りの鰹をまる一尾で買い求め、三枚におろし腹身は刺身にして背身は焼きつけにし、アラはアラ煮にしていた。

父はこの鰹の刺身が大好物で時期になると、いつも魚屋に立ち寄って、活きのよい鰹を物色しては買ってきた。

「鰹ならば毎日でも食いたい。腹が冷えるくらい食いてえもんだ」といって母をあきれさせていた。

いつだったか、私が鰹を土佐作りのタタキにして出したら、怪訝な顔をしてひと口頬張ると、にべもなく「こりゃだめだ」といった。タタキは鰹食いの本道で、ニンニク、生姜、ねぎなどの薬味で食べるのが一般的である。本場である土佐では、玉ねぎ、ねぎ、シソを炙った鰹にのせて、醤油と酢を振りかけ、手のひらでペタペタと叩きながら味を付けて食べる。これがとても旨い。初めて食べた時は驚いたものだった。しかし父にとって鰹はやっぱり刺身でなければダメなのである。特に銀皮の付いた腹の部分を好んだ。しかも必ずニンニク醤油でなければ気がすまないのである。

ニンニク好きは、父に限った話ではない。双葉の人達は、鰹は必ずニンニク醤油で食べる。いや、むしろニンニク醤油以外では食べないといった方がよいのかもしれない。

いつのことであったか、新山の高村魚屋の親父が語っていたのが面白い。「鰹の刺身はなんつったってニンニクだよ。一杯飲るんでも、メシ食うんでもニンニクだよ。最後は鰹の脂のしみたニンニク醤油をメシにかけて食うひともいるぐれいだがんなぁ」とまあ、ことほど左様な具合である。ちなみに高村魚屋では魚といっしょに生ニンニクも並べて売っていた。お客の切なる要望に応えてのことであるそうな。いかにも双葉らしいと感心させられた。

ニンニク醤油は、背の青い魚特有の生臭みを消す効果だけではなくニンニクの香りと旨味が溶け合って、一層旨くなる。まずもっては合理的な話なのである。お盆の頃の脂ののった戻り鰹の刺身には、なおさらにニンニクは切っても切れないものになる。

その昔、鰹は「堅魚《かたうお》」と字を当てて読んだという。

『古事記』や『万葉集』には堅魚という漢字表記で書かれている。この表記は大昔から鰹の語源と関係があるという。江戸時代に書かれた『本朝食鑑』には「延喜式に堅魚と謂うはこの魚乾曝すれば即ち極めて堅硬なり、故にこれを名づく」とある。堅魚が鰹になったというのが通説となっている。つまり昔は日干しにして保存したことから、このような字を当てたのだろう。やがてこの日干しの保存法がかつお節へと進化したものと思われる。

生の鰹の身は他の魚と比べてもむしろ柔らかく傷み易い。

昔は、夏の盛りに鰹の鮮度を保つのは骨がおれた。そこで、浜通りの女達は「焼きつけ」という方法を編み出した。

この「焼きつけ」というのは、鰹の切り身を一度素焼きにしてから醤油、酒、砂糖で作ったタレに漬け込むというもので、ほんの一時間ぐらいで味が浸み込んで美味しく食べられる。この「焼きつけ」ならば暑い夏の盛りでも、台所の水屋に置いて一晩ぐらいは大丈夫だった。

また、むき身や、カマや血合いの肉は生姜を効かせたそぼろ煮にして飯にのせて食べた。頭以外、ほとんど捨てるところのない鰹であるが、母は刺身を作る時に引いた皮を捨てていた。物の本で鰹の皮が旨いと知った私は、皮に薄塩をしてサッと炙り、細く切り、薬味と共に酢醤油をほんの少しかけてみたら、なるほど旨い。父も大いに気に入り目を細めて喜んだ。それ以後母は鰹の皮を捨てるのは止めた。

確かに魚の皮というものはたいがいが旨いものだ。タイやスズキなどの皮も焼いて食えば絶品である。関西あたりではハモやフグの皮はそれだけでも味付けされてりっぱな商品として人気がある。

魚好きの祖父は鮭の皮が大好きで、子供がそれを残したりすると「一番旨いところを何故残すのか」と諌めた。

子供が好きなのは鰹の角煮であった。鰹の身を角に切り辛く煮詰めた佃煮が角煮である。お茶漬けや弁当のおかずにも用いられた。そうそう、父が喜んだ鰹の塩辛「酒盗」を忘れるわけにはいかない。酒盗とは鰹の内臓で作った塩辛で、これを肴に酒を飲むと、いくらでも飲みたくなり、盗んでも酒が欲しくなるところから付いた名だという。

とにもかくにも、鰹は浜通りに生きる者にとって、幼い時から慣れ親しんだ切っても切れない魚なのであり、鰹なしの食卓なんて考えられないのである。

ふたばの秋

お盆が過ぎると
いつの間にか　こっそりと秋が忍び寄ってくる
キンモクセイの甘い香りを風が運んでくる
日暮れからは鈴虫や松虫の合唱が始まる
野原にはすすきの穂が風に揺れ
夜には美しいお月さまが顔を出す
抜けるように晴れ渡った秋空には
赤い柿の実が輝いている
クリの木のイガイガからは実が顔を覗かせている
子供達はコスモスの花びらを風に乗せて興じている
「ドンドーン」と打ち上げ花火の合図は大運動会だ
賑やかに響く大勢の子供の声
今度は小学校のイナゴ捕り大会の始まりだ
山の色も黄色から赤に少しずつ変わり秋も深まる
山の妖精　キノコ達も顔を出す
大人達も童心にかえってキノコ採りに夢中だ
川には鮭がひしめき合って上ってくる
重いこうべを垂れた稲穂の海は黄金色に輝いている
田んぼには稲を刈る人達の声が響き渡る
稲刈りが終わると
田んぼは嘘のような静けさに包まれる
稲の天日干しの竿先には赤とんぼが止まっている
ああ　いとしい
我が　ふるさと　ふたばの秋

ハツタケご飯

［ハツタケ　油あげ］

ハツタケは、秋の初めに、やや若い松林に多く生えるベニタケ科のキノコ。傷つけると青変性のあることで古くからよく知られ広く食用として人気が高い。肉質は、固いがもろく、口当たりはぼそぼそとしてあまりよくないが、味はよい。こっくりとした旨味が出るので、お吸い物、ご飯などにすると絶品である。バター炒めなど洋風の料理にしても旨い。

ハツタケは、椎茸、シメジやマツタケなどと共に馴染み深いキノコとして昔から親しまれてきた。ハツタケのハツ（初）は文字通り秋のキノコの季節の最初に出るキノコを意味している。その濃厚な味と香りが「ハツタケご飯」として多くの人の舌鼓を打ってきた。

ハツタケは旨いキノコであるが、山から採ってきてからの寿命の短いこと、そして採れる期間の短いことが嘆かれる。最近では、山が荒廃してハツタケの好む環境が失われたために貴重なものになりつつある。私が子供時分には、山の雑木は、燃料としての役目がまだ続いていたので、山は手入れが行き届いており、ハツタケもたくさん採ることが出来た。父と自転車で向かったのは、細谷、夫沢、長者原方面であった。赤松が多く、ハツタケには絶好のポイントがたくさんあった。ハツタケ独特の緑青色が目印となり子供でも間違えることがないのでよく採れた。よく晴れた秋の空の下、むせかえるような濃い松葉の匂いとハツタケの香りが今も懐かしい。

ハツタケこそは、家に持って帰ってすぐに調理にかからねばならない。我が家では、何といってもハツタケご飯である。塩水で洗って汚れを取り、水気を切って石づきを取り、千切りにする。水、醤油、酒、砂糖を入れて沸かし、ハツタケ、油あげを甘辛く煮る。炊き上がったご飯を飯切りに移して甘辛く煮たハツタケ、油あげ、煮汁を少しずつ混ぜ合わせる。ハツタケをどっさり入れると、濃厚な旨味が飯にしっかり浸みてたまらぬ旨さである。「おかわり！」連発となった。

レシピは133ページ

秋茄子の油炒り

茄子
チクワ
赤唐辛子

田舎料理の醍醐味は、得てして大量に料理するところにあるのかもしれない。特に野菜を主とする料理にその傾向が強いのは、材料は畑にはどっさりとあるわけだし、家族数も多いので量も必要だ。ともあれ大鍋で大量に作ると、旨さも倍加するのは間違いないことである。油と相性が抜群ゆえに定番の「茄子の油炒り」にしても茄子を十五〜十六個をドーンと炒めて作った方が何となく茄子の味も濃くなって一段と旨くなったような気がするから不思議である。

紫紺色の鮮やかな茄子は、日本人の嗜好に合う馴染み深い野菜の一つである。煮物、揚げ物、漬物。といった具合に昔からいろいろな調理法が用いられてきた。茄子は、何といっても油との相性がよく、洋の東西を問わず好まれている。また、出しの旨味をたっぷりと含ませるのが茄子料理のコツであろう。

レシピは134ページ

盛夏に切り戻して一休みしていた茄子は、秋の気配と共に元気を取り戻し、秋茄子となってよみがえって、以前にも増して立派な実を付ける。秋口の茄子は美味なので、特に秋茄子などと呼ばれ、もてはやされる。「秋茄子は嫁に食わすな」のことわざが有名であるが、これは、「秋なすび早酒（わささ）の粕につきまぜて棚におくとも嫁に食わすな」が基になったといわれる。ここでの嫁とは嫁が君（ネズミの異称）のことである。ネズミのことを何故「嫁が君」といったのか。それは「正月の餅を夜中にそっと引いていくネズミの姿が、遠慮しながら餅を食べる若嫁のそれに似ている」ところから名付けられたという。後世になって「嫁に食わすな」の部分が、嫁と姑の関係に例えられたものとなったらしい。「秋茄子は美味しいので嫁になど食わせてなるものか」という、姑が嫁に意地悪をする例えであり、また「秋茄子は、身体を冷やし子どもが出来ないと困るので食べさせない方がよい」などと姑が嫁を気遣うやさしさの例えとして全く逆の解釈があり面白い。

カニ小突き

［モクズガニ　大根　人参　ねぎ］

双葉の川や河口には、五～六センチぐらいの小振りなカニがたくさんいた。子供達は、このカニを単に「ガニ」と呼んでいたが、これはモクズガニであろう。モクズガニは小さいが味はよく人気があった。この小さなカニはすばしこくて、子供には捕まえるのが至難の業だった。また海にいた小さな赤ガニも忘れがたい味である。

レシピは134ページ

カニ小突きとは、モクズガニを甲羅ごと小突いて、さらにすり鉢で擂りつぶして殻を漉し、団子にして味噌仕立てにしたカニ汁のことである。ねぎや豆腐などを入れると贅沢な汁物となる。小さなカニであるが、ミソもちゃんと入っていて濃厚な風味は堂々たるカニ汁そのものである。モクズガニは、日本中の川に広く分布しているのでこのようなカニ汁もそう珍しいものではあるまいが……。

一方、海にも小型の旨いカニがいた。地元では、赤ガニと呼んでいたがこれはおそらく丸ガニのことか。こちらも十センチぐらいの小振りなカニだが茹でると味はすこぶるよい。双葉の郡山海岸の岩場にもいたが波が荒くて獲るのは難しかった。

請戸《うけど》の浜で獲れた赤ガニを、おじいさんが自転車に繋いだ小型のリアカーに籠一杯積んで売りに来た。カニ好きの我が家では、値の安さもあってたくさん買った。夜、電灯の笠の下に家族全員が集まり、物もいわずに黙々と小さな赤ガニにかぶりつく。小さいながらもミソも入っているし、身もびっしりと入っていてカニの旨さを堪能した。これぞ、小さな幸せ！　昭和三十年代、我が家のささやかな幸福の情景であった。

おはぎ

もち米
うるち米
小豆
エダマメ
黄粉
じゅうねん

秋の彼岸に寸分の狂いもなく開花するのが彼岸花。神社やお寺の周り、田んぼの畔を美しく染め上げる。初秋の風物詩である。家庭で春秋の彼岸にこのおはぎやぼた餅を作って仏前に供えるという風習は、江戸時代からのもののようである。おはぎは、家庭で手作りする素朴な庶民菓子の代表といえる。

秋分の日を中日として、その前後を秋彼岸といい、花や線香を持ってお墓参りをする。おはぎや団子を御供えし、先祖の霊を供養する。おはぎは、等量のもち米とうるち米を炊くか蒸すかして、擂りこぎなどで半つき程度につぶし、丸めて小豆あん、黄粉などをまぶして作る。秋の彼岸には萩の花に見立てておはぎと呼び、春の彼岸には牡丹の花に見立ててぼた餅という説がある。

レシピは135ページ

秋のお彼岸の楽しみは、何といっても母の作るおはぎであった。

母は、前の晩に遅くまで小豆やもち米の仕込みをして、明くる朝は五時からおはぎ作りに取り掛かった。朝、目を覚まして、眠い眼をこすりながら台所を覗くと、旨そうなおはぎがズラリとバットに並んでいる。実に壮観な眺めであった。母がニコニコ顔でまずは、つぶしあんを一個小皿にのせてくれた。頬張ると、旨くて頬が落ちそうであった。次は、ズンダを口に運ぶ。次は、黄粉だ。そして最後はじゅうねんだ。どれもとても旨かった。出来上がったおはぎを仏壇に供え、家族皆でおはぎに舌鼓を打つ。お墓参りをすませると、親戚の家へおはぎを届けるのが子供の頃の私の役目である。

自転車の荷台に風呂敷に包まれた重箱をくくり付けて、「途中で転ばぬように」という母の注意に頷きつつ祖父の生まれた家へ向かうのだ。途中に急な上り坂があって結構きつかった。本家のやさしいおばさんは、いつも母のおはぎが「とても美味しい」といって褒めてくれ、それが子供心にも誇らしくて嬉しかった。

イノハナご飯

「イノハナ
人参
ごぼう
油あげ」

秋も深まり山の木の葉も色付き始めると、子供らは「山探検」と称して山へ遊びに向かう。皆一同にきょろきょろと頭の上の方ばかり見ながら山道を歩く。狙うはアケビだ。あの薄紫色に染まった果実を頭に描きながら必死で探すも見つからない。「あっ、あった」と誰かが叫んだ。指差す方を見上げると、確かにアケビだ。しかしそれは、頭上をはるかに超えた高い枝に絡んだ蔓の先である。どうあがいても届かない高い場所だ。地団太踏んで悔しがったが届かないのであきらめた。

しかし帰り道に、偶然落ち葉に隠れていた「イノハナ」を見つけた。最初は、そのいかめしい姿にギョッとした。そしてその大きさにも驚いた。鼻を近づけてみると香ばしいよい匂いがする。「これは、イノハナだ」思いがけない戦利品に心が躍った。家に持って帰ると、父も母も驚いた。そして「よく見っけらっちゃなぁ」と父に褒められた。

母は、早速料理にかかった。炊き込みご飯だ。料理している間中もイノハナのよい香りが台所から漂ってきた。「アケビは残念ながら全然採れなかった」と悔しがると父は「今度の日曜にアケビ採っしゃ連れていく」といった。どうやら父は、アケビの採れるよい場所を知っているらしい。

イノハナ（猪の鼻）は、文字通り猪の鼻に似ているところからその名がある。一般的にはコウタケ（香茸）といい、その名のとおり香りが素晴らしい。ひなびた香りはいかにも深まりゆく秋の風情を感じさせてくれる。炊き込みご飯にすると大変美味で、双葉ではマツタケを上回るくらいの人気がある。

レシピは136ページ

天日干しすると香りが増し長期保存が可能になる

イノハナは、キノコ採りのベテランでもなかなか見つけるのは難しい。独特の香りは、他に類がなく、乾燥するとややきつくなるがご飯に炊くと堪えられない旨さである。イノハナの表面は、反り返った厚いササクレで覆われている。乾燥させたイノハナを水に浸けて戻して使う時には、黒い戻し汁は、絶対に捨てずに煮炊きに利用することが大事。

クリおふかし

［クリ
小豆
もち米
うるち米
ごま塩］

「桃栗三年柿八年」といわれるように、クリは、植えてから三年で実を結ぶ。双葉の在所の農家では、子供の誕生記念にクリの苗木を屋敷内に植えて、我が子共々に成長を見守る家が多かった。クリは、茹でて間食用になる他、季節の味覚としてのクリご飯、お正月にはなくてはならないクリきんとん、クリの渋皮煮などと幅広く利用される。

クリは、鬼皮と渋皮をむく。小豆はたっぷりの水で煮る。沸騰したら一度、茹で汁を捨ててアクを取り、新しい水で軟らかくなるまで煮る。その後、冷ました小豆と茹で汁を分け、洗ったもち米を小豆の茹で汁に一晩浸けて置く。一晩置いたら、もち米の水気を切り、小豆、クリを混ぜておく。蒸し器に布巾を敷いて強火で蒸し、茹で汁を五～十分ごとに打ち水として振りかけながら蒸し上げる。仕上げにごま塩を振る。

レシピは136ページ

秋も真っ盛りの十月の中旬、朝晩には少し肌寒さが感じられる頃になると、クリが甘味を増して美味しくなる。

イガがはじけて顔を出したクリは、焼いたり茹でたりすると、完熟のホクホクとした旨さが堪らない。

クリは、実りの秋を象徴する食べ物である。

毎年、秋も深まると岩手の母の実家からどっさりとクリが送られてきた。母は、早速おやつにと、クリを茹でてくれた。半分に包丁が入れられ、匙で食べた。旨くて次から次へと止まらなくなった。

家族皆が楽しみにしていたのは、クリおふかしである。双葉では、もち米を蒸したおこわのことをおふかしといった。

母は、「♪～あーきのゆうひにてーるうやーま　もーみいじ……」と歌いながらクリの皮をむき始めた。

待ちかねたクリおふかしは、小豆も入って贅沢な味に仕上がって格別に旨かった。

ハタイモの味噌煮

「里芋（ハタイモ）
ゆず」

ハタイモの皮をむいて米のとぎ汁で七分通り茹で、水に取り表面のぬめりを洗い水にさらす。鍋に味噌、砂糖、出し汁を加えよく溶きのばし、ハタイモを弱火で、煮汁がトロッとするまでじっくり煮込む。煮上がり際にゆずの皮を擂りおろして加え、全体に混ぜ合わせて仕上げる。田舎料理は、総じて味噌味が多い。昔は、どこの家でも自家製の味噌を作っていた。買い求める醤油よりも、ふんだんに使える自家製味噌を使ったのであろう。

山野に自生する山芋に対して、里で作るために里芋の名が付いたという。里芋は、双葉ではもっぱら畑（ハタ）イモといった。煮しめ、煮ころがしなどの他、汁物に用いられる。品種によっては、そのまま蒸かし、皮をむいて塩で食べる。葉柄を乾燥させたイモガラは、和え物、ひたし物、酢の物、汁物などにすると旨い。

レシピは137ページ

さわやかに空気が澄みわたり、赤とんぼが飛び回る頃になると、夕暮れ時には、風に運ばれてくるキンモクセイの香りとも相まって何となく物悲しいような気分になるもの。

これが日本の秋の風情というものなのであろう。

夜にもなると、夜気が肌にもひんやりと感じられて、お月様を愛でるにはよい頃かげんである。お月見には、月見団子と掘りたてのハタイモがつきものだ。旧暦の八月十五夜を「芋名月」というくらいだから。

子供の頃は、ハタイモは苦手でもっぱら団子の方であった。

祖母が、畑から掘り上げてきたハタイモを木桶の中に入れて、芋洗い棒を使ってきれいに泥を落とすのは父の役目であった。

母は、「赤とんぼ」の歌を口ずさみながら団子を丸め、ハタイモの小芋を蒸かし、ススキを飾った。東側のガラス戸を開け放つと、まんまるの大きなお月様がいつの間にか顔を出して微笑んでいた。

さばの味噌煮

［さば］

さばの種類は、マサバ、ゴマサバなどがあり、マサバが旨い。日本各地の浅い沿岸部に生息し、産卵を終え冬に向かって脂がのり始める秋が旬である。さばの「生きぐされ」といわれるように、さばはアシが早い。鮮度が落ちる初期に多量のヒスタミンを生成し、この物質がアレルギー中毒（さばにあたる）などに関係があるらしい。さばの料理には注意が必要である。

さばの味噌煮の味噌は、味の濃い赤味噌が合う。さばは、振り塩をして三十分ほど置く。三枚または二枚におろして、塩水で洗い食べ易い大きさに切り、表面に二か所ぐらい切り目を入れておく。味噌は出し汁でといて、みりん、砂糖を加えて切り身を鍋に入れ、弱火で煮る。汁が煮詰まる程度に煮ると味がよい。それには、弱火でじっくりと煮るのがコツである。

レシピは137ページ

さばの味噌煮は、祖母の好物であった。家族の中では祖母だけが特にこのさばの味噌煮を好んだ。確かに秋のさばは、脂がのって旨い。さばには、味噌がよく合うといわれている。しかし、新鮮なさばの味噌煮は味噌が馴染みにくいので、実はあまり旨くはない。新鮮なさばは、塩焼きの方が断然旨い。味噌煮にして旨いのは、鮮度がやや落ちたさばである。昔は、冷蔵技術が遅れていたためにさばというと味噌煮が一番であったのかもしれない。

祖母は、九十六歳まで生きた。当時としては長生きの方であろう。元気なうちは、小さな畑で野菜作りや仏壇を飾る草花作りを楽しんでいた。秋になるとさばの味噌煮と茄子の味噌炒めを好んで食べた。私の二十歳の成人の祝いに和服のアンサンブルを縫ってくれた。それは、今も大切にしまってあり、正月に袖を通すたびに祖母の笑顔が思い出される。

祖母は、晩年寝たきりになったが、母の作るさばの味噌煮を、目を細めて喜んで食べたという。

キノコ汁

［いろいろなキノコ
季節の野菜
鶏肉］

昭和三十年代には、栽培物のキノコは椎茸ぐらいしかなく、それも干し椎茸用で、生椎茸は流通していなかった。従ってキノコが食べたければ、秋に山へ入って自分で採る以外になかったのである。大量に採れれば、天日乾燥、塩漬けなどにして保存して、お正月の煮しめなどに華を添えたのである。

山のキノコは、雑キノコですら、それぞれに香りや食感などに個性があり、総じて味が濃い。これらをどっさりと鍋に入れて、人参、大根、ごぼう、こんにゃく、鶏肉などと煮込んだキノコ汁は、最高のご馳走である。キノコ類は、油との相性がよいので、煮る前に油で炒めるとさらに味がよくなる。味付けは、味噌、醤油どちらでも好みで。キノコ汁やキノコ鍋は、出来れば山で採ってすぐに調理して、山で食べるのが理想。

秋もたけなわの十月。静かな森や林をめぐり歩いて、山の恵みに出合える喜びは何物にも代えがたいものである。

遠く万葉の時代からこの地の人々を楽しませてきたキノコ採りが始まる。私も父に連れられて日曜日のたびに山へ入った。初めはウロウロ、きょろきょろであったがだんだんと目が慣れてきてキノコにピントが合ってくる。静まり返った山の中で鳥の声だけが響き渡る。

キノコ採りに夢中のあまり、父と離れて迷子になりそう……と、ふっと気づいてあわてて父を呼ぶ。ああ、あの時の空気感までがよみがえってきて懐かしさが込み上げる。あの山や森は、どうなっているのだろうか……。

父の籠には、ヒラタケ、アミタケ、クリタケ、ナラタケ、キクラゲなどが入っていた。子供の私は、アミタケを五〜六本しか採れなかったと思う。

夕暮れ時、山を下りながらの帰り道、家で待つ籠を覗いた時の母の笑顔を思い浮かべながら家路を急いだものだ。

さんまのみりん干し

［さんま］

昭和三十九年十月二十一日、我が郷土福島県の誇り、円谷幸吉選手がマラソン競技のゴールである国立協技場に二位で入って来た。歓声が悲鳴に変わった。すぐ後ろにせまっていたイギリスのヒートリーにトラックで追い抜かれて三位となってしまったのだ。しかしこの銅メダルは日本が東京五輪の陸上競技で獲得した唯一のメダルであり、多くの人々に感動を与えた価値のあるものであった。

みりん干しは、干物の一つで、イワシ、鯵、さんまなどの魚を開きにし、これをみりん、醤油、砂糖を合わせた調味液に漬け込んだあとに乾燥したものである。乾燥する前に白ごまを振りかけることもある。

抜けるような青空の秋晴れの日、母は豊漁で値の安いさんまを大量に買い込んで、みりん干しの準備に余念がない。外の井戸端で五十尾ものさんまを開いて頭を落とす。傍らには二匹の飼い猫がさんまをせがんでうるさくまとわりついている。店で売っているみりん干しは、甘さがきつくて母の好みではなかったらしい。そこでやむなく自家製のみりん干しを作ろうと思い立ったのだ。自分好みのあまり甘くない調味液に開いたさんまを浸け込んでごまを振り干していく。何と手間のかかることを……。しかも五十尾も。出来上がった母のみりん干しは絶品であった。もうそれ以来、店で売っているものは食べられなくなってしまった。ご近所や親戚にも配って大好評を博したのはいうまでもない。母は何でも手作りをする人であった。手間暇を惜しむことなくいろいろ創意工夫をして家族を楽しませた。また「学校に遅刻しても朝ご飯はしっかり食べろ」といわれて育った。母は私が未熟児で生まれ、身体が弱かったせいか、食べ物には気を遣ったのだろう。母のおかげで私は「食べる幸せ」ということを身体の芯から感じることが出来たのである。さて、時はあたかも東京オリンピックの花型種目、マラソン競技のスタートの号砲が放たれようとしていた。アベベの精悍な顔つきが印象に残っている。

イナゴのつくだ煮

［イナゴ］

左の写真は、昭和三十五年秋の双葉南小学校二年一組のイナゴ捕り大会でのお昼ご飯時のものである。楽しそうな笑顔が微笑ましい。後列右、立っているのが筆者。

いうまでもなくイナゴは、バッタの仲間であり昆虫である。秋に田んぼに大発生する害虫であるが、昔は貴重なタンパク源でもあった。多くの地域でつくだ煮として食された。昆虫食としては、一般的に最も馴染みのあるものである。

昭和三十年代の双葉は、物質的にはまだまだ貧しかった。秋の恒例の「イナゴ捕り大会」は、小学生が捕ったイナゴの売上金で、不足している学校の教育備品を購入するという目的で行われていた。

秋晴れの朝、子供達は元気いっぱいに黄金色に輝く稲穂の海へ泳ぎ出す。一班十人ずつとなり、迷子やケガをしないようにと気づかいながら行動するのだ。農薬など使っていない田んぼには、湧いて出てくるくらいのイナゴがいた。稲を食い荒らす害虫なので、農家の人にも歓迎された。捕ったイナゴの重さで優劣を競うため、子供達は張り切った。上位を占めるのはいつも農家の子達で、町場の子は「今年こそは」と思い頑張ってもかなわなかった。

つくだ煮にするのは、コバネイナゴという種類で、糞出ししたあと、ギザギザのある脚や羽を取り除き下茹でをする。そこに砂糖、醤油、水あめなどの調味料を加えて長時間煮てつくだ煮にする。歯ごたえは小海老のようで、普通のつくだ煮のように甘辛い味で、ご飯のおかずというよりは主にお茶受けにした。

新米の塩むすび

［米］

昔懐かしい蒸し竈

昭和三十年代、燃料は、薪か炭であった。飯は羽釜で炊き、煮炊きには丸底鍋を用いた。竈にしても七輪にしても丸底の鍋がピタリと納まるような構造になっている。丸底の鍋は、米を炊くにも、煮炊きものにも理想的な形で、対流という美味しさが増す理にかなっているのである。飯の味にうるさかった祖父は、蒸し竈で炊き上げる味にこだわった。蒸し竈の上蓋の重さには祖母も母も泣かされたことであろう。

ご飯を茶碗に盛ることを「装う」という。昔から日本人がいかにご飯を大切にしてきたかを物語る言葉で、ご飯を美しく飯茶碗にフワリと「装う」のである。また日本人が大好きな「おむすび」もしかり。両手を結ぶようにして美しい形に仕上げるのだ。「おにぎり」というのは、戦後の商売上の言葉であり、家庭で母親が愛情こめて作るのはおにぎりではなく、あくまで「おむすび」である。

里へ下りてきた秋は、その進行を少し緩めて立ち止まる頃、稲は黄金色に輝き、こうべを重く垂れていよいよ刈り入れの時を迎える。お百姓は、稲の一株、一株を愛しむように大切に鎌を入れて刈り取っていく。そして一束ずつ丁寧に美しく竹竿にかけて天日に干す。乾燥が済んだら、脱穀、籾摺り、精米と続き、我が家でその恵みを新米として口に出来るのは、早くとも十一月の初め頃であった。

米を炊く時に昔からいわれる「初めちょろちょろ、中パッパ、赤子泣いても蓋とるな」とは、火加減の妙を教えるもので懐かしい。今の若い人には何のことか分からないに違いない。蒸し竈で充分に蒸らして炊き上がったご飯は、蓋を取ると、まずその香りにうっとりさせられる。米というものは、こんなによい香りがするものなのか……。そしてつやつやと光り輝き、一粒、一粒の米が立っている。思わず生唾が出てくるのも無理はなかろう。口に含むと、舌に絡み付くような粘りと甘味があり、旨さが鼻孔を突き抜ける。この炊き立ての新米を、手塩のみのシンプルな味で握った塩むすびこそが何にも優る最高のご馳走であろう。

フナ味噌

【フナねぎ味噌】

稲刈りも終わり一段落した頃、川っ干し（かっぽし）をする。川っ干しとは、川の水の流れをせき止めて水を干し、川を掃除して、ついでにたくさんの魚を捕る大人も子供も夢中になる双葉の年中行事だ。時には、前田川に消防団のポンプ車まで繰り出して大掛かりに行われることもあった。子供は、小川で川っ干しをして、コブナを手づかみで捕ってよく遊んだ。

フナ味噌とは、マブナを包丁で叩いてミンチ状にして、味噌、砂糖で味付けし火を通してそぼろにしたもの。臭み消しに生姜やねぎをたっぷり入れて作る、素朴極まりない双葉の郷土料理である。

昔は、川の魚もいろいろと工夫してよく食べた。

川っ干しをしてたくさんの魚を捕ってくると、母は大きいの、小さいのとより分けて、小さなフナやハヤ、ウグイなど包丁で叩いてそぼろにしてフナ味噌を作った。生姜やねぎをたっぷり入れて生臭みを消したその味は、子供の喜ぶおかずというよりは父の酒の肴にぴったりの乙なものであった。川魚を使う素朴な双葉の郷土料理であるが、近頃は川魚を食べる人もめっきり減って、もはや幻の料理になってしまった感があるのは否めない。この料理を知っている人はもういないのではないだろうか。

あれは、私が二十歳頃のことであろうか。

友達に誘われて、友達の親戚の家へ遊びにいった時に酒の肴として出されたフナ味噌が、とても旨かったのである。それまでに食べたフナ味噌とは一線を画す絶品であった。聞いてみると、鯉の肉も入れてあるというので合点がいった。フナ味噌好きの父にもぜひとも食べさせたく思いずうずうしくもお土産にと分けていただいた。

そのお土産に父が満面の笑みを浮かべたのはいうまでもない。

きらず炒り

［豆腐
人参
ごぼう
こんにゃく
ねぎ
キノコ］

きらずとは、別名「うのはな」「おから」ともいう。豆腐を作る時の豆乳の搾りかす。「きらず」は、おからの〝から〟がからっぽの空に通じるので忌み嫌われ呼ばれた別称。また、おからは、包丁を入れる必要がないので、「切らず」とし、この読みに、おからの色合いから雪花という字を当てて雪花菜（きらず）になった。

おからの固形分の五十％以上は食物繊維、タンパク質、脂質も含む。きらず自体に味はないので調理する際は、油、出し、調味料の旨味を生かす。きらず炒りは、油で炒め、出し、砂糖、塩、醤油、酒で調味し、汁気が少し残るくらいに炒る。人参、ごぼう、椎茸、筍などを細かく切って加えて炒り上げる。安価で栄養分のある庶民のおかずの代表的なものといえる。さて、「白玉の歯にしみとほる秋の夜」ともなれば、そろそろ湯豆腐の味が恋しくなる。熱々の豆腐を啜るのは、これからの季節の楽しみである。

双葉の豆腐は、実に旨かった。双葉には二軒の豆腐屋があったが地元で採れた豆を使い昔ながらの丁寧な作り方で少し固くて濃い味がした。豆腐は私の好物であるが、豆腐好きになったのにはあるきっかけがある。それは、私が中学生の頃のことである。秋晴れの気持ちのよい昼下がり、相馬妙見神社の裏にこの年に開店した農協ストアがあり、店内の縁台に小柄なお婆さんが腰をおろし、手拭いで玉のような顔の汗を拭っていた。間もなく店員が皿に豆腐を一丁のせ「はい、お待ちどう」と持ってきた。お婆さんは、割りばしを割り、おもむろに豆腐を歯のない口に運び、実に旨そうに食べ始めた。四〜五キロもある遠くの在所から杖をついて歩いてきたという。「豆腐はたまの贅沢でこれが昼食《ひるめし》だ」と笑う。食べ終えたその満足気な笑顔は至福極まったという感じで、私は豆腐が何かとても崇高な食べ物のように思え、無性に食べたくなって注文して豆腐を食べた。ねぎなどの薬味もない、生醤油をかけただけの豆腐であったが、ひとくち口に入れると甘くて濃い大豆の豊かな味がした。以来、私の豆腐好きは今も続いている。

鮭のよご飯

［鮭
イクラ］

鮭は、本州の太平洋岸では利根川から北、カムチャッカ、北米などの北太平洋に分布する。地方名としてシャケ（東京）、アキアジ（北海道）、そして双葉では鮭のよという。

遡上する前に海で獲れた「鮭のよ」はむろんのこと、河口近くにある泉田川の簗場で獲れる「鮭のよ」も味がよいと評判であった。請戸の親戚からもたらされた「鮭のよ」は、まずは三枚おろしにして上身は「鮭のよご飯」に、残りは、塩焼きと味噌漬けにされ、メスの腹子は塩漬けのイクラに、アラは味噌汁にと、余すところなく大切に利用された。

レシピは138ページ

山のもみじが色付く頃になると、浪江町の請戸漁港の目の前で魚屋を営む親戚のおばさんから「鮭のよが揚がったよ」との連絡が入る。海に鮭が群れを成して押し寄せて来たのだ。皆が待ちわびた鮭がやってくる。浪江の泉田川にはいよいよ鮭の遡上が始まるのだ。皆の気持ちが沸き立ってくるのも無理はない。生の鮭はこの時期しか食べられないからである。鮭は、海から川に上がってくる特別な神秘の魚である。その姿は神々しく、その味は普段口にする海や川の魚とはひと味もふた味も異なる。

さて、昔から双葉の人は、生鮭のことを「鮭のよ」といった。どうして「鮭のよ」というのか……。「鮭のよ」の「よ」とは、魚を意味する「いお」が短くなった言葉で、「鮭のよ」とは魚の鮭であることを意味している。つまり飲む酒と区別するために「鮭のよ」というのだ。東京でも、鮭を酒と区別するために鮭を「シャケ」というのと全く同じことである。双葉では、鮭のことを「シャケ」とはいわずに「鮭のよ」という。

よく、中学校のマラソン大会の前の晩に、「明日頑張れるように」と母が作ってくれた「鮭のよご飯」の味は、イクラがたっぷりのっかっていて旨かった。

かぶのゆず漬け

「かぶ
ゆず
人参」

我が家では、冬至の日には必ずゆず湯を楽しんだ。この日は父といっしょに一番風呂に入った。惜しげもなくゆずを放り込み、湯けむりの中に香るゆずの香りにうっとりとしたものだ。

晩秋から冬にかけて収穫されるかぶは、葉も柔らかくて、漬物に向いている野菜の一つである。ゆずと漬け込むと、かぶの甘さとゆずの香りが相まって上品な一品となる。

レシピは138ページ

晩秋の季節を迎えると、赤や黄色の木葉は落ち、頬をなでる風も冷たくなってくる。この時期、双葉の山田地区あたりでは、ズラリと並んだゆずの木に、たわわに実った黄ゆずの実が秋の日差しに照らされて輝いている。ゆずは、他の柑橘類と異なり寒いところでもよく育つ。樹勢が強く柑橘類特有のトゲを持ち、初夏の頃に白い小花を咲かせ香気を放ち、秋には実を結ぶ。ちょうど、夏の終わり頃に蒔いたかぶが育ち収穫の時を迎えるのと時を同じくする。かぶと黄ゆずが出合って「かぶのゆず漬け」が漬けられる。この味が双葉に冬の到来を告げるのだ。

他にもゆず好きの父のために母が即席に拵えた大根おろしにゆずの皮を散らしただけのものですら父は酒の肴に喜んだ。焼き魚、湯豆腐、漬物、汁物、牡蛎酢など何にでもゆずをかけると立派な酒の肴になったようだ。

冬が来て、双葉の食卓は、輝きを増す。それは、海の魚が一段と旨さを増し、野菜類も、菜っ葉類は霜の洗礼を浴びて甘味が増し、根菜類もみずみずしくなり旨い。そして、ゆずの香りがその旨さをさらに引き立ててくれるのである。

柿とイモガラの白和え

［柿
イモガラ
豆腐］

渋柿の皮をむいてヘタを縄の編み目に刺して吊るし干し柿にするのは、どこの家でもたいがいは年寄りの仕事であった。白粉をふいて見事に出来上がった干し柿は甘いものが少ない時代には、子供のおやつやお茶請けに、そして正月のなますにも欠かせない貴重なものであった。

柿は、古くから日本に自生し、好んで栽培され独自の優良な品種が多い。甘柿と渋柿に大別され、渋柿は干し柿にされた。国道二八八号線沿いの山田地区では「百目柿」が多く栽培され干し柿（吊るし柿ともいう）にされた。干し柿の柿すだれは、冬の風物詩。懐かしい故郷の風景である。

レシピは139ページ

昔、我が家の庭の片隅に一本の柿の木があった。その柿の木は、情けないぐらい貧弱な木で、ひょろひょろとして実も小さくてとても人には見せられない恥ずかしいものであった。味はというと一応甘柿なのだが気の抜けたような味で旨くはなかった。それでも実がなれば、もいで食べたりもした。

見かねた同級生が「おらいの柿、食いさ来い」と誘ってくれた。同級生の家は双葉町の山田地区の農家で、いってみて驚いた。立派な柿の木がズラリと並んでいて秋の日差しに赤い実が光り輝いていた。甘柿だというのを一つもいでかじってみるとさっくりとした歯触りで、ジューシーで甘くて旨かった。我が家のあの柿とは全く違う。感心しているとその隣の家に住む別の同級生が「おらいの柿も食ってみろ」と誘うので食べてみると、これまた立派な味。そんなこんなで、次から次に数え切れないくらい柿を食べた。

お土産にといっぱいの柿をもらって家に着いた頃になって腹が痛くなった。よだれがダラダラと流れ出て苦しんだ。「何事も腹八分目」と骨身に染みた出来事である。

ねぎ卵味噌

ねぎ
卵
味噌

ねぎは他の野菜のように、それだけで料理が完結することは少なく、名脇役として香りと歯触りで主役の味を引き立てることの方が多い。麺類や納豆の薬味としてはなくてはならないものであるし、秋～冬にかけては、香味野菜として汁物、鍋物などに肉、魚と共に用い、臭みを消し、風味豊かなものにしてくれる。

青菜類と同じで、根深長ねぎも、霜の降るたびに旨くなる。新鮮なものは、つやつやしていて身がしまっている。白い部分と緑の境がはっきりしていて固くしまっているのが旨い。父は、ねぎ好きで刻みねぎとかつお節を合わせ醤油をかけて酒の肴にしていた。風邪を引いて喉が痛い時には、ねぎをガーゼに包んで喉に巻き付けたりもした。かくのごとく我が家では、ねぎはなくてはならない野菜として大活躍したのである。

朝晩がめっきり寒くなってきて、冬がもうすぐそこまで来ているのではないかと思う頃になると、ねぎは柔らかく、甘くなって旨くなる。

祖母は、その日食べる分だけを、毎日のように畑から十本ぐらい抜いてきた。そして必ず、前の小川で泥を洗い流してくる。

母は、朝めしのおかずに、この新鮮なねぎを使って「ねぎ卵味噌」をよく作った。

ねぎをザクザクと小口に切って菜種油を少し引いた鍋に放り込み、出しでといた味噌と溶き卵を合わせて鍋に入れて手早くかき混ぜながら火を通す。ねぎは、半生ぐらい、卵も火を通し過ぎては台無しだ。

出来立ての熱々を、炊き立ての麦飯にのっけて口にかきこむ。飯の甘味と味噌とねぎの風味、油のからんだ卵の旨味が三位一体となって食欲をくすぐる。「ねぎ卵味噌」は晩秋の旨い根深長ねぎを用いた朝のおかずである。

胃が弱かった祖父は、ねぎの白根を網で焼いて、味噌を付けて毎日のように食べていた。ねぎは、胃病に効き目があるといわれていたからであろう。

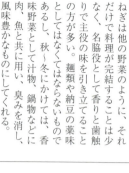

クロガラの煮つけ

［クロガラ］

私と弟が進学のために双葉を離れたあと、母は、寝たきりになった祖母の面倒を十年近くも家で看た。長生きした祖母も逝き、看病、介護から解放されたのは、母が七十歳になろうかという時のことだった。やっと時間に余裕の出来た母は、かねてから心が動かされていた書道に向き合うことになった。七十歳からの手習いが始まった。何事にも中途半端を嫌う性分はこの時も如何なく発揮されて、熱心に修練する意欲は衰えることがなかった。傍らで見ていた父もびっくりした。母の書道への意欲は八十歳を過ぎてもいっこうに衰えず所属している書道の会の検定はついに七段を越え師範に迫ろうかというほどになった。「日々是好食」と揮毫してもらった軸は私の宝物である。

クロガラは、北海道や北日本でクロソイと呼ばれる魚で、メバル科に属する。メバルよりも上品な味で、刺身、焼き物、煮つけ、から揚げなど、何に用いても旨い高級魚。

帰省した折、「たまには、息抜きに外でメシでも食おうよ」と誘った。普段はおよそ外食などすることのない母と、そして最近では外で飲むこともめっきり減った父のために、歩いて十分とかからない近所の「高砂屋」に予約の電話を入れた。今まで、双葉でこうして両親と外食をすることなんてあったであろうか……。

高砂屋は、「高砂ホテル」に併設された割烹料理屋である。昔は、私の家から百メートルぐらいのところにあった古い旅館だったが、今は国道六号線沿いにある。高砂屋の料理は、地元の新鮮な魚を存分に楽しめる安くて旨い店だった。その夜は、母の好物のクロガラが出た。久しぶりに食べた刺身と煮つけの味には驚いた。東京ではこんなに旨い魚には、とてもお目にかかれない。高砂屋の料理はさすがに田舎らしくたくさんの品数とボリュームで、老いた父と母には食べ切れなかった。母は、しっかりと折に包んでもらい翌朝に食べた。

さんまづくし

小名浜漁港に水揚げされたさんまは一斉に浜通りの食卓を席巻し
様々な形で人々の食欲を満たした

刺身

活きのよいさんまがあると父は、必ず刺身で食べたがった。昔は港へでもいかなければ刺身にするほどの鮮度のよいさんまには滅多にお目にかかれなかった。生姜醤油とねぎで食べるとさんまの甘味が引き立って旨い。小名浜漁港は東北一のさんまの水揚げを誇っていた。父は、小名浜に住んでいた父の妹宅でさんまの刺身でもてなされるのをとても楽しみにしていた。家に帰ってくると「ああ、うめえがったな」とさんまの刺身の旨さを何度も繰り返し語った。

味噌漬け焼き

さんまは、まずは塩焼きが一番であるが我が家ではたくさん買って残りを味噌に漬け込む。そうすると二週間はゆうに旨く食べられる。味噌が焼ける香ばしい香りが食欲をそそる。母は一尾ずつ串を打って炭で焼いてくれた。ジューと脂と味噌が焼ける音がしてよい香りが広がる。腹の虫がグーグー騒ぎ出す。「もう焼けたか」と母にせっついた。子供は塩焼きよりも味噌漬け焼きの方が好きだった。ご飯はいつもの三倍ぐらい食べた。

団子汁

母は、右手に二本の包丁を持って俎板の上のさんまをリズミカルな音を立てて叩いていた。さんまをなめらかなミンチにするのである。この音が台所から聞こえてくると駆け付けて母の手元に見入っていた。我が家のさんまの団子汁は醤油味で、人参、大根、ごぼう、ねぎなど野菜がたっぷり入っていた。味噌味の時はニラが加えられた。普段はあまり進まない汁物であるが、さんまの団子汁ばかりは旨くてついついおかわりをして母を驚かせたものである。

ぼうぼう焼き

これは、いわばさんまのハンバーグとでもいおうか。さんまをミンチ状に叩いてみじんに切ったねぎと合わせて軽く味噌の下味が付けられている。これをフライパンでじっくりときれいな焼き色が付くまで焼くわけである。浜通りの子供達は皆このさんまのぼうぼう焼きが大好きで、今の子供がハンバーグを喜ぶのと同じようなものであった。さんまは誰もが喜ぶ値の安い大衆魚でいろいろと工夫を凝らして毎日の食膳や弁当にと欠かせないものなのであった。

ふるさとエッセイ〈秋〉

笑顔輝くキノコの山

我が国は温暖な気候と適度な湿度を有しており、四季の巡りもほどよいために植物の種類や数が多く、キノコの繁殖にはうってつけの条件が揃っている。古代からキノコは食用にされてきたというが、『日本書紀』に「我が故里の名物は栗茸とあゆ」というお国自慢が記されているという。また『万葉集』には初めて松茸を詠んだと思われる歌もあるという。

双葉町も例外ではなく山間部近くの石熊、山田、寺沢地区、そして細谷、渋川地区の雑木林、郡山海岸近くの松林など広くキノコの宝庫が随所に見られた。昔から秋の味覚を楽しむために多くの人々が山に入りキノコ採りに夢中になり、その味に舌鼓を打ってきた。

秋のキノコはまず第一番目にハツタケ狩りから始まる。ハツタケの「初」は、文字通り秋の初めに出るキノコという意味なのだ。小学生の頃、秋になると父に連れられてよくキノコ採りにいった。自転車で細谷から夫沢の方まで遠征したものだ。

抜けるような秋の青い空の下、松葉の匂いでむせかえるような山に入り、父の後ろをついて回りながら夢中になってキノコを探したものだが、食べられないキノコばかり採っていたようだ。

キノコ採りで厄介なのは毒キノコの存在である。最悪は食べてその猛毒に当たったら死んでしまうというから恐ろしい。まさに命がけなのだ。まずは、知らないキノコ、怪しげなキノコには決して手を出してはいけない。キノコ採りは、何といっても経験が大事であって場数を踏む分だけ上達する。何度も山に入っているうちにハツタケぐらいはちゃんと自分の判断で見分けられるようになるものだ。

ハツタケはその傘を傷つけると暗赤色の乳液がにじみ出て、やがてそれは緑青色へと変色する。それはまるで銅に発する緑青そっくりなのでキノコの傘の部分が緑青色をしていればハツタケなのだ。

アカハツであれとにかく緑青を目印に採った。あの当時は、松林もきれいに手入れされていて、ことにハツタケは林道際などの浅い、陽がよく差し込むようなところによく生えていたので子供には見つけ易いキノコだったといえる。ハッタケ以外にはアミタケなどもよく採った。いつかアミタケの大群生に出くわしたことがあった。驚きと興奮のあまり、大声で父を呼んだ。さすがの父も驚いて息を呑んだ。

夢中になって採り、何と一か所で籠がいっぱいになった。これだからキノコ採りは面白い。

持ち帰ったアミタケは茹でて塩漬けにされた。アミタケは茹でるときれいな紫っぽい色になったのには驚いた。

父が狙っていたキノコはイノハナやホウキタケ、ホンシメジなどであった。イノハナは一般にはコウタケと呼ばれ、香りの強いキノコである。大型のキノコで表面は反り返ったササクレで覆われその姿はまるで猪の鼻を思わせるところから、双葉ではイノハナと呼ばれている。他に例がないその独特の芳香は、乾燥するとさらにきつくなるものの、嫌う人の少ない旨いキノコで福島県では人気があり、皆、必死で探すもののなかなか見つけにくいキノコでもある。祖母はこのイノハナの炊き込みご飯が好物だったので、父はいつもイノハナを重点的に狙っていたようだ。

祖父はハツタケが好物でたくさん持って帰るととても喜び、七輪に炭をおこして醤油を付けて焼いて食べていた。

父はアミタケを大根おろしで和えて酒の肴にして楽しんでいた。また、ハツタケご飯、お吸い物などを家族皆で楽しんだ。夕食の間中、山の話をするのも楽しかったし、自分の採ったキノコを皆が旨い旨いといって食べているのが誇らしかった。父の採ったイノハナは香りが強過ぎて子供の私には苦手だったが、ホウキタケは味噌炒めにした時のシャキシャキとした食感が好きだった。

時には母もいっしょに山へ入った。母は実はキノコ採り名人で、どこがすごいかというと、キノコに目の焦点を合わせるのがとにかく早かったらしい。つまり見つけるのが早いのである。おまけに手早いので母の籠はあっという間にいっぱいになった。母がいっしょの時は収穫量がいつもの三倍ぐらいはあった。

子供の私がキノコ採りに夢中になって迷子にならないように、常に父と母はあちこちから私の名前を大きな声で呼ぶ。私もキノコを見つけるたびに大声を出した。

気持ちのよい秋の松山に、私達家族の声が響き渡る……。

楽しい山でのひとときであったが嫌な思いもした。それは蛇である。キノコ採りに夢中になっていると手元にニョロリと気持ち悪い蛇の姿が突然現れて肝をつぶした。慌てて棒で追っ払った。いまだに蛇は苦手である。

昼時になって見晴らしのよい場所で広げて食べた弁当がいつもの何倍も旨かった。それは単なる塩むすびで中には梅干しが入っていた。おかずはきゅうりの一本漬けである。これを丸かじりするのだ。

握り飯をパクリ、きゅうりをガブリ……たまらなく旨かった。

たくさんのキノコを採った帰り道、満ち足りた家族の笑顔は秋の夕陽に照らされて輝いていた。

昭和三十年代の頃、家族揃って楽しむレジャーなどのない田舎では、弁当を持って家族揃ってのキノコ採りは、何よりの楽しみであった。今も大切な思い出として大事に胸にしまってある。

ふるさと双葉のあの赤松林は今どうなっているだろうか。

双葉町はあの原発事故以来、帰宅困難区域となり、立ち入り禁止となっている。もう七年が経過するがそのままである。美しかったふるさとの山河、そして海までもが完膚なきまでに汚された。はるか万葉の時代より続いてきた自然に寄り添う暮らしは、予想もしない形で途切れてしまったのだ。ふるさと双葉の山でキノコ採りが出来る日は再び訪れるのだろうか。

ふたばの冬

阿武隈おろしは
冷たいけれど
冬の日差しはポッカポカ
野菊も元気に咲き　良い香りを放つ
冬の子供の遊びは
押しくらまんじゅう　長馬だ
からだが火照って湯気が出る
腹が減ったら落ち葉を炊いて
焼きいもでも食うべ
アツアツホクホク　うめぇなぁ
明日は待ちに待った十日市
小遣い貰って何買うべ
通信簿を見てがっくりきたが
でも明日からは楽しい冬休みだ
炬燵でトランプ　花かるた
今朝の打ち上げ花火は清潔法だ
家族総出で大掃除の始まりだ
もうすぐうれしい大晦日
一年で一番のご馳走だ
お正月の始まりだ
お年玉はいくらもらえるかな
冬の夜に聞こえてくる火の用心
正月終わればだるま市だ
ああ　いとしい
我が　ふるさと　ふたばの冬

祖父と祖母
（昭和28年12月）

イカと大根の煮物

［イカ
大根］

大根とは根が大きいから、その名が付いている。いろいろな種類があって、四季を通じて、楽しめる重宝な根菜である。煮てよし、おろしてよし、漬けてなおよく、日本の食卓には不可欠であり、日本の野菜消費量第一位の座を昔から降りたことがない。ことに沢庵漬けは今も食べ親しまれており「おにぎりに沢庵ポリポリ」は、日本人の郷愁ともいえる味。晩秋から冬にかけての大根干しは里の風物詩ともいえるもの。

レシピは139ページ

昔は、晩秋から冬にかけて採れる大根は日本の食生活にとってなくてはならないものであった。

それは、漬物の代表選手ともいうべき、沢庵漬けを漬けるためである。

また、大根は寒い冬に熱々の煮物や汁の実にも欠かせない。

祖母は、畑に煮物用の練馬大根と漬物用の三浦大根を作っていた。

漬物用の大根は、休日ともなれば小さな畑に家族総出で大根抜きをして、家の軒先に吊るして、天日に干すのである。

二斗樽一本分で約六十本ぐらい漬けたという。

祖父は、イカと大根の煮物が好物だった。また、イカの刺身には必ずたっぷりの大根おろしを所望したという。

祖父は、国鉄に勤める「鉄道員」であった。その時の上役の娘が祖母であった。娘時代の祖母は、当時珍しい職業婦人で、電話交換手をしていたが結婚を機に退職したという。

けんちん汁

［いろいろな根菜類
豆腐］

けんちんとは、小さく切った根菜類と手で崩した豆腐を炒めたもののこと。中国から伝わった卓袱《しっぽく》料理の一つで油を用いて調理するところが特徴。このけんちんに出しを加えて醤油で味付けをしたのがけんちん汁。

レシピは140ページ

秋も終わり、いよいよ風の冷たさも身に染みてくると、温かい料理が恋しくなる。

祖母の畑から採れたいろいろな野菜を細かく切った「けんちん汁」の出番である。

大根、人参、ごぼう、里芋、ねぎ、豆腐などの実がどっさり入った「けんちん汁」は、あったか料理のトップバッターとして毎年この頃に登場する。

けんちん汁のように油を使って炒める汁物は他にない（豚汁が我が家の食卓に出されるようになったのはもう少しあとのことである）。

そのこってりした味わいは、とても魅力的であったし、身体も温まった。

大きな鍋でグツグツと煮るけんちん汁は、醤油のよい香りと共に食欲を刺激した。その旨さに家族の誰もがおかわりをする。

これから寒い冬に向かう晩に家族で啜る熱い汁物こそ、何よりのご馳走ではなかろうか。

ゆずの砂糖漬け

［ゆず］

ゆずは、柑橘類の中では最も耐寒性がある。果肉は酸味が強くて生食には不向き。果皮は、凹凸があって厚く、香華に富む。十一月には果皮は黄色になって黄ゆずとなる。へぎゆず、針ゆずにして料理に上品な香りと彩りを添える。

昔の子供達は、誰もが「お婆ちゃんの味」を楽しみにしていた。「どれ、婆ちゃんがうめえもん食わしてやっぺ」といって戸棚をゴソゴソとやって何かを取り出し、子供達を喜ばせた。それらは、いずれも素朴なものばかりであったが、心がホッとするようなやさしい味がした。「ゆずの砂糖漬け」は、そのままお茶請けにして味わったが、熱いお湯を注いで啜ったりもした。たくさん作り置きし、お客様に出したり、お正月料理のお重の片隅を飾ったりもした。味の濃いおせち料理の口直しに好評であった。「こう煎」とは別名を「麦こがし」ともいい、大麦を炒って粉にしたもので、砂糖を混ぜて、お湯で溶いて食べるレトロで素朴なものであった。「くず湯」は、砂糖を溶いたお湯にくず粉を混ぜてかき回しトロッとしたところを匙ですくって食べた。こんなにもやさしい味わいは他にあろうか。「干し芋」もその品のよい甘さにおいてヘタなお菓子は敵わない。「干し芋」は子供達にとっては寒い冬に炬燵に入って楽しむ食べ物としてミカン、落花生と並んで欠かせないものであった。「甘酒」は、子供が楽しめる酒として何かにつけて祖母は作ってくれた。これまたやさしい香りと甘味が体を包み、心まで満たされたのであった。

支那そば

初めて食べた即席袋麺の「明星味付ラーメン」（明星食品株式会社提供）

初めて即席ラーメンを食べたのは昭和三十五年で「明星味付ラーメン」であった。そのあまりの旨さにビックリした。お小遣いが一日五円の頃に三十円と高価であったが、食べたさ一心に六日間貯めて買って食べた。その後も今日まで何かとお世話になっている。

支那そば（ラーメン）は、明治時代に誕生した。中華街で食べられていた中国の麺料理をルーツとするが明治四十三年東京浅草で尾崎貫一が日本人向けの中華料理店「来々軒」を開店した際、初めて提供された。中華麺と鶏ガラの醤油味のスープ、チャーシュー、メンマ、ナルト、卵、ほうれん草などの具で日本風に仕立てられた。以後独自の発展を遂げ、今や日本人の国民食と呼ばれるほどの人気の食べ物となる。

我が家では、父が麺好きということもあってよく蕎麦、うどん、支那そばが食卓を賑わせた。それらはほとんどが乾麺であったが、時には母の手打ち蕎麦や玉うどんを使った豪華な鍋焼きうどんも出た。その頃は、滅多に外食をすることはなく、年に一度の楽しみとして浪江町の十日市の折に食堂で支那そばを食べるぐらいのもので、食事はもっぱら母の作るものを家で食べた。浪江町の十日市は、毎年旧暦の十月十日、新暦では十一月の下旬に開催され、三百店もの露店が軒を連ね、サーカスや見世物小屋が掛かりものすごい数の人で賑わった。農家は、田畑仕事を十日市までには仕上げようと頑張ったものだ。十日市は、収穫した米を売った代金を手にした多くの人々が、冬を越すための衣類や日用雑貨品、農具などを求めてごった返した。また浪江小学校では、旧標葉郷地区の小中学生の図画や習字の優秀作展覧会が催された。図画が得意であった私は、毎年張り切って描いたが双葉南小学校の代表で選ばれて入賞したのは一回だけであった。十日市が終わると一気に本格的な冬である。日曜日のお昼は、いつも温かい蕎麦かうどん（乾麺）である。たまの夜には私の好きな支那そばが出た。旨くて身も心もしっかりと温まった。

酒粕入りライスカレー

豚肉
じゃがいも
人参
ねぎ
小麦粉
カレー粉
酒粕

双葉では、学校給食の導入は比較的早く昭和三十年にはすでに小学校では始まっていた。何故か低学年だけは牛乳で、高学年はあの悪名高い脱脂粉乳であった。また、野菜たっぷりの味噌汁が必ずついた。父兄の農家の人達が交代で野菜を学校に届けるからである。人気メニューは、もちろんライスカレーであった。

日本人の大好きなカレーライスが、早くも明治二十年代後半から都市庶民層を中心に普及して、根をおろしたということは、あこがれの西洋風料理の中ではわりあいに手軽に作れること、ご飯にかけて食べるということ、日本人の味覚にマッチしたことなどがその要因として挙げられる。

レシピは140ページ

遊び疲れて腹ペコで家にたどり着いた時に台所からプーンとカレーの匂いが漂ってきた時の嬉しさたるや、小躍りして万歳と叫びたくなるほど嬉しかった。

大人も子供も大好きなカレー、それは今も昔も変わらない。

カレーライスは日本の国民食といってもよいだろう。

昭和三十年代の双葉では、何せ肉料理などというものはあまり食べたことがなかった。肉といえば豚肉のことであり、たまの贅沢である豚肉のすき焼きかライスカレーにちょっとだけ顔を覗かせる豚小間ぐらいのものであった。

それでも嬉しくて、おかわりしたものである。

寒い晩に母は、酒粕とねぎのいっぱい入ったライスカレーを作った。大きな鍋にたっぷりと作り家族皆がおかわりをした。

食べ終わると身体がポカポカと温まり、腹が〝くちくて〟苦しくて動けなくなった。

カスベの煮つけ

［カスベのヒレ］

鮮度のよいカスベを見分けるには、まず、白いカスベの軟骨とピンク色の身肉に透明感があることである。そして次に、付着している血は、あくまでも赤いこと。カスベは、鮮度が落ちてくると、全体に茶色に変色し、ヒレの先の方が、白くなってくる。そしてアンモニア臭が強くなってくる。鮮度の落ちたカスベはカスベという名前でもよいが、新鮮なカスベはカスベでは気の毒だと思うのは私だけではないだろう。

カスベ（糟倍）は、ガンギエイ科の海水魚でヒレの皮をむいたものを煮つけにして食べる。その煮汁が上質の煮こごりとなり、好まれる。真冬の厳冬期が旬。

レシピは141ページ

冬の旨い魚の中で、懐かしい味の一つとして忘れられないのが「カスベ」である。カスベは、まずくて「魚のかす」というところからその名が付いたといわれるがとんでもない話である。カスベは煮つけにすると独特の旨さを持った魚である。誤解があるとすれば、それは鮮度の落ちたカスベにあるに違いない。鮮度が落ちたカスベの味はアンモニア臭が鼻に付いて確かに旨いとは言い難い。しかし鮮度がよくて分厚いヒレを煮つけた旨さは最高である。むっちりとした弾力のある肉感と、コリコリした軟骨の歯触りがあってなかなかのものだ。カスベの味は、鮮度如何によって月とスッポンほどもその味に違いがあるのである。

真冬の寒さが一段と厳しくなってくる頃に、請戸の漁港には活きのよいカスベが揚り出す。父は、なるべく大きくて分厚いヒレを見繕って買ってくる。母は、「待ってました」とばかりに大鍋を沸かし、大き目のカスベの切り身を十二〜十三枚ぐらい煮つけにするのだ。我が家ではこうして晩に朝にとカスベを味わい尽くすのが常であった。翌朝に食べる冷たく固まった「煮こごり」を熱いご飯にかけて食べる旨さは、故郷の味として忘れ難いものである。

ザガキ酢

カキ
小ねぎ
紅葉おろし
レモン
ポン酢

カキの養殖は、塩分の低い波の静かな内湾が適する。美しい相馬の松川浦のカキは、小粒ながら生で食すると絶品である。昔は、松川浦で養殖されたとびきり新鮮な生カキがふんだんに食べられた。

レシピは141ページ

晩秋から師走にかけて待ちかねていたカキの季節の到来である。双葉の魚屋には相馬の松川浦で育てられたカキが並び出す。朝に殻からむいたヒダが群青色した新鮮なカキだ。生食に一番。それからカキ鍋、カキフライ、カキ飯と四月まで様々な料理で楽しむことが出来る。

父や祖父母は、カキのことを「ザガキ」といった。今では「ザガキ」などという人はほとんどいないだろうが、昔は、浜通りの相双地区ではカキ類のことを「ザガキ」といった。江戸の頃、松川浦で採れたカキは、真っ先に相馬の殿様に献上され、残った「残カキ」が転じて「ザガキ」になったといわれる。

年末に帰省した折の楽しみはまずはこのザガキ酢である。私が好物なのを承知していた母は、いつもたっぷりのザガキ酢を用意して待っていてくれた。

東北では比較的温暖な浜通り地方といえども、東京とは比べものにはならないくらい寒い。暖房の効いた暖かい部屋で食べる冷たいザガキ酢は、故郷の有難味そのものであった。美味しさのあまりどんぶり一杯ぐらいをペロリと平らげた。

アンコウのとも和え

［アンコウ　切り干し大根］

アンコウは、その淡泊な身よりも内臓や皮がアンコウの七つ道具といって好まれる。中でも肝はフォアグラにも例えられる旨さで重宝される。その肝と皮、正肉、切り干し大根を和えた「とも和え」は、酒飲みには堪えられないものである。

アンコウの肝で和えた料理が「とも和え」である。濃厚な肝を味噌と砂糖で炒めて、アンコウの皮や軟骨、正肉と切り干し大根を入れて炒り付けたものである。肝を蒸した「アン肝」もその旨さにおいて他に比べるものがない。塩をして一～二時間置いたものを蒸し器で蒸し上げ、刻みねぎ、ポン酢で食べるとその旨さは筆舌に尽くし難いし酒が進んで困ってしまう。

師走の頃になると、浪江の請戸漁港にはアンコウが揚がり始める。

アンコウはグロテクスな容姿にもかかわらず、その味わいはピカイチである。アンコウ鍋が一般に広まっているが、その元になった漁師料理の「ドブ汁」やこの「とも和え」「刺身」など福島の浜通りのアンコウ料理は、奥深い味わいと歴史がある。

寒い晩には熱い「ドブ汁」と熱燗が何よりのご馳走になるし、そこに「とも和え」でも付けばもう極楽であろう。

アンコウは、外見は暗黒色でブヨブヨと柔らかく平たい。頭が大きくて手足のように変形した胸ビレや腹ビレが付いている。

強い粘りがあっておろしにくいために、あごにかぎをかけて吊るし切る。家庭では至難の業であるために魚屋でおろしてもらうのが無難である。

昔は、たくさん獲れたのか値段は安かったが、近頃は高級魚になってしまったようだ。アンコウを前にするたびに幼い頃、父に連れられて請戸の漁師のお祭りにいっていろいろなアンコウ料理を食べたのが懐かしく思い出される。

白菜漬け

「白菜
ゆず
赤唐辛子」

十一月下旬、浪江の十日市も終わると寒さは一段と増し霜を浴びた白菜は柔らかく甘味を増す。この時期、双葉では、どこの家でも庭先から縁側、玄関口まで、陽だまりを選んで白菜を干している。小川や井戸端では、白菜を洗っている主婦を随所で見かける。師走近くになると各家々で一斉に白菜漬けが始まるのだ。

白菜は、その柔らかな味わいと、その外見が日本の風土にしっくりと馴染むところから、昔から日本土着の野菜と思われがちだが、そうではない。明治以前の日本にはなかったもので、明治中期に日清、日露の戦役で中国の白菜を味わった人達の手によって種子が持ち帰られて急激に普及したそうである。

白菜漬けは、漬け込んでから半月ほどで食べられるようになる。樽から取り出した新漬けの白菜は、早速朝めしに供される。めっきり寒くなった朝、炊き立てのご飯とあったかい味噌汁から立ち上る湯気の中に、みずみずしい白菜漬けが輝いている。

朝めしに白菜漬けを家族皆が噛むサクサクという音が、耳に心地よい。

白菜の外見は、長いものより球形に近い方がよく、そして葉先の方まで固く締まってずっしりと重い方がよい。白菜漬けは、白菜を塩漬けにし乳酸発酵したもので、冬に漬ける漬物の代表選手である。天日干しした白菜に振り塩をしながら樽に詰め、重石をかけて「下漬け」する。そして水が上がったら水気を軽く絞って鷹の爪やゆずの皮などを散らして漬け直す「本漬け」をする。このように二度漬けすることによって酸っぱくなりにくく、味も均等になり旨くなる。

レシピは142ページ

白菜のクセのない柔らかな味わいは、日本人の好みに合い、大根と並んで、冬の鍋料理の需要とも相まって人気の高い野菜である。大根が冬野菜の王様なら、白菜は女王とでもいえようか。白菜はいろいろな味わい方があるが、保存して長い期間楽しむなら、何といっても「白菜漬け」であろう。

ドンコ汁

［ドンコ
季節の野菜］

ドンコ（エゾイソアイナメの通称）は、三陸を中心とした東北の太平洋岸で好まれる魚で、値の安い大衆魚の代表である。脂がのる十一〜二月の冬が旬で、恵比寿講の時期（十一月）にかけてどんどん旨くなり値も上がる。煮つけ、ドンコ汁、ドンコ鍋、味噌煮などにする。

ドンコは、ブヨブヨと膨れた腹とそれに不釣合いな貧弱な尾っぽ、どす黒くヌルヌルとした表面はグロテスクで旨そうには見えないが、食べると淡泊でトロッとした白身で旨い魚である。ドンコ汁は、ウロコをよく引いて、内臓も含めてブツ切りにして野菜（大根、人参、ごぼう、ねぎなど）を入れて味噌仕立てにする。頭の部分にも肉が詰まっていて旨い。身の肉は尻尾に近くなるにつれ脂がのって旨くなる。肝もアンコウほどではないが美味。

ドンコは、冬に脂がのり肝の旨い魚で、祖母の好物であった。祖母は恵比寿講の頃になると、出かけたついでにはこのドンコを買ってきて、自らドンコ汁を作った。アンコウほどではないが、このドンコも見た目に気味の悪いところがあるが北日本で好まれる魚である。寒い冬とはいえ、昔の子供はよく外で遊んだ。冬の遊びで一番夢中になったのは長馬である。校庭の隅に十人ぐらいの子供達が集まると始まった。まず二組に分かれてジャンケンで負けた方が馬になる。一人が正面を向いて立って股を開いたところへ、もう一人が腰をかがめて頭を突っ込む。その後ろに次々と同じように頭を突っ込みムカデのように繋がり長い馬が出来上がる。そこへ勝ち組の子供達が次々に走ってきて跳び箱を飛ぶがごとく長馬にのっかるのだ。飛びのられる重みに耐えられずに馬が崩されると何回も馬の役をやらなければならない。これを十回以上も繰り返すと、頭から湯気が出るほど身体が熱くなった。腹ペコになって家に着く頃には身体もすっかり冷え切り、熱いご飯とドンコ汁が旨くて何杯もおかわりをして母を驚かせた。

豚すき焼き

豚肉
焼豆腐
糸こんにゃく
季節の野菜

普段の肉料理は、ほとんどが豚小間を使うものであった。その頃は、今のようにロース肉、モモ肉、三枚肉などと部位別ではなく、上肉、中肉、小間切れ、というように等級別に売られていた。肉屋のお使いにいかされたが、買うのはたいがい「豚小間百グラム」だった。豚小間百グラムは、肉を食べるというよりもライスカレーや豚汁の「出し」として用いるのであった。生姜焼きやハンバーグなどが食卓に並んだのは、もっと時代が新しくて昭和四十年半ばあたりになってからのことであろう。祖父母は、肉よりは断然魚の方を好んだので我が家では、圧倒的に魚料理が食卓を占めていたのである。

ひと昔前までは、東日本では肉といえば豚肉であり、西では牛肉であった。今でも関西では、「肉まん」のことをあえて「豚まん」というのはそのためである。昭和三十年代頃の双葉では、肉はあまり食べなかった。たまに食べたとしてもライスカレーに豚小間が申しわけ程度に入っているぐらいのものか、コロッケのひき肉ぐらいがせいぜいであった。そして肉といえば豚肉のことであり肉屋に牛肉は売ってさえいなかったし、子供らは牛肉の存在すら知らなかったのだ。

お客様が来た時のもてなしのすき焼きも当然豚肉である。それは、子供にとっては年に二度か三度の夢のようなご馳走であった。決して大げさな話ではなく、それぐらい肉が主役として食卓に並ぶことは少なかった。とんかつが登場するのはずっとあとで昭和四十年代になってからであろう。豚肉の煮える匂いは、野菜を煮た時のとは違って胃袋を刺激する力が格段に強い。とにかく旨そうな匂いがした。肉を頬張ると脂が口いっぱいに広がり堪らない旨さだ。「やっぱり肉の味は違うな」と感動した。最近の子供は、魚よりも肉を好むと聞くがそれは当たり前だ。味のインパクトが全然違うのだから。味覚がまだ発達していない子供には、インパクトの強い味の方が旨いと感じるに決まっている。すき焼きの残りを翌日に豆腐や野菜、糸こんにゃくなどを付け足して、おかずにして食べたのであるが、これも豚の脂の味がして旨かった。

後年、高校の修学旅行で京都へいった際に宿舎で、牛肉のすき焼きを初体験したが、牛肉は何となく牛乳臭いような気がしてさほどの感慨はなかった。

メヌケの煮つけ

［メヌケ］

メヌケは、目抜と書き、北方の深海魚。体色は赤で、深い海から急に引き上げられると水圧の急減で眼球が飛び出すところからこの名があるという。冬から春が旬で、焼き物、煮つけ、鍋もの、味噌漬け、粕漬けなどに適する。あざらは、乳酸発酵が進んだ白菜の古漬けを刻み、メヌケの頭などのアラをとろ火で煮て、酒粕を加えさらに煮込んだもの。醤油で味を調える。宮城県沿岸部の郷土料理である。

メヌケは、体長が五十センチもあるので姿のまま煮るのには大きな鍋がいる。一般家庭では、二枚おろしにして切り身で煮るのが無難である。鍋に酒を煮切り、醤油と砂糖、水を煮立てメヌケの切り身を入れて鍋蓋をして強火で煮つける。冬の魚の煮つけの王様は、ナメタガレイかメヌケかといわれるほど、その旨さは甲乙が付け難く、あとは好みの問題ということになろうか。甘辛く煮つけた脂ののったメヌケのムッチリとした食感は、食べ応え十分で食通を満足させる。

メヌケは、昔から赤魚の王様といわれ、お客様のもてなしや祖母の誕生日のご馳走として振る舞われた。宮城県生まれの両親の影響で、祖母は幼い頃からメヌケをよく食べていたそうで好物にしていた。今でも宮城県の人には特別の魚のようで人気が高い。メヌケは、何といっても煮つけが一番旨いが、粕漬けにして焼いたものもなかなかの味だ。メヌケと酒粕の相性は、とてもよい。また祖母は、子供の頃に食べたという「あざら」を懐かしんで食べたがった。メヌケのアラが出ると祖母は捨てるのを惜しんで白菜漬けと煮込んで「あざら」を作った。関西でいうところの「始末」料理である。御相伴して食べてみたが酸っぱくて何ともいえない変な味で、子供の私には旨いとはいえないものであった。今、あざらを口にしてみたらどんなもんか。ひょっとしたら得もいわれぬやさしい味わいで、思いの他酒が進み病み付きになるかもしれない。

ナメタガレイの煮つけ

［ナメタガレイ］

双葉では、ナメタガレイはカレイの王様、煮魚の王様といわれ、特別の日のご馳走としてもてはやされた。旬は、冬だが初春の抱卵魚は高級魚として扱われ、三月ぐらいまで旨い。きれいな白身で脂肪が少ないため、煮つけ、刺身、焼き物など様々に調理されるが、分厚い身は、しっとりと柔らかく煮つけに最適である。双葉では、年越しにナメタガレイを食べる風習があるために、年末には値段が倍以上に跳ね上がるのであるが、欠かすわけにはいかない魚だ。

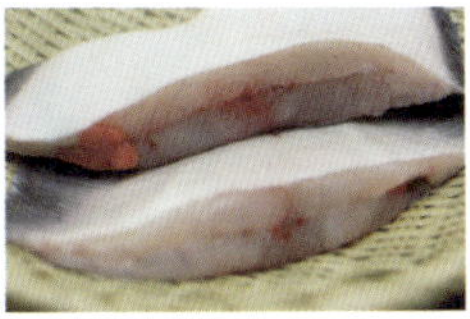

ナメタガレイの表面は、粘りが多くてヌルヌルしているので、北日本ではナメタガレイ（滑多鰈）と呼ばれているが、煮つけにしたそのムッチリとした身のあまりの旨さに皿までなめたというところからきているという説もある。この表面のぬめりをタワシなどでよく洗い流す必要がある。そして、酒、みりん、砂糖、醤油、水で煮つけるわけだが、少な目の煮汁でこってりと煮ると旨い。双葉では、大晦日の夜に子孫繁栄として縁起がよいということで、子持ちのナメタガレイを必ず食べないと年は越せない。

レシピは142ページ

一年の終わりを告げる大晦日。この日双葉では、盆、正月よりも贅沢な、一年で一番のご馳走を食べるのである。年取り膳といって一人ずつ、めいめいに脚付きのお膳で食事が振る舞われた。いろいろな料理の中でも、主役は、大きくて分厚いナメタガレイの煮つけである。小さな子供でも、大人と同じ大きさのものが与えられる。

この夜は、父の弟夫婦、妹夫婦とその子供達も集まって総勢十五～六人にもなっただろうか。二間続きの部屋をぶち抜いて、ズラリとお膳が並ぶ。いつもとは全く違う雰囲気にワクワクしたものである。

大人達の酒盛りが始まり、この年を無事に過ごせたことに感謝の念を込めながら杯を交わすのである。そして、こってりと煮つけられたナメタガレイでご飯を食べる。この晩のご飯は、いつもの麦の入ったご飯ではない。銀飯である。ご飯がこんなにも旨いなんて、とつくづくと思った。胸の高鳴りはとても収まるものではない。何といっても明日からは、お正月なのだから。

ブラジルコーヒー

私がまだ小学校へ上がる前のことだから昭和三十三年頃の話である。

寒い冬の日、祖父母と茶の間の炬燵に温まっていると、外国から祖母宛ての小包が届いた。戦前にブラジルのサンパウロへ渡った祖母の一番下の妹から送られてきたのであった。赤褐色の油紙に包まれて細い麻紐が幾重にもかかっていた。祖母が梱包をほどくと一通の手紙とボール箱が現れた。手紙を一読した祖母の目から涙が零れ落ちた。その手紙には、祖母の妹の夫の病死が綴られていたのだ。

ボール箱を開けると今までに嗅いだことのなよい香りがした。

その晩、家族全員が茶の間に顔を並べ、白いガラスの笠をかぶった電球の下でかたずを呑んだ。まだインスタントコーヒーなども、ない時代である。祖母の妹より届いたブラジルコーヒーをどうやって飲んだらよいのか皆目分からない。

父は東京でコーヒーを飲んだことはあるのだが淹れ方までは知らない。結局、湯飲み茶わんにコーヒーの粉を入れてお湯を注いだ。砂糖を入れて飲んでみると、カスのようなものが口の中に入って、飲んで味わうどころの話ではなかった。

ブラジルコーヒーの中で最上級にランクされるのがブラジルサントスである。サンパウロ州のサントス港から輸出される。酸味、苦味がほどよくあり、クセがなく人気が高い。

馴染みのないコーヒーの淹れ方は、試行錯誤の末にコーヒーの粉末を茶こしで漉して飲むことに落ち着いた。よい香りが部屋中に漂って何ともいえなかった。その晩は初めてコーヒーなるものを飲み、皆で大騒ぎして興奮したせいか、まだ見ぬブラジルを想像して眠れなかった。母は、婦人雑誌でも読んだのであろうか、コーヒーを飲みながらドーナツを食べるとてもよいと知り、ドーナツを作ってくれた。暇が出来ると母は、おやつに何かしらの手作りのお菓子を作ってくれたが、ドーナツが一番嬉しかった。

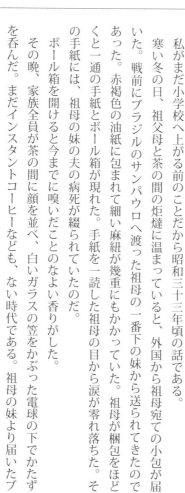

焼きリンゴ

［リンゴ］

母の好物といって真っ先に思い浮かぶのは、季節の果物である。岩手県北部の農家に生まれた母は、幼い頃から、季節の果物に囲まれて育ったという。人は、幼い頃に美味しく食べたものが終世の好物になるというが母の場合もまさしくそうであって、とにかく果物には目がなかった。春はサクランボ、夏はスイカに瓜、そして秋はブドウ、冬はリンゴであった。

毎年、母の実家からリンゴが届いた

幼い頃、母に連れられて母の実家へいくのは大きな楽しみであった。夜明け前の始発の鈍行で双葉を出発し、途中仙台でのり換え、延々と十二時間の長旅であった。その頃母の実家ではリンゴの栽培をしており収穫したリンゴを納めるリンゴ小屋があった。

リンゴの香りがいっぱいの小屋でいとこ達とよく遊んだものだが、楽しみは薪ストーブの上で焼いた焼きリンゴであった。

雪の降る寒い日にはこの熱々の焼きリンゴは何よりのご馳走であった。

毎年冬になると、母の実家からリンゴが送られてきた。木の箱を開けると、もみ殻の中から赤いリンゴが顔を出す。よい香りで家中が満たされる。

母は、ふるさとを思い出してか、寒い日にはよく焼きリンゴを作ってくれた。実家では大きな薪ストーブの上で焼いたというが、双葉では網で丸焼きにした。熱々をフウフウしながら頬張った。甘酸っぱいその味は母の故郷の味そのもので旨かった。

焼きリンゴには、酸味のある紅玉が向いている。リンゴは西洋では古くから食べられているが、我が国では、明治時代から栽培が始まった。イギリスには「一個のリンゴは医者を遠ざける」という諺がある。リンゴには、様々な病気の予防に効果があるために「医者いらずの果物」といわれており、毎日でも食べたい果物である。

おせち料理

アオバタ豆と数の子 イカ人参

元日の朝、父は早々と好物のアオバタ豆と数の子で杯を傾けている。食卓には母の手によるおせち料理の数々が並んでいる。夕べは遅かったのでまだ家族全員は揃わない。全員が揃って初めて雑煮や汁粉餅が湯気を立てるのだ。

母の雑煮は実家の岩手風で、鶏や大根、人参、ごぼうの千切り、芹が入る。

おせちに欠かせないのは、アオバタ豆と数の子、イカ人参、そして干し柿入り紅白なますに煮しめである。

双葉のお正月は、すでに大晦日から始まっている。

大晦日の年取り料理こそが一年で一番ご馳走を食べるのであり、お正月の主役は何といっても餅である。

三宝に盛ったお供え餅は今年一年の無事を込めて飾られる。

そして小正月には、かき餅となって子供達を喜ばせる。

母が必ず用意したおせち料理は、黒豆、干し柿入り紅白なます、ニシンの昆布巻き、きんぴらごぼう、アオバタ豆と数の子、紅白かまぼこ、タコの刺身、煮しめであった。面白いのは、幕末に北海道に渡った旧相馬藩士がイカ人参を持ち込み、これに昆布が加わって松前漬けが生まれたという。

レシピは143ページ

豆餅　凍み餅

福島県は、餅王国である。盆正月にかかわらず、一年を通して何かに付けて餅を食べる。餅は、正月に始まり、小正月、節句、さなぶり、刈り上げ、お盆、祭り、婚礼、誕生など、ハレの食、行事食として、赤飯と共に麦飯の単調な日常の食事に彩りを添えるものであった。餅ぐらいありがたい食べ物はないとばかりに餅を食べるのである。

日本人は、ことあるごとに家内安全と無病息災を神に祈り、餅を供える。瑞穂の国に生きる我々にとって餅は特別な食べ物である。米を搗くと餅になる。丸くて白い餅には神が宿るといわれる。日本人なら誰もがハレの日やめでたい時には餅を搗いて祝ったのである。

昔は、どこの家でも杵と臼で餅を搗いた。年末に限らず、小気味よい餅つきの音が隣近所から聞こえてきた。

餅つきは、若夫婦の共同作業である。呼吸がピタリと合わないとダメだ。搗き加減や手水の量によって家々の味が生まれる。臼は、ケヤキをくり抜いた先祖代々続いたものが使われた。

正月用の餅は、白餅（丸、熨斗、切り）、豆餅、柿餅など、そして保存食としての凍み餅が作られた。

凍み餅は、冬の厳しい寒気を生かして、ヨモギなどの野草を練り込み、藁で一つ一つ暖簾のように編まれて、軒先の高いところに吊るして凍らせる。田植えの時期になると、手間をかけずにすぐ食べられる凍み餅は便利であった。黄粉やじゅうねんをまぶして食べるのである。

凍み餅は、先人の知恵が息づく庶民の素朴な保存食でもあった。

鍋焼きうどん

うどん
天ぷら
卵
かまぼこ
ほうれん草
椎茸

双葉町の冬の風物詩ともいえるダルマ市でダルマを物色する若き日の母。寒い日である。こんな夜は、鍋焼きうどんでもしようと材料を買って帰るのであった。

底の浅い土鍋にうどん玉を入れ、その上に天ぷら、かまぼこ、椎茸、ほうれん草、ねぎ、卵など具を贅沢にのせて煮たものである。ぐつぐつと煮えているのを、ふうふうしながら食べる鍋焼きうどんは、寒い冬場のご馳走である。

寒い冬の夜は、鍋焼きうどんで暖まるのが一番である。

冷たい阿武隈おろしが首筋から入り込むとさすがにぞくぞくする。

一年でも最も寒い時期であるお正月も明けた一月の十日頃は、双葉の長塚商店街を中心にダルマ市が開かれる。

江戸時代から続く新春恒例の行事である。

我が家では、ちょうどこの頃から寒い夜には鍋焼きうどんが登場する。

母は、面倒がらずに一人分ずつ土鍋で鍋焼きうどんを家族分作るのである。

天ぷら、かまぼこ、椎茸、ほうれん草、卵などがグツグツと音を立てて食卓に出てくると胸が躍った。

やけどしないようにフウフウしながらうどんを啜る。

半分ぐらい食べるともう身体が温まってくる。

家族全員が食べ終わる頃に、ようやく母は自分の分を作り始めるのであった。

ほうれん草の じゅうねん和え

「ほうれん草 じゅんねん」

じゅうねんはよく煎って擂り和え衣やタレに使う

若い頃に、養蚕教師をしていた父。戦後は苦労しながらも楽しい家庭を築いた。酒と旨いもの好きの父は平成二十六年十月十七日に避難先の病院で亡くなった。享年九十歳。

えごまの果実を福島ではじゅうねんと呼ぶ。ごまのように煎って和え物などに使う。えごまの油はクレソン酸を含みシソ油の名で呼ばれ健康食品としてもてはやされている。ほうれん草は霜がかかっていっそう甘味を増して柔らかくて旨くなる。

レシピは144ページ

晩年の父は、母が病に倒れたために独り暮らしを余儀なくされた。それまでに炊事、洗濯、掃除などの家事は一切を母に任せきりだったので難儀を極めた。

その後、父も持病の腎臓を悪化させ通院を繰り返していた時に、あの東日本大震災が起こった。そして双葉町に立地していた福島第一原発が津波に襲われ最悪の事態になり、着の身着のままで避難する。

避難先を転々とし、最後は千葉県の病院に入院して週三回の人工透析を受ける厳しい闘病生活となった。病室を訪ねると食事の不満を訴えた。「双葉の旨い魚が喰いたい」「青菜のおひたしが食いたい」と連発した。

無理もない。腎臓病には厳しい食事制限が課せられるのだ。八十五歳まで、ずっと双葉で母の手料理を楽しんできたのだから、味気のない病院の食事は我慢がならなかったのだろう。

「ほうれん草のじゅうねん和え」を看護師の目を盗んでこっそりと差し入れすると、「ああ、双葉の味だ。懐かしなあ」と目を細めて実に旨そうに平らげた。

じゃがいものカレーきんぴら

「じゃがいも
人参
玉ねぎ
魚肉ソーセージ」

父も母も動物好きで、我が家には犬と猫二匹がいた。当時、人気テレビ番組の名犬リンチンチンや名犬ラッシーの影響で、愛犬のベスにいろいろと訓練をしたが全く効果はなかった。近所には、いろいろな動物が飼われていた。牛、馬、豚、鶏、うさぎ、やぎ、羊、猿、孔雀、九官鳥などである。子供達はあちこち訪問して思い思いに動物と触れ合って遊んだ。

愛犬ベスと弟と
（昭和37年）

カレーきんぴらに入っていたのは魚肉ソーセージである。戦後のタンパク質の不足を下支えたヒット商品であった。また忙しい時の頼もしい助っ人として缶詰が活躍した。我が家の缶詰の御三家は「鯨の大和煮」「さんまの蒲焼」「さばの水煮」であった。また子供が大好きな「のりたまふりかけ」があった。

レシピは144ページ

子供の頃に喜んで食べたのがこのじゃがいものカレーきんぴらである。これは、じゃがいもと人参、玉ねぎそして当時よく食べた魚肉ソーセージを細切りにしてフライパンで炒めて醤油、ウスターソースとカレー粉で味付けしたものである。私はこの料理が大好きでいつも母にせがんだものである。ご飯にのせるとまるでカレーライスを食べているような気がした。さて、私が小学四年生の頃に、可愛がっていた飼犬のベスが行方不明になるという事件が起きた。心配して方々を捜したが三日経っても帰らない。そこに「石熊の消防団の屯所によく似た犬が繋がれている」という情報が入った。薄暗くなった頃に石熊へ着くと、消防団の屯所の柿の木に繋がれたベスを見つけた。その周りには焚火を囲み、消防の制帽に法被姿の大人達が数人いた。「ベスはこの連中にさらわれたに違いない」と、咄嗟にそう思い頭に血がのぼり、大人達に向かって泣きながら「この犬は俺の犬だ」と食ってかかり取り返した。家へ帰り事情を話すと、父も母も驚いた。父はいった。「ベスは赤犬で味がよいから煮て食われるどこだったんだべ」と……。絶句であった。昭和三十年代にはまだ一部とはいえ犬を食べる風習が残っていたのである。一息付くと猛烈に腹が減ってきた。大好きなカレーきんぴらでご飯のおかわりを三杯した。

楽しい餅料理

餅王国・福島では、年中いろいろな餅料理を楽しむ

あんこ餅

小豆を炊いて砂糖で甘く味付けしたあんこを絡めて食べるあんこ餅はお正月だけではなく何かに付けて特別の日やお祭り、おめでたい時に食べる、縁起のよい食べ物というべきものである。普段あまり甘いものを食べられなかった時代においては、最高のご馳走であった。餅料理の中では一番人気があって誰もが喜ぶものである。小豆を炊く甘い香りは、今でも郷愁を誘う。

黄粉餅

大豆を炒って挽き、粉にしたものが黄粉で、よい香りがする。砂糖を加えた黄粉をまぶしたものが黄粉餅である。別名あべかわ餅ともいう。用いる黄粉によっては、薄緑色のものもある。黄粉餅単体で作る場合は少なく、たいがいあんこ餅といっしょに二種類で出されることが多い。二種を味わうことによってそれぞれの美味しさが引き立つようである。また見た目にも美しい。

辛味餅

醤油で味付けした大根おろしを絡めて食べるのが辛味餅である。大根おろしは消化を助けるので甘い餅を食べたあとに食べるとよい。甘くない餅料理は他に納豆を絡めた納豆餅、雑煮のようなつゆ餅がある。辛味餅は、用いる大根によっては辛味が強過ぎて子供には食べられないようなものもある。しかし甘いもののあとにこのような辛いものを食べるとまた美味しいものだ。

じゅうねん餅

福島県ではえごまのことをじゅうねんといい、ごまと同じようにすり鉢で擂って砂糖を加えて餅に絡めて食べる。ごまとは違った風味と濃厚な味で欠かせないものとなっている。我が家では、これ以外の餅料理として、くるみ餅、ズンダ餅、豆腐餅などを作った。また混ぜ餅として豆を入れた豆餅、柿の皮を入れた柿餅、ヨモギを入れた草餅などもある。そして保存食として冬に軒先に吊るして作る凍み餅がある。

ふるさとエッセイ〈冬〉

アンコウの七つ道具

小学校の低学年の頃であったと思う。粉雪が舞うような寒い日のこと。父に連れられて隣の浪江町の請戸漁港へいった。漁師をしている父の叔父さんからお祭りに招かれたのである。浜通り一帯の漁村で信仰の厚い「安波様」のお祭りである。父の漕ぐ自転車の荷台にのせられて、落とされないようにと父の背中にしがみついていった。あの頃の道はまだ舗装などされておらず、デコボコ道で尻の痛みを必死でこらえての長い道中であった。双葉の我が家からは、かれこれ七～八キロぐらいはあったろうか。子供にとっては随分と遠くに感じられた。ようやく請戸の叔父さんの家に着いた頃には寒さで体はすっかり冷え切ってしまった。お祭りなので大勢の人がいて酒盛りが始まり、賑やかだった。テーブルの上にはたくさんの魚料理が所狭しと並んでいた。熱い汁が振る舞われており、それが旨かった。とにかく体が冷え切っていたのでなおさらに旨い。その汁こそ、あの「アンコウのドブ汁」だったのだ。他にも刺身、とも和え、から揚げとアンコウ料理のオンパレードだ。あの頃は子供だったので分からなかったけれど、あとで父に聞かされたのである。

父はこの漁師が作るアンコウ料理が食べたい一心で、安波様のお祭りを楽しみにしていたのだ。アンコウは父のみならず浜通りの酒飲みにとっては、心待ちにする冬の楽しみの一つなのである。

アンコウはその味はもちろん、見た目も実にユーモアたっぷりのところがあって親しめることこのうえない魚である。その魚体はブヨブヨに柔らかくて、粘りがきつくておろしにくいために、あごにカギを付けて吊るして切りさばく。俗にいう「アンコウの吊るし切り」である。初冬の頃、請戸の漁港へいくと、魚屋の店先で堅いアンコウのあごに大きなカギをかけ、包丁で手早くさばく吊るし切りの風景を見かけたものだ。

さばいたアンコウは「アンコウの七つ道具」といって、トモ（肝臓）、水袋（胃）、ヌノ（卵巣）、エラ、柳肉（ほお）、皮、ヒレ（尾ビレ）の七つの部位が美味としてもてはやされている。普通の魚と違いアンコウの正肉は七つ道具には含まれていない。

アンコウは深海魚で百〜二百メートルの海底に棲息するが、時には海面に浮いている海鳥を飲み込んだりするそうだ。海底では、とげのような背ビレの一本を口の前に突き出し、それで魚をおびき寄せてはパクリと飲み込むというから面白い。

酒飲み男達のお目当ては何といっても熱い「ドブ汁」だ。肝をドロドロに擂って、焼き味噌を溶かし入れ、そこに肝心の七つ道具と野菜や豆腐を入れ、煮立てたものが「ドブ汁」だ。ドブ汁とは何とも強烈な呼び名であるが、見た目がドブのようだからともいわれているようだが、ものの本によると酒粕を漉して作る出し汁のことをその昔「ドブ」と呼んだらしく、濁っているところからの由来であろうか。濁酒（ドブロク）のドブもそうだろう。

このアンコウのドブ汁は、もともとは漁師料理であり、その旨さたるや酒飲みにとっては、鍋料理の最強列伝に名を連ねるのは必定。このドブ汁に改良が加えられて、より洗練されたのが料理屋の「アンコウ鍋」である。アンコウのドブ汁に匹敵するのは青森県八戸の同じく漁師料理の「鱈汁」か、山形県は鶴岡の「どんがら汁」ぐらいのものか。アンコウと寒鱈はその旨さにおいて鍋料理に用いたならば共に横綱を張るのは間違いない。ことにアンコウの肝と鱈の白子は甲乙付けがたい。漁師料理に共通するのは味付けに味噌を用いることである。千葉県のサンガなどもそうで、揺れる船の上での調理には醤油などの液体よりもこぼれない味噌の方が重宝されたのかもしれない。ドブ汁に加えて父が好きだったのが「アンコウのとも和え」だ。これも肝が味の決め手になる料理で、肝を味噌と砂糖で炒めてアンコウの皮や正肉、切り干し大根などを入れて和えたもので、これがまたすこぶる旨い。とにかくアンコウはそのまったりとした濃厚な味の肝が一番。浜通りの酒飲みどもが泣いて喜ぶ旨さだ。

好物のアンコウをたらふく食べて、請戸の銘酒「壽《ことぶき》」を心ゆくまで楽しんでいる父。これから子供を連れて寒風の夜道を自転車で双葉まで帰ることなど、もうすっかり忘れたかのように杯を重ねる父に、私は不安のどん底に落とされた……。外はすでに真っ暗である……。

帰り道は来た時よりも何倍も遠く長く感じたのはいうまでもない。自転車の荷台に乗って酔った父の温かい背中にしがみついていた息子は、今や、親父にも勝るアンコウ好きの酒飲みになっている。

平成二十二年に母が脳出血で倒れ、父は独り暮らしになった。

およそ、家事などしたことのなかった父の日常は難儀を極めた。

私の生活も母の看病と父の面倒で一変した。当時はまだ会社勤めをしていたので、毎週末に双葉へ帰った。母の容態は快方へ向かうことはなく、暮れなずむ病院からの帰り道の足取りは重く、心は沈むばかりであった。父も持病の腎臓の具合が悪化して元気とはほど遠い状態であった。人が歳を取るということはこういうことなのかとつくづく思い知った。母が倒れたその年の初冬のことである。父が「そろそろアンコウの時期だな」とボソッと呟いた。ああ、父はアンコウが大好物だったなと思い、翌日請戸へ車を走らせた。案の定、港には見事なアンコウが揚がっていた。肝を多めにした七つ道具を見繕ってもらい、その晩はアンコウ鍋を作ることにした。ついでに鈴木酒造店にも寄って銘酒「壽」も買った。この請戸の酒はアンコウ料理には欠かせないものなのだ。

主のいない台所に立ち、アンコウ鍋の準備に取り掛かった。

どこに何があるか分からないので随分と手間取ったが、やがて土鍋のアンコウ鍋がグツグツと煮え始め、よい匂いが漂い始めた。鼻の鈍い父もさすがに気が付いたようで「アンコウ鍋がぁ」と、相好を崩した。

父と二人だけでアンコウ鍋を挟んで向かい合って「壽」を飲んだ。

そして昔、請戸の安波様の祭りにいった話をすると、父は懐かしそうに「ああ、いったっけなぁ」と上目遣いに宙を見るともなしに頷いたのであった。

小さい私

和合亮一

小さい私が
夢中で　野山を走り回って
網を振り回して　虫かごを提げて
息を切らせている

小さい私が
川べりで　石をひっくり返して
透きとおるような海老を見つけて
はしゃいでいる

小さい私は
森の木陰に　橋の下に
行こうとする
行っちゃ駄目だ　大きい私が叫ぶ

まだ　除染も　何も始まっていない
小さい私に　説明している
大きい私は　小さい私を　胸にしまいこむ　おい
風と土と水を返してくれ　もっと大きな私に言う

すぐに作れる故郷・双葉の味 レシピ集

――失うまい 次の世代に残したい 母の味――

芹のごま和え

●材料
芹…一束（150g）
和え衣
白炒りごま…大さじ3
砂糖…大さじ1⅓
醤油…小さじ2
赤味噌…小さじ½
出し汁…大さじ1

◆作り方
1 芹は根を切り落とし、熱湯で茎の方からサッと茹で冷水に取りよく水気を切り、食べ易い長さに切る。
2 すり鉢に白炒りごまを入れ、ねっとりするまでよく擂りつぶす。砂糖、醤油、出し汁、隠し味に赤味噌を加え、よく擂り混ぜ、芹とよく和える。
※春菊、いんげん、ほうれん草、イモガラなどで作っても美味しい。白ごまの代わりに黒ごま、クルミなどで和えてもよい。
※「せりは馬の走り息でも食べるによい」という諺があるくらいサッと熱湯に通すぐらいがよい。茹で過ぎは禁物である。

12ページ

ワラビのおひたし

●材料
ワラビ（アクを抜いたもの）…一束
おろし生姜…適量
花かつお節…適量
醤油…適量

◆作り方
1 アクを抜いたワラビは、サッと茹でて3センチの長さに切り、器に盛る。おろし生姜、花かつお節、醤油をかけていただく。
※ワラビのアク抜きの仕方
ワラビを熱に強い器に並べて木灰をたっぷりかけ、煮えたぎる熱湯をかけ軽い重しをして一晩置く。木灰がない場合は重曹を用いるとよい。

13ページ

タランボの天ぷら

15ページ

●材料

タランボ…10個

天ぷら衣

小麦粉1：冷水1の割合で適量

揚げ油…適量

◆作り方

1 タランボはよく洗い汚れを落とし、水気を切っておく。

2 ボウルに冷水と振るった小麦粉を振り入れ、粘りが出ないように軽く混ぜる。

3 揚げ油を170℃に熱し、タランボに2の衣を付けて揚げる。好みで醤油または塩を付けていただく。

海苔巻きといなり寿司

16ページ

●材料〈海苔巻き（4本分）〉

寿司飯…250g×4本分

具 かんぴょう（煮たもの）…海苔の長さに切る

干し椎茸の煮物…細切りにする

卵焼き…棒状に切る

高野豆腐の煮物…棒状に切る

きゅうり…棒状に切る

サクラデンブ…適量

焼き海苔…4枚

●材料〈いなり寿司（10個分）〉

油あげ（味付けしたもの）…5枚

寿司飯…300g

福神漬け…適量

生姜の甘酢漬け…適量

◆作り方

1 巻きすに焼き海苔を置き、寿司飯を均一に広げる。

2 寿司飯の中央にかんぴょうを置き、干し椎茸の煮物、卵焼き、高野豆腐の煮物、きゅうり、サクラデンブを少し重ねて置く。

3 具を押さえしっかりと巻く。

4 食べ易い大きさに切り分ける。

◆作り方

1 油あげ（味付け）は半分に切り、袋状に開いておく。

2 福神漬けをみじん切りにし、寿司飯とよく混ぜ合わせる。

3 油あげに寿司飯を詰め、口はしっかりと閉じる。生姜の甘酢漬けを添える。

筍ご飯

●材料

米…カップ2

筍（茹でたもの）…120g

油あげ…1枚

木の芽…12枚

ご飯の味付け調味料

出し汁…カップ2⅓

醤油…大さじ2　酒…小さじ2

みりん…小さじ2　塩…小さじ½

◆作り方

1　米は洗ってザルにあけ30分ほど置いて水気を切る。

2　筍は3センチの長さの薄切りにする。油あげは油抜きして3センチの長さの細切りにする。

3　炊飯器に米、筍、油あげを入れご飯の味付け調味料を加えて炊く。

4　炊き上がったご飯を器によそい、木の芽を飾る。

17ページ

メバルの煮つけ

●材料

メバル…2尾

筍（茹でたもの）…60g

きぬさや（茹でたもの）…6枚

煮汁

水…カップ3　酒…カップ1

醤油…大さじ5　みりん…大さじ5

砂糖…大さじ2

◆作り方

1　メバルはウロコを引き、エラ蓋から包丁を入れエラ、内臓を取り水洗いし水気をよく拭き取る。

2　鍋に煮汁の材料を入れて煮立てる。頭を左、腹を手前に入れ、筍を加え中火で煮る。時々煮汁を回しかける。

3　器に2を盛り、煮汁をかけ、きぬさやを添える。

18ページ

アイナメの味噌漬け焼き

20ページ

●材料

アイナメ…大一尾

味噌床

味噌…大さじ5〜6

酒…大さじ3〜4

みりん…大さじ2

しし唐（グリルで焼いたもの）…4本

◆作り方

1　アイナメは二枚おろしにして、さらに食べ易い大きさの切り身にする。

2　ボウルに味噌、酒、みりんを入れてよく練り混ぜる。

3　バットに2の味噌床の半分量を平らにのばして1のアイナメをのせ、残りの味噌を上から平らに被せるように塗り付け、一晩ほど漬けて置く。

4　味噌を手できれいに取り除き、グリルで焦がさないように注意しながら焼き上げる。しし唐を添える。

ふきのじゅうねん味噌和え

21ページ

●材料

ふき…12本

和え衣

じゅうねん…大さじ5

出し汁…大さじ2〜2と2/3

砂糖…大さじ2と1/2〜2/3

味噌…大さじ1と1/2

◆作り方

1　ふきは鍋に入る大きさに切り、塩を加えて板ずりし、塩をひとつまみ入れた熱湯で茹でる。

2　1を水に取り、皮をむいて水にさらす。水気を切り3〜4センチの長さに切る。

3　香ばしく炒ったじゅうねんをすり鉢に入れ、滑らかになるまでよく擂る。

4　3に残りの和え衣の材料を入れ擂り混ぜる。

5　4にふきを入れ和える。

アサリとキャベツの蒸し煮

22ページ

●材料
殻付きアサリ（砂をはかせたもの）…300g
キャベツ…3〜4枚
人参…40g
きぬさや…6〜8枚
炒め油…大さじ1と½
煮汁
　水…カップ2　醤油…大さじ2と½
　酒…大さじ2　みりん…大さじ1と⅓

◆作り方
1　キャベツはひと口大のザク切りにする。人参は細切り、きぬさやは筋を取る。
2　鍋の油を馴染ませ中火でキャベツ、人参を炒めアサリを入れひと混ぜして煮汁の調味料を入れる。
3　強火で煮て、アサリの殻が開いたらきぬさやを入れサッと煮て火を止める。

エビガニの天ぷら

23ページ

●材料
エビガニ…8〜10尾
塩…適量
小麦粉…適量
天ぷら衣
　小麦粉1：冷水1の割合で適量
揚げ油…適量

◆作り方
1　エビガニの頭を取り、殻をむき背ワタを取る。塩少々を振る。
2　エビガニの身に小麦粉を薄くまぶし、天ぷら衣を付けて中温の油でカラリと揚げる。
3　お好みで醤油、塩を付けていただく。

真竹とニシンの味噌煮

24ページ

●材料

真竹…1~2本
身欠きニシン…4枚
煮汁
　水…カップ2~2と½
　味噌…50g
　砂糖…大さじ3
　酒…大さじ3
　醤油…小さじ1
木の芽…適量

◆作り方

1　真竹は皮をむいて鍋に入る大きさに切り、水から20分ぐらい下茹でする。
2　ニシンは米のとぎ汁に一晩漬けて戻し、よく水洗いする。
3　1の真竹とニシンは食べ易い大きさに切る。
4　鍋に水、砂糖、酒、⅔量の味噌を入れ溶きのばし、煮立ったら真竹とニシンを入れ中火弱で落し蓋をして煮る。
5　20分ほど煮たら味をみて残りの味噌と醤油を入れ5~6分煮る。
6　器に盛り、木の芽を添える。

からし菜漬け

26ページ

●材料

からし菜…500g
塩…からし菜の重さの3%

◆作り方

1　からし菜は煮立った熱湯に入れサッと茹で、水に取って手早く冷ます。ザルに上げて水気を切る。
2　1のからし菜の水気をさらによく絞ってボウルに入れ、塩をまんべんなくまぶしてから、からし菜の重量の2倍の重石をする。

※翌日から食べられるが2~3日すると塩が馴染んで美味しい。

新じゃがの煮ころがし

27ページ

●材料

新じゃがいも…小さいもの16個
炒め油…小さじ2
煮汁
出し汁…カップ1と⅔
砂糖…大さじ2と½
醤油…大さじ1と⅔〜2
みりん…大さじ1と½

◆作り方

1 じゃがいもはタワシでよく洗い水気を切る。
2 厚手鍋に油を馴染ませ、じゃがいもを入れて中火で炒める。
3 全体に油が回り、よく炒めたら出し汁を入れる。
4 落し蓋をして中火で4〜5分ほど煮て、砂糖を入れてさらに煮る。
5 じゃがいもに火が通ったら醤油、みりんを入れて、上下をかえしながら強火で照りよく煮上げる。

ニラと生利節の酢味噌和え

28ページ

●材料

ニラ…一束
生利節…二切れ
生ワカメ…30g
辛子酢味噌
赤味噌…50g
砂糖…大さじ1と½〜⅔
溶き辛子…小さじ⅔
酢…大さじ3

◆作り方

1 ニラはサッと茹で、ザルに上げて冷まし3センチの長さに切る。
2 生利節は手で粗くほぐしておく。
3 生ワカメは塩を洗い流し、熱湯にくぐらせて水に取る。そして2〜3センチの長さに切る。
4 すり鉢に赤味噌、砂糖、溶き辛子を入れよく擂り混ぜ、酢を加えて滑らかに練り上げ辛子酢味噌を作る。
5 ニラ、生利節、生ワカメを4の辛子酢味噌で和える。

蒸しパン

●材料
黒砂糖（粉末）…130g
水…カップ½
薄力粉…150g
ベーキングパウダー…小さじ½
卵白…1個分
油…大さじ2
黒炒りごま…小さじ1
油（型用）…少々

◆作り方
1 鍋に黒砂糖と水を合わせて入れ火にかけ、黒砂糖を溶かして冷ます。
2 ボウルに卵白を入れて泡立て器で固く泡立て、1を加えてよく混ぜる。
3 2に薄力粉をふるいながら加え、さっくりと混ぜ合わせる。
4 3に小さじ1の水で溶いた重曹と油を加えて、全体を軽く混ぜ合わせる。
5 油を塗った流し缶に4を流してごまを散らし、蒸気の上がった蒸し器で中火で30分蒸す。

29ページ

若鮎のから揚げ

●材料
若鮎…10尾
天ぷら衣
　小麦粉1：冷水1の割合で適量
揚げ油…適量
粗塩…適量
レモン…適量

◆作り方
1 鮎はぬめりを取り、水洗いし、よく水気を拭き軽く塩を振る。
2 1の鮎は水気をキッチンペーパーで拭いて、小麦粉を薄くまぶしてさらに、天ぷら衣を付け、カラリと揚げる。粗塩またはレモンを絞っていただく。

36ページ

ごんぼ煮

37ページ

●材料

ごぼう（細め）…1と½本
赤唐辛子（輪切り）…½本
炒め油…大さじ1
煮汁
　出し汁…カップ½～⅓
　醤油…大さじ2と⅓
　みりん…大さじ1
　砂糖…大さじ½

◆作り方

1　ごぼうは包丁の背を使って軽くこそげる。
2　2～3ミリの厚さの斜め輪切りにし、アクを取るために水にさらす。
3　鍋に油を入れ馴染ませ、中火でごぼうを炒め、赤唐辛子を入れサッと炒める。そこへ煮汁の調味料を加えてさらに炒り付けるように炒める。

サンドマメのきんぴら

38ページ

●材料

サンドマメ（いんげん）…20本
人参…1本（30g）
炒め油…大さじ1と½
煮汁
　出し汁…大さじ3
　醤油…大さじ2と⅓
　砂糖…大さじ1と⅔
　みりん…大さじ1

◆作り方

1　サンドマメは筋を取り、長めの斜め薄切りにする。人参は4センチほどの長さの棒状に切る。
2　鍋を熱し、油を入れ、サンドマメ、人参を中火弱で炒める。
3　2がしんなりしてきたら煮汁の調味料を加えて炒める。

ドジョウ汁

39ページ

●材料
ドジョウ…150g
ごぼう…60g
豆腐…¼丁
ねぎ…⅓本
出し汁…カップ4と½
酒…大さじ2　醤油…大さじ2
みりん…大さじ2　一味唐辛子…適量

◆作り方
1　ごぼうは笹ガキにし、水にさらす。豆腐はひと口大に切る。ねぎは斜め輪切りにする。
2　鍋に出し汁と酒、ドジョウ、ごぼう、豆腐を入れ、蓋をして中火弱で煮る。
3　煮立ったら蓋を取り、ごぼうに火が通ったら、醤油、みりんで味を調えねぎを入れる。好みで一味唐辛子をかけていただく。

ホッキご飯

40ページ

●材料
米…カップ2
ホッキ…100g
人参…40g
いんげん…4本
ご飯の味付け調味料
出し汁…カップ2と⅓
醤油…大さじ1
酒…大さじ1
塩…小さじ⅔

◆作り方
1　米はよく洗って30分ぐらいザルにあける。
2　ホッキは食べ易い大きさに切る。いんげんは色よく茹で、3センチの長さの斜め薄切りにする。
3　炊飯器に洗った米とホッキ、人参を入れ、ご飯の味付け調味料を加えて普通のご飯と同様に炊く。
4　炊き上がったら器によそい、いんげんを散らす。

鯵の塩ふり焼き

45ページ

●材料
鯵…2〜3尾
粗塩…適量

◆作り方
1 鯵はウロコをこそげ、ゼイゴを取る。
2 エラ蓋をあけエラを取り、内臓を取り除く。水洗いをしてから水気をよく拭いておく。
3 踊り串を打ち、尾ビレ、背ビレに粗塩をたっぷりとまぶす。鯵全体に塩をふり、色よく、こんがりと焼く。

茄子 きゅうり ミョウガの揉み漬け

47ページ

●材料
茄子…3本
きゅうり…2本
ミョウガ…3個
生姜…適量
粗塩…野菜全体の重さの3％

◆作り方
1 茄子は縦半分に切り、5ミリの厚さの斜め切りにする。きゅうりは4〜5ミリの厚さの斜め輪切り、ミョウガは薄切り、生姜は千切りにする。
2 ボウルに1を入れ塩を加えてよく揉み込む。重石をして2〜3時間置いてから、水気をしっかり絞っていただく。

白玉みつ豆

48ページ

●材料

白玉団子

白玉…60g

水…55cc

寒天…流し缶（14×11×4・5センチ）1個分

棒寒天…⅔本

水…500cc

スイカ（正味）…80g

ミカン（缶詰）…12粒

バナナ…1本

赤エンドウ豆（茹でたもの）…大さじ2

黒蜜…適量

◆作り方

1　棒寒天は水（分量外）に30分～1時間ほど浸して柔らかく戻し、水気を絞ったら分量の水を加えて火にかけ、煮溶かす。

2　1を目の細かいザルで漉して粗熱を取り、流し缶に入れる。冷蔵庫で1～2時間ほど冷やし固める。

3　2が固まったら食べ易い大きさに切る。

4　白玉粉に分量の水を少しずつ加えて耳たぶくらいの固さに練る。

5　4をひと口大の団子に丸めて、中央を軽くつぶし熱湯で茹で、浮き上がってきたら冷水に取って冷やす。

6　スイカはひと口大、皮をむいたバナナは輪切りにする。

7　器に寒天、白玉団子、スイカ、バナナ、ミカン、赤エンドウ豆を彩りよく盛り、冷やした黒蜜をかける。

スルメイカの刺身

49ページ

●材料

スルメイカ（刺身用）…2杯分

大根おろし…適量

おろし生姜…適量

◆作り方

器に細切りにしたスルメイカを盛り、大根おろしをたっぷりかけ、おろし生姜と共にいただく。

イカのゲソといんげんの炒め煮

49ページ

●材料
イカのゲソ…2杯分
いんげん（細め）…20〜30本
炒め油…大さじ2
味付け調味料
酒…大さじ3〜4
みりん…大さじ3
醤油…大さじ2と½〜3

◆作り方
1 イカのゲソは食べ易い大きさに切る。
2 いんげんは筋を取り、半分に切る。
3 厚手鍋に油を馴染ませ、イカのゲソといんげんを入れ中火で炒める。
4 いんげんに火が通ったら味付け調味料を入れ、よく炒め合わせる。いんげんが少し固いようなら水を少々加えさらに火を通す。

ヒラメの刺身

50ページ

●材料
ヒラメ…刺身用（柵）
青シソ…適量
きゅうり…適量
わさび…適量

◆作り方
1 刺身用のヒラメは直前まで冷蔵庫で冷やしておく。
2 ヒラメは薄くそいで器に盛る。
3 きゅうりの千切り、青シソを添え、わさびを付けていただく。

スズキのアラ汁

53ページ

●材料
スズキのアラ…1尾（頭、カマ、中骨他）
大根…80g
人参…40g
豆腐…¼丁
ねぎ…½本
水…カップ5〜5と½
昆布…5センチ長さ
塩…小さじ1と½
醤油…小さじ2
酒…大さじ3

◆作り方
1　スズキのアラは食べ易い大きさに切り、熱湯をかけ、冷水に取り、ウロコやぬめりを取る。
2　大根はいちょう切り、人参は半月切り、豆腐は小さめのひと口大に切る。
3　鍋にスズキのアラ、昆布、大根、人参を入れ、沸騰したらかすかに沸き立つ火加減で野菜が軟らかくなるまで煮る。
4　昆布を取り出し、豆腐を加え、塩、醤油、酒を入れ味を調え、斜め輪切りにしたねぎを加える。

鰹の焼きつけ

54ページ

●材料
鰹…¼節
漬け汁
　醤油…大さじ5
　酒…大さじ4
　砂糖…大さじ1
しし唐…4本

◆作り方
1　鰹は4〜5等分の切り身にし、網で焼く。
2　バットに漬け汁を作り、1の焼きたての熱々の鰹を漬け込む。
3　しし唐をサッと油で炒めて付け合わせに添える。
※鰹が残ったらジッパー付きの保存袋に入れて、冷蔵庫で保存するとよい。

きゅうりのドブ漬け

55ページ

●材料
きゅうり…8〜10本
青唐辛子…4〜5本
きゅうりが被るくらいの塩水（5％）
粗塩…70g
水…7カップ

◆作り方
1 きゅうりは洗って容器に並べ入れる。
2 水と粗塩、青唐辛子を入れてひと煮立させる。
3 1の容器に沸騰した2の塩水を入れ、重石をしておく。翌日には食べられる。

川海老と空豆のかき揚げ

56ページ

●材料
川海老…80g
空豆…20個
玉ねぎ…小½個
小麦粉
天ぷら衣
小麦粉1：冷水1の割合で適量
揚げ油…適量

◆作り方
1 川海老はザルで振り洗いし、水気をよく切り、拭き取っておく。
2 玉ねぎは薄切り、空豆は薄皮をむいておく。
3 ボウルに1、2の材料を入れ、小麦粉をまんべんなくまぶしておく。
4 3に天ぷら衣を入れ、170℃に熱した揚げ油でカラリと揚げる。
5 好みで塩、醤油を付けていただく。

お盆の煮しめ

57ページ

●材料

茄子…2本
いんげん（茹でたもの）…8〜10本
かぼちゃ…⅙個
人参（乱切り）…1本
厚あげ…1丁
こんにゃく（手綱）…1丁
チクワ…1本
煮物の味付け調味料
出し汁…カップ3と½
砂糖…大さじ3　醤油…大さじ3
みりん…大さじ2　塩…小さじ1

◆作り方

1 茄子は縦半分に切り、皮目に浅く切り込みを入れ、ひと口大に切り、水にさらしアクを取る。
2 厚あげは熱湯にサッとくぐらせ油抜きしてから、一丁を8等分に切る。こんにゃくもアク抜きをして手綱にする。人参は皮をむき乱切り、かぼちゃはひと口大に切る。チクワは斜め切りにする。いんげんは筋を取り、色よく茹でる。
3 煮物の味付け調味料にこんにゃく、厚あげ、チクワを入れ3〜4分煮たら人参、茄子、かぼちゃを入れ、中火弱で落し蓋をして煮含める。
4 野菜に火が通ったら落し蓋を取り、強火で煮しめる。色どりにいんげんを添える。

ハツタケご飯

64ページ

●材料

米…カップ2　水…カップ2と¼
ハツタケ…80g
油あげ…1枚
味付け調味料
出し汁…½カップ　醤油…大さじ2と⅓
酒…大さじ1　砂糖…小さじ2

◆作り方

1 ハツタケは塩水で洗って汚れを取り、薄切りにする。
2 小鍋に1のハツタケと細切りにした油あげを入れ、味付け調味料で煮含める。
3 炊飯器で米を少し固めに炊く。
4 米が炊き上がったら2を煮汁ごと入れ、よく混ぜる。

秋茄子の油炒り

65ページ

●材料

茄子…4個

赤唐辛子（輪切り）…½本分

チクワ…1本

炒め油…大さじ2～3

味付け調味料

出し汁…カップ⅔

酒…大さじ1　みりん…大さじ1

砂糖…小さじ2　醤油…大さじ2

◆作り方

1　茄子は縦半分に切り、3～4ミリの厚さの斜め切りにして水にさらす。

2　チクワも縦半分にし、2～3ミリの厚さの斜め切りにする。

3　厚手鍋に油を馴染ませ中火で茄子、チクワを炒め、赤唐辛子を加えさらによく炒める。

4　3に味付け調味料（醤油以外）を入れ、サッと煮てから醤油を加え、汁気がなくなるまで煮含める。

カニ小突き

66ページ

●材料

モクズガニ…3匹　味噌…大さじ1

大根…40g

人参…30g

ねぎ…⅓本

湯…カップ3

醤油…大さじ2　酒…大さじ1

みりん…小さじ2

◆作り方

1　モクズガニを叩いて、擂りつぶしドロドロにし、味噌を加えてひと口サイズの団子にする

2　湯を沸かし、1のモクズガニの団子を入れ、いちょう切りの大根、短冊切りの人参を加えアクを取り、野菜が軟らかくなったら酒、みりん、醤油で味付けをし、細切りにした長ねぎを入れる。

おはぎ（4種）

67ページ

●材料

もち米…カップ1と½
熱湯…200cc

A小豆つぶあんのおはぎ
小豆つぶあん…180g

Bズンダのおはぎ
ズンダあん
エダマメ（茹でたもの）…正味180g
砂糖…50g
塩…少々

C黄粉のおはぎ
黄粉…大さじ4～5
小豆こしあん（フィリング）…100g

Dじゅうねんのおはぎ
じゅうねん（よく擂りつぶす）…大さじ5～6
砂糖…大さじ1
塩…少々
小豆こしあん（フィリング）…100g

◆作り方

1　一晩水に浸けたもち米をザルにあけて15分置き、水気を切る。
2　蒸し器に固く絞った濡れ布巾を敷き1のもち米を入れ、強火で30分蒸す。
3　蒸し上がったら熱いうちにボウルに移し熱湯を注ぎ、木べらで混ぜて馴染ませる。その後、ラップをして20分ほど置き、もち米に熱湯を吸わせる。
4　水で濡らしたすりこ木棒でもち米を半つぶしにする。
5　4のもち米のうち⅓は小さく10等分（イ）にし、丸める。残り⅔も10等分（ロ）にし丸める。
6　ズンダのおはぎはエダマメを茹でて薄皮をむき、すりこ木棒で滑らかにし、砂糖、塩を入れ、5等分にする。
7　小豆つぶあんとズンダのおはぎは、小さめに丸めた方のもち米（イ）を包み込む。
8　黄粉とじゅうねんのおはぎは、固く絞った布巾に5の大きめに丸めた方のもち米（ロ）を広げ、こしあんを包み込む。俵型に整え、黄粉、じゅうねんをまぶし付ける。

※〈つぶあん〉小豆を煮て、これに砂糖を加えて練り上げたもので豆粒がつぶれ、豆皮の混ざったあんこ。
〈こしあん〉豆の皮を取り除き、デンプン質だけに砂糖を加えて練り上げたあんこ。

イノハナご飯

●材料

米…2合
イノハナ…130g
油あげ…3分の1枚
人参…40g
味付け調味料
出し汁…360cc　醤油…大さじ2
酒…大さじ1　塩…小さじ2/3

◆作り方

1 米は洗ってザルにあけ、40分ほど置いて水気を切る。
2 イノハナは汚れを取り、食べ易い大きさに切る。イノハナは、アクが強いので一度茹でこぼす。
3 油あげは油抜きして3センチ長さの細切りにする。
4 人参は3センチ長さに切る。
5 炊飯器に1、2、3、4と、味付け調味料を入れ炊き上げる。

68ページ

クリおふかし

●材料

もち米…カップ2
クリ…20粒
小豆（茹でたもの）…カップ1/3
打ち水…水・酒・塩を混ぜたもの
水…カップ1
酒…小さじ2
塩…小さじ2/3

◆作り方

1 もち米はよく洗ってからたっぷりの冷ました小豆の茹で汁に一晩浸ける。炊く30分前にザルにあけ、水気を切る。
2 クリは熱湯に10分ほど浸けてから鬼皮を包丁でむく。次に渋皮をむいて、大きいものは2等分にする。
3 蒸し器に1と2を混ぜ合わせたものを平らにして中央を少しあけておく。
4 蒸気の上がった蒸し器に入れ、40分ほど蒸す。途中3回ぐらい打ち水をする。

※蒸気がもち米全体にいきわたるようにするために10円玉ぐらいの穴をあけておく。

70ページ

ハタイモの味噌煮

71ページ

●材料

ハタイモ…600g（16〜17個）

煮汁

出し汁…カップ1と¼〜1と½

砂糖…大さじ2と½〜2と⅔

味噌…大さじ3

ゆずの皮…少々

◆作り方

1 ハタイモは皮をむいて、米のとぎ汁で7分どおり茹でる。

2 1のハタイモを水でよく洗ってぬめりを取る。

3 鍋にハタイモと出し汁を入れて火にかけ煮立ったら弱火にし、砂糖を加えて落し蓋をして4〜5分煮る。

4 ハタイモが軟らかくなったら味噌を加えて転がしながら煮詰める。

5 仕上げにゆずの皮をおろしたものをふりかける。

さばの味噌煮

72ページ

●材料

さば…1尾

生姜（薄切り）…15g

煮汁

水…カップ1と¼

酒…カップ½

砂糖…大さじ3

醤油…大さじ1

赤味噌…50g

◆作り方

1 二枚おろしにしたさばは半身を4等分に切り、皮に切り込みを入れる。

2 1のさばに熱湯をかけて、霜降りする。

3 鍋に煮汁の調味料を入れ煮立ったら、生姜の薄切りとさばを入れアクを取り、落し蓋をして煮る。

※霜降りとは熱湯をかけて生臭みを取ること。魚を煮る際にこの霜降りをするとよい。

鮭のよご飯

79ページ

●材料
米…カップ2
生鮭…2切れ
イクラ…適量
味付け調味料
出し汁…カップ2と¼
醤油…大さじ1〜1と½
酒…大さじ1
塩…小さじ⅔

◆作り方
1 米は洗ってザルに取り、30〜40分置き水切りをする。
2 鮭はひと口大に切り、塩少々を振る。
3 炊飯器に1の米と出し汁、醤油、酒、塩を入れ、ざっと混ぜ、2の鮭をのせて炊く。
4 器に3をよそい、イクラをのせる。

かぶのゆず漬け

80ページ

●材料
かぶ…5個
ゆず…適量
人参…40g
塩…かぶと人参の重さの3％

◆作り方
1 かぶは皮を薄くむいて2〜3ミリの厚さのいちょう切りに、人参は4〜5センチの細切りにする。
2 ボウルにかぶと人参、ゆずの皮の細切りを入れ、塩を振り入れてよく混ぜ合わせる。

柿とイモガラの白和え

81ページ

●材料

柿…1個
イモガラ（乾燥）…20g
イモガラの煮汁
出し汁…カップ1
醤油…小さじ1
みりん…小さじ1
和え衣
木綿豆腐…½丁　白炒りごま…大さじ2
白甘味噌…小さじ1と½　砂糖…大さじ1
醤油…小さじ1　出し汁…大さじ2

◆作り方

1 戻したイモガラは2～3センチの長さに切り、水気をよく絞って煮汁で下煮する。
2 柿は皮をむいて薄切りにする。
3 豆腐は水切りをする。
4 すり鉢に白ごまを入れてよく擂り、豆腐を加えて擂り混ぜる。残りの調味料と出し汁を入れてさらによく擂り混ぜ、滑らかな和え衣を作る。
5 4に下煮したイモガラと柿を加えよく和える。

イカと大根の煮物

90ページ

●材料

イカ（スルメイカ）…2杯
大根…350g
煮汁
出し汁…カップ2
醤油…大さじ3
みりん…大さじ2
砂糖…大さじ½

◆作り方

1 大根は1センチの厚さの半月切りにする。
2 イカは胴は1センチ幅の筒切り、足は2本ずつ切りはなす。
3 鍋に大根を入れ出し汁を注いで火にかけ、煮立ったら中火弱で落し蓋をして大根が軟らかくなるまで煮る。残りの調味料を加えさらに3～4分煮る。
4 3にイカを加え、落し蓋をして中火で7～8分煮る。

けんちん汁

91ページ

●材料

鶏肉（もも）…60g（小さめのそぎ切り）

大根…80g（小さめの乱切り）

ごぼう…50g（小さめの斜め切り）

人参…40g（小さめのいちょう切り）

こんにゃく…¼枚（ひと口大に手でちぎる）

里芋…2個（1センチ厚さの半月切り）

ねぎ…⅓本（斜め輪切り）　豆腐…1丁

炒め油…大さじ1　出し汁…4カップ

醤油…小さじ2と½　塩…小さじ1

◆作り方

1　鍋を熱して油で、切った鶏肉、こんにゃく、大根、ごぼう、人参、里芋、豆腐の順に炒める。

2　出し汁を加えて中火で煮る。煮立ったらアクを取り、中火弱で野菜が軟らかくなるまで煮る。

3　仕上げに醤油、塩で味を調えて火を止める。

4　器に盛り、ねぎを散らす。

酒粕入りライスカレー

94ページ

●材料

豚肉（薄切り・3〜4センチの長さに切る）
　…120g

じゃがいも（ひと口大に切る）…3個

人参（乱切り）…1本

ねぎ（斜め輪切り）…1本

炒め油…大さじ1と½

小麦粉…大さじ3　カレー粉…大さじ2

ブイヨン…カップ4〜4と½　酒粕…60g

塩…適量　醤油…大さじ2　みりん…大さじ1

◆作り方

1　厚手鍋に油を馴染ませ、豚肉、じゃがいも、人参の順に炒める。小麦粉、カレー粉も入れ炒め合わせる。

2　1にブイヨンを入れ、ひと煮立ちしてアクが出てきたらアクを取る。

3　中火弱で、酒粕をちぎって加え、野菜に八分通り火が通ったら、塩、醤油、みりんを加えて味を調える。

4　3にねぎを入れ、サッと煮て仕上げる。

カスベの煮つけ

95ページ

●材料
カスベ…2切れ
煮汁
水…カップ1と1/2〜1と2/3
醤油…大さじ4
酒…大さじ4
砂糖…大さじ2

◆作り方
1 鍋に煮汁を合わせて煮立ったらカスベを並べ入れる。
2 1に落し蓋をして中火で煮て火を通す。

ザガキ酢

96ページ

●材料
カキ（生食用・むき身）…200g
ポン酢…適量
紅葉おろし…適量
レモン（輪切り）…適量
万能ねぎ（小口切り）…適量

◆作り方
1 カキは塩水で振り洗いし、さらに水洗いを数回する。
2 器に1のカキを盛り、ポン酢をかけ、紅葉おろし、レモン、万能ねぎを添える。

白菜漬け

98ページ

●材料

白菜…一株
粗塩…白菜の重量の3％
赤唐辛子…2本
ゆず…適量

◆作り方

1 白菜は縦に4つ割りし、さらに塩の回りをよくするため根元に切り込みを入れる。
2 切り口を上にしてザルに並べ半日ほど天日に干して、余分な水分を蒸発させしんなりさせる。
3 白菜の葉を広げるようにして、間に粗塩を軽く振る。根元の部分にはやや多めに振る。
4 漬物容器の底に粗塩を振り、3の白菜を切り口を下にして、葉先と根元が交互になるように並べ、赤唐辛子を加える。
5 一番上に粗塩をたっぷりと振り、押し蓋を置き、その上に白菜と同じ重さの重石をのせる。
6 水が上がってきたら重石を半分にしてさらに漬け込む。
7 食べ易い大きさに切り、器に盛り、ゆずの皮を添える。

ナメタガレイの煮つけ

103ページ

●材料

ナメタガレイ…2切れ
煮汁
水…カップ1と½〜1と⅔
酒…カップ½
醤油…大さじ2と⅓
みりん…大さじ2と⅓
砂糖…大さじ1

◆作り方

1 ナメタガレイは熱湯をかけて霜降りする。
2 煮汁を煮立て、1のナメタガレイを入れ、落し蓋をして中火で10〜13分くらい煮る。

おせち料理〈アオバタ豆と数の子〉

106ページ

●材料
アオバタ豆（茹でたもの）…カップ2/3
数の子…1本
漬け汁
（全てを混ぜ合わせひと煮立ちして冷ます）
出し汁…カップ1と1/2
醤油…大さじ3
みりん…大さじ3
酒…大さじ2

◆作り方
1　アオバタ豆は薄皮をむいておく。
2　数の子は塩抜きをし、薄皮を取り、小分けにする。
3　漬け汁に1、2を入れ、一晩以上置く。

おせち料理〈イカ人参〉

106ページ

●材料
スルメ…1枚
人参…1本
赤唐辛子…1本
醤油…80cc
酒…80cc
みりん…大さじ2
白炒りごま…適量

◆作り方
1　スルメ、人参は細切りにする。
2　小鍋に酒、みりんを入れ、アルコール分を飛ばしたら火を止めて醤油を加える。
3　1を2に入れ混ぜ合わせ、赤唐辛子を加える。仕上げに白炒りごまを散らす。

ほうれん草のじゅうねん和え

110ページ

●材料
ほうれん草…200g
和え衣
じゅうねん…大さじ5
砂糖…大さじ2
醤油…大さじ1と½
出し汁…大さじ1と½

◆作り方
1 ほうれん草は茹で、茹で上がったら冷水に取り流水に1〜2分さらし、水気をしっかりと絞っておく。
2 1のほうれん草を3〜4センチの長さに切る。
3 すり鉢に炒ったじゅうねんを入れ、ねっとりするまでよく擂りつぶす。残りの調味料を合わせて、さらによく擂りのばし、2のほうれん草を加え、よく和えて、器に盛り付ける。

じゃがいものカレーきんぴら

111ページ

●材料
じゃがいも…2個
人参…40g
玉ねぎ…½個
魚肉ソーセージ…½本
炒め油…大さじ1と½
味付け調味料
出し汁…大さじ4　醤油…大さじ1と½
ウスターソース…大さじ1　カレー粉…小さじ1と½
塩…少々
パセリ（みじん切り）…少々

◆作り方
1 材料は全て細切りにする
2 厚手鍋に油を馴染ませ、1のじゃがいも、人参、玉ねぎ、ソーセージの順に炒め合わせる。
3 野菜がしんなりしたらカレー粉を振り入れよく混ぜ合わせ、残りの味付け調味料を加え炒り付けるように炒める。仕上げにパセリを散らす。

双葉町の自然と食

浜通りは東北とはいえ温暖で過ごし易い

東北地方の南端に位置する福島県は、関東との接点でもある。太平洋に面しているも、磐梯、安達太良、飯豊、吾妻などの名立たる高大な山脈を擁し、山の国といった方がよいのかもしれない。山脈には火山帯が走り「噴く島」が転じて福島になった由縁であろう。横長の形状をした福島県の真ん中を走る奥羽山脈と阿武隈大地によって、縦割りに三分割され、会津地方、中通り地方、浜通り地方と呼ばれ、気候、風土などはそれぞれに異なり同一県内とは思えないほどの違いが窺える。

双葉町は、その福島県の浜通り地方にある。双葉町は太平洋に面し、阿武隈山地に挟まれた南北に連なる浜通り地方のほぼ中央に位置している双葉郡の北部にある。双葉郡は南のいわき市、北の相馬市に挟まれており、気候的にもその中間に当たり、冬場でいえばいわきほど暖かくはなく、相馬ほど寒くはないといったところ。東北とはいえ、温暖な気候で夏は海からの風が心地よく涼しくて、冬は陽光明るく、降雪はほとんどないに等しく割合に暖かいために過ごし易いところといえるだろう。

太平洋に面した平地には豊かな稲田が広がり、国道六号線が通る町の中心部近くまで田園は続く。秋の収穫期ともなると見渡す限り稲穂の垂れた黄金の海となり、眩いばかりであった。市街地を経て、稲田はさらに西へも開け、阿武隈山系に近くまで続く穏やかな丘陵地帯では、のどかな田園風景が見られる。気候が温暖なうえに、潮風の影響が少ない山間部にも田畑があり野菜や果樹、煙草などの農作物に恵まれている。山間部の石熊地区の背後には双葉町で一番高い山である、海抜四四八・四メートルの十万山がそびえ立つ。麓の赤松林の中には登山道が整備され、春にはタランボ（タラノメ）、ワラビ、ゼンマイなどの山菜が出る。さらに秋にはキノコの宝庫となる。ハツタケ、アミモダシ（アミタケ）、イノハナ（コウタケ）、ホウキモダシ（ホウキタケ）などがよく採れた。レジャーなど無縁のあの時代、家族皆で弁当を持って山へいくのが何よりの楽しみでもあった。

十万山の頂上からは太平洋が一望出来て、何とも壮観であった。

阿武隈山系を源流とする石熊の澄み切った渓流にはヤマメやウグイの魚影が見られ、やがてその流れは、いくつかの支流と合わさって町の真ん中を通る前田川へと合流し、田畑を潤し、夏場には子供達の格好の遊び場ともなる。プールなどない田舎町ゆえ、夏休みともなると子供らは一斉に川へ飛び込む。特に双葉高校の南側の堰は、水深もあって赤フン姿で素潜りする高学年の子らに人気があった。ガラス箱を覗きながらヤスを使ってウグイを突く子供もいた。

前田川の流れは、国道六号線を突っ切り、そのまま河口に向かい、白砂青松が残る美しい郡山海岸へと注がれる。

郡山海岸は、遠浅の海で砂浜が広く海水浴にはもってこいの海である。その当時は、真夏といえども人出は少なく地元の子供らが遊ぶ程度であったが、その後整備され「日本の美しい浜辺百選」にも選ばれ、遠く中通りや会津方面からの海水浴客で賑わった。

双葉町は、田舎町特有のゆったり、のんびりとした時間の流れる静かな町である。そんな純農村地帯に住む人々の気性はというと、内向的な東北型というよりはむしろ関東型に近いかもしれない。

カラっとして大らかで人情味のある人々が、日々の小さな幸せに感謝の念を持って慎ましく暮らしていたのである。

さて、双葉の昭和三十年代の食であるが、まずは日常の食から語ることにしよう。

普段の食事は質素だが山の幸、里の幸、海の幸に恵まれた豊かさがあった

普段の食事はというと、大体において質素で素朴な田舎料理であり、飽きもせずに毎日同じようなもののくりかえしであった。

米、麦、季節の野菜、多様な果物、豊富な山菜やキノコに恵まれた純農村地帯であるがゆえに主食はむろん米である。

その当時、田んぼ一反歩当たりの米の収穫量は六〜七俵、多くて八俵といわれた（現在では八〜十俵）。しかし米は農家

の現金収入を得る大事な換金作物であるために、作った米のほとんどは高く売れる政府米として供出して現金化した。従って農家といえども新米ではなく古米や砕け米、麦飯などを食べたのである。

朝食は、マンマ（メシ）、ツヨ（オツユ、味噌汁）、漬物、副菜。家族十人で麦飯三升を炊き、昼まで持たせた。副菜としては、納豆、海苔、そしてたまには卵（生卵や卵焼き）が付いた。冬の間は、塩のきつい塩引鮭が何日も続くのが常である。

昼食は、朝の残りのご飯を蒸し缶で温め直して食べる。時には、朝の味噌汁で雑炊にすることもあった。おかずは簡単に野菜を煮たものや魚肉ソーセージを切って野菜と炒めたものなどを食べた。ご飯が足りない時には、乾麺（うどん）を茹でたりした。

夕食は、麦飯を炊き、季節の野菜たっぷりのおみおつけが付く。

おかずは、圧倒的に魚が多い。旬の魚は、刺身、焼き魚、煮魚にして食べた。魚さえあればそれだけで誰もが満足したのである。

これらの魚は、隣町の請戸漁港や相馬の原釜、そして遠く小名浜漁港からもたらされた。

山の幸、里の幸、海の幸の三つが同時に味わえるのは、福島県の他のエリアとは異なって浜通り地方特有の豊かさであろう。

季節ごとの新鮮な海の魚を味わうことは生きる楽しみそのものといえた

黒潮と親潮のぶつかる双葉から相馬沖はすばらしい漁場で、魚種の豊富さと魚の味のよさで関東から東北一帯に名を馳せていた。

浜通りに生きる者にとって、この豊かな海の恵みは何物にも代え難い宝であり、四季の活きのよい魚を味わえるということは、生きる楽しみなのである。日々の食卓はもとより、行事や冠婚葬祭にも欠かせない。魚はただそれだけで最高のご馳走としてたりうるものである。

その海の幸は、春は、コウナゴ、アサリ、メヒカリ、メバル。夏は、スズキ、鰹、アイナメ、イシモチ、ホッキ、アカガニ。秋は、さんま、鮭、クロガラ、ミズダコ。冬は、ナメタガレイ、カスベ、ドンコ、アンコウ、メヌケなどと四季折々の恵みがもたらされる。

普段の食事はもとより行事やハレの食にも、必ず季節の魚料理が欠かせないもので、刺身、焼き魚、煮魚、汁などと多く食膳に上った。ことに初夏のスズキの刺身は日本一の美味といってもよいだろう。そして双葉ではお盆の鰹の刺身、大晦日の年取り膳に付くナメタガレイの煮つけなどは、不可欠のものであった。

大体において浜通りの食の中心をなすのは海の魚であり、ここで育った人は皆、魚の喰い方が上手い。さんまなどは、焼きたての熱いところを腹ワタからかぶりつき、最後は頭と骨しか残らない。クラガラやメヌケなどの煮つけは、身を食べ尽くしたあとに残った頭やカマ、ヒレ、煮汁に、熱い湯を注ぎ、頭から骨の髄まできれいにしゃぶりつくすのが常である。

川の魚も食べた。近くの小川にさえ魚はたくさんいた。フナ、ハヤ、ドジョウ、ウナギ、鯉、川海老など、日曜日には父と川でこれらの魚を獲ったものである。小ブナなどの小さな魚は、包丁で細かく叩いてミンチ状にして味噌で味を付けてねぎをまぶしてフナ味噌にした。ドジョウは豆腐とごぼうとねぎでドジョウ汁にした。ウナギは蒲焼に、鯉は鯉こく、川海老はかき揚げにするのである。いずれも立派なタンパク源であり、美味しいおかずとなった。

肉食はたまに豚小間を少々

昭和三十年代は、肉をおかずに用いることは少なかった。ライスカレーや肉じゃがにほんの少し顔を出す豚の小間切れぐらいのものである。生姜焼きやとんかつが登場するのはもっと先の昭和四十年以降のことである。牛肉は、肉屋で売られてさえいなかった。たまのご馳走であるすき焼きも当時は豚肉であった。最も身近な肉は、鶏肉であろう。たいていの農家では必ずといってよいほど、鶏を五～六羽飼っていて、卵を採っていた。大事なお客様が来た時などは鶏をつぶして（殺して）もてなしにした。野菜といっしょに煮込んだ煮物、醤油味の鶏汁や茶碗蒸し、鶏めし、鶏蕎麦にと重宝した。

貴重な鶏の料理は、何よりのご馳走であり、お客様には最大級のおもてなしの証ととらえられた。

豊富な野菜と果物

野菜は、気候が温暖なせいもあり、それぞれの季節のものが豊富に採れた。ほとんどの野菜が作られており食べ切れないほどである。果樹も桃、スイカ、ビワ、スモモ、ブドウ、ナシ、柿、ゆずと多様である。寺沢地区の桃、山田地区の柿、細谷地区のスイカはとても美味しいと評判であった。山田地区の柿は、百目柿といって大振りの渋柿で、秋には皮をむいて軒下に吊るされ干し柿になった。その干し柿のカーテンは遠目にも美しく、冬の到来を予感させる晩秋の風物詩ともいうべき懐かしい風景であった。

漬物は季節の美味を乳酸発酵で閉じ込めた必需品

漬物は、なくてはならない必需品であり、どこの家でも一年を通して様々な漬物を漬けていた。代表的なものは、晩秋に漬ける白菜漬け、それに大根を軒先に干してから漬け込む沢庵漬けである。

早春のからし菜漬け、初夏のキャベツの塩揉み漬け、夏場にはきゅうり、茄子などの浅漬け、三五八漬け。そして双葉独特のきゅうりのドブ漬け。またミョウガの酢漬け、土用には梅干しも必ず漬けた。それからラッキョウも必ず母は漬けていた。

シソの実の味噌漬けも忘れ難い母の味であった。漬物は裏の味噌蔵に樽ごとに保存されていた。これらの漬物は大きな鉢に山盛りで食卓に供され、朝昼晩の区別なく飯のおかずとしてなくてはならない大切なものであった。

味噌は皆手作り

調味料の中でも重要なのは味噌であろう。昔は、どこの家でも自家製の手作り味噌を作った。双葉の味噌は、地元の大豆と米麹をたっぷりと使った豊かな味わいのする赤味噌である。毎年田植え前の大仕事で、家族総出で味噌を仕込んだ。町の「田子屋」で麹を買うと味噌すり機を貸してくれた。茹で上がった大豆はとてもよい香りがした。その大豆を機械で擂り潰すのである。擂り潰したまだ温かい大豆をもらって口に入れるのが、子供の頃の楽しみであった。

主食である米を補うのが大豆である。大豆とは味噌であり醤油であって、味わい的にも栄養的にも見事に補完し合うのである。

ご飯・味噌汁・漬物こそは和食の原点であろう。双葉を故郷に持つ者にとって、双葉のササニシキのご飯や麹たっぷりの赤味噌で作る味噌汁と、きゅうりのドブ漬けこそ、郷愁の味の原点なのである。

醤油は自家製はほとんどなく、町で一軒だけ醸造していた渡部醤油屋で買うのであった。普段の料理の調味に使うのは自家製の味噌が多かったが、醤油は魚の煮つけやかけ醤油として使うことが多かった。また盆正月やハレの料理には汁物、煮物などには味噌ではなく必ず醤油を調味に使った。

砂糖は、当時は値段が高く、貴重品であった。今ではおよそ考えられないことであるが、お遣い物などに砂糖がとても喜ばれたのである。

お年寄りなどは、お茶請けに砂糖を匙一杯くらいを手に受け、舌の先で少しずつ甘さを楽しんだりもした。貴重な砂糖は大事に使った。

ハレの日の小豆を炊くのには欠かせないもので、この甘味こそは誰もが目を細めて喜ぶ味なのであった。

ハレの日の食、主役は何といっても餅

さて次に双葉のハレの日の食に目を転じることにしよう。

双葉のハレの日の料理は、「餅」を抜きには語れない。お正月はもちろん、小正月、節句やお盆、お祭り、祝儀、不祝儀共々に餅が出されるのだ。また、もち米で「おこわ」もよく作られた。小豆でお赤飯を炊き、不祝儀の際には白いんげん豆を用いて炊いた。

双葉では、「おこわ」のことを「おふかし」といった。この「おふかし」は必ず多めに作って隣近所や親戚宅へ重箱に詰めて配られた。

餅は、ハレ食、行事食として、赤飯と共に単調な普段の食事に彩りを添える、最高のご馳走であったのだ。大切なお客様のもてなしにも餅を搗いた。一年間の中で十回以上は餅を搗いたに違いない。

餅は、もち米だけの白餅が多かったが、豆餅（大豆）、草餅（よもぎ）なども作った。彼岸には必ず、ぼた餅（あんこ・じゅうねん・黄粉）を作り墓前に供えた。

搗きたての餅は、あんこ、黄粉、じゅうねん、大根おろし、納豆などをまぶして思い思いに楽しんだ。また、寒い冬に作る凍み餅は保存食として春まで蓄えられ、農繁期の小昼飯（食事と食事の間に摂る軽い食事）や子供のおやつに用いられた。

「こんこん餅くっちょくれ」と子供達は家々を回った

小正月には、米粉を団子状にしたものをちぎって木の枝に花のように付ける「餅花」を飾った。そして夕暮れも過ぎて暗くなった頃に、子供達が近所の家々を「こんこん餅くっちょくれ」といいながら回り、餅とお菓子をあちこちからたくさんもらうのであった。

その晩のさらに夜も更けた頃に、玄関の戸をトントン、トントンとたたく者がいる。今度は、厄年の男が思い思いの変装した格好で「こんこん餅くっちょくれ」と声色を使って近所の家々を訪ねるのである。変装（女ものの着物姿に手ぬぐいで顔をかくしたり、また虚無僧に扮して深い編み笠を被ったりして）や声色を使い、どこの誰かという正体を隠すのは厄を落とすためであり、正体がばれてしまうと厄落としにはならないという。「さあ、今年の厄男はどんな格好をしてくるのか」と皆が楽しみにして待つわけだ。そして厄男が帰ったあとで、今のは誰だったか探り合う。すぐに見破られた人は翌朝に、町内の噂の的となるのであった。

五月の端午の節句には、こね餅である柏餅を必ず作った。

小豆を煮てこしあんを作り、砂糖をたっぷりと入れて贅沢に味付けをする。子供達はこの日を心待ちにしていた。

うるち米の粉五升に、もち米の粉一升五合を入れよく混ぜる。

その粉の中に熱湯を入れてよくこね、ちぎって平らな丸形にのばし、あんを入れて二つ折りにして柏の葉で包み、せいろで蒸かして出来上がりである。我が家では、柏餅の他に、生地に味噌と黒砂糖を混ぜ込んだえびすこ餅も併せて作った。

黒ごまが振ってあった。このえびすこ餅は、柏餅のあとに食べるといっそうその味が引き立つような気がした。

お盆の料理

お盆にもあんころ餅を作って仏壇に、そして墓前にも供えた。

お盆の料理として必ず作るのは、煮しめである。茄子、かぼちゃ、人参、こんにゃく、ナタマメなどを彩りよく煮しめた。その他に鰹の刺身、きゅうり揉み、茄子の油炒りなどを作った。特にこの時期の戻り鰹は脂がのって、最高に旨い。

またお盆といえば、やはり何といっても盆踊りである。

町内ごとに行われたが、十六日には町民大盆踊り大会が催されて小さな田舎町が大賑わいを見せたのであった。

各町内にある婦人会それぞれのお揃いの浴衣による路上流し盆踊りは、拍手喝采の大人気。

各町内の流し踊りが集結するのは双葉中学校の校庭で、櫓を囲んだ踊りの輪は幾重にもなり、大盆踊り大会となる。夜店の屋台もたくさん並び、子供ならず大人の気持ちも浮き立たせた。

双葉盆歌も太鼓も笛の音も次第に熱を帯び、老いも若きも大いに楽しんで盆踊りは最高潮に達するのであった。

懐かしや、双葉盆歌

ハアーアーアアーアーアー
今年ぁ豊年だあよー　こりゃさ　あー　やっしょう　やっしょう
穂の穂が　こりゃ　咲いてよー　ほーほー
路の小草にな　こりゃー　やれっさ　なー　米が生るよ
ハアーアーアアーアーアー
お前ぇ百まで　こりゃ　わしゃ九十九までよ
共に白髪の　こりゃ　やれっさなー　生えるまでよー
ハアーアーアアーアーアー
踊りぃ揃ろたのにー　こりゃさ　あー　やっしょう　やっしょう
なぜ唄　こりゃ　切らすのよー　ほーほー
ハアーアーアアーアーアー
わしが唄えばー　こりゃ　皆よく　こりゃ踊るよー

古代の壁画を見て、「双葉の食」の原点に思いを馳せる

ＪＲ常磐線の双葉駅から南へ一キロほどのところに国の史跡に指定された「清戸迫横穴」がある。発見されたのは、昭和四十二年九月から始まった双葉南小学校の移転新築工事に伴う敷地造成工事の際である。横穴墓群の発掘作業が行われていた十一月三日に玄室奥からベンガラ（赤色顔料）によって描かれた極めて保存状態のよい壁画が発見された。この横穴墓群の築造年代は、七世紀前半というから古墳時代の末期のこととなる。

この壁画が描かれた頃の日本は、聖徳太子が十七条の憲法を制定し、その後の中大兄皇子らの大化の改新、そして大宝

清戸迫横穴の玄室奥から発見された壁画
（双葉町教育委員会提供）

玄室の大きさは全長約2.6m、高さが約1.6mのドーム型で、その玄室奥の壁に壁画は描かれている。
正面中央には七重の右廻り渦巻文が描かれているが何を意味しているのかは謎である。その右側には冠帽し左手を挙げている人物や馬に乗った人物が描かれている。正面左側の人物は手を広げ、冠帽に袴を着用して靴を履いている。その他にも親子の鹿や猪、弓を射る人と犬なども描かれている。彩色も鮮明で当時の風俗と信仰の対象が描かれたものとしては第一級のものといえるとのことである。

律令の制定と続き古代日本が国家としての骨格を形成しつつある頃である。

ではこの時代の双葉はどうであったのだろうか。

この頃の双葉は、すでに大和朝廷の支配下にあり、陸奥国《むつのくに》染羽《しめは》の領土の南限に位置していたようである。そして律令制が浸透した七世紀後半には現在の双葉町（長塚）と大熊町（苦麻）の間（現在の福島第一原子力発電所のあたり）は陸奥国《むつのくに》標葉郡《しねはぐん》となった。

稲作は、弥生時代中期にはみちのくにも及んでいたというから、双葉の古代の人々も米作りを生活の中心に据えていたことであろう。

古代においては、気候も地形も現在とは異なっていただろうが、それでも、みちのくの南端であることには変わりなく、温暖で自然に恵まれていて住み易かったに違いない。豊かな山の幸、野の幸、川の幸、海の幸を活用して案外多彩な食生活を送っていたのかもしれない。

『万葉集』にはこの時代の「食」が様々に詠われている

さて七世紀は、日本文化史上で最も重要だといわれる『万葉集』が編まれた時代でもある。

古来、人々は和歌を通して恋の感情や自然への憧憬、日々の生活感情を詠い上げてきた。そして『万葉集』には忘れられた日本の食の原風景が多々詠われている。特に『万葉集』（巻十六）や、東国庶民の素朴さと躍動感あふれる『万葉集』（巻十四）の東歌《あずまうた》には、当時の人々が何を食べていたかを窺い知る歌が多く、興味をそそられる。

『万葉集』の中から十首ほどの歌（巻末資料③を参照）を検証した結果、その時代の人々の食というものがおぼろげながらも見えてきた。

稲作を中心に据え、それを補う穀物の収穫量が安定的に確保出来るようになって初めて、穀物を主食にした食事の形がこの時代になってようやく成立したようである。しかし、穀物の収穫量は、年間を通してもとても足りるべくもない。その結果、イモ類や堅果類、さらには雑炊に菜っ葉や魚などを混ぜて主穀を補わざるをえなかった。貴族と庶民の間には大きな隔たりがあるが、万葉の人々が食材としていたものは、山の幸、野の幸、川の幸、そして海の幸と幅が広く、その品種の多さには驚かされる。そこには自然の大きなうねりの中で、自然に寄り添い、自然に溶け込んだかのような万葉人の大らかな食の情景が展開されていた。

季節を愛で、植物を愛でる歌が多いのは万葉人が食べ物の旬をよく知りぬいていたとしか思えない。主穀が十分ではなかった庶民は、足りない分を山や野、川や海で食べ物を調達せざるをえなかったので、いつの季節にどこへいけば何が取れるかを熟知していたに違いない。また、取り過ぎると食料が枯渇するので、必要な分だけしか取らないようにしていたのであろう。

万葉人と現代の双葉の食は共通項で括られる部分が多い

万葉人の食は、双葉の古代人にもそのままピッタリと当てはまり、おそらくこの地の豊かな自然の恵みを享受して、家族や仲間といっしょに食を楽しんだことだろう。食の楽しみは、いつの時代、どんな時代であろうとも、人間にとっては、かけがいのないものだから。

また万葉人の食は現代の双葉の食とも驚くほど共通している。

双葉の食は、食文化などというたいそうなものではなく、万葉の時代からめんめんと続いてきた、自然と一体になった生活の中から生まれ出てきた食であり、先人達から伝えられてきた知恵をいかした素朴ながらも味わい深く豊かなものであったに違いない。

万葉人も古代の双葉の人々も、待ち焦がれたご馳走であったであろう春の山菜、秋のキノコは今でも双葉の人々の食卓を賑わす。芹、ワラビ、筍、ふき、ハツタケ、アミタケ、イノハナ……。そして四季を通して豊富な魚介類が獲れる豊饒の海は、古代からずっと命を繋いでいる母なる大地と同じであった。

我が故郷双葉の食は、自然に囲まれた原風景の中で育まれ、そこに生きる人々は自然の恵みと共に命を繋いで日々の幸せを培って「季節を喰らう」暮らしを大切に紡いできた。

原発事故で故郷を追われた人々には、厳しい試練ばかりがのしかかって辛いであろうが、どうにか双葉の食を思い起こして頑張っていただきたい。

双葉町の前田地区の稲荷神社の境内には、養老六年（七二二）に植えられたという樹齢千二百年を超える大杉が今も堂々と鎮座して町中を見回している。古代壁画が描かれた頃と時を同じくするこの大杉は、永い歳月の間ずっとこの双葉の地に生きた人々を見守ってきたことであろう。気の遠くなる歳月を生き抜いてきたこの大杉は、原発事故によって人の姿が消えてしまった町に初めてポツンと取り残されて、寂しい思いをしているに違いない。

樹齢1200年を超える前田の大杉（双葉町教育委員会提供）

人口：7,424人　　面積：5,140㎡
※1970年（昭和45年）時点

双葉町の成り立ち

明治22年	町村制実施により新山村・長塚村となる
明治29年	標葉郡・楢葉郡が合併して双葉郡となる
明治31年	長塚駅（現双葉駅）開業
大正12年	県立双葉中学校（現双葉高校）創立
昭和26年	新山町・長塚村が合併して標葉町となる
昭和31年	標葉町を双葉町と改める
昭和36年	双葉町議会にて原子力発電所の誘致を決議
昭和46年	東京電力福島第一原発１号機営業運転開始

昭和の双葉　商店街の賑わいと娯楽

昭和三十年代の双葉の町は、賑やかであった。車であれば、端から端までわずかに五分かからずともあっけなく通り過ぎてしまう小さな商店街であったが、店仕舞いをしている店舗などは見当たらず活気があった。

一通りいろいろな店が揃っており、夕暮れがせまる買い物時ともなればそれなりの人の出があった。

新山から長塚までの店を思い出しながらまとめてみた。

食料品類………高村魚店、五十嵐商店、埼玉屋、谷本商店、木本豆腐屋、相川菓子鋪、小西商店、洋月堂、三島屋、泉屋商店、大内肉店、高木魚屋、森製菓、志賀魚屋、吉田屋、渡辺菓子店、大浦魚店、柏崎肉屋、伊達屋、遠山商店、大隅商店、清水屋、渡辺商店

酒・たばこ・薬…幾田酒店、冨澤酒造店、モトケンダン、木幡酒店、日野商店、高倉薬局、紺野薬局

日用雑貨・金物…亀田屋、古山金物店、鈴屋商店、羽根田商店、

洋品、呉服……越後屋、吉岡洋品店、わたや、井上洋品店、西尾、まつもと、洋裁店ゆき、永岡洋服店、釘野仕立屋

文房具………齋藤商店、金子文房具店、鎌田商店

自転車…………半沢自転車屋、岩東自転車屋、藤田輪業

仏具……………開発仏具屋

当時は、まだセルフサービスのスーパーマーケットのような店はなく、農家が多かったので八百屋は少なかった。肉屋よりも魚屋の方が多いのは当時の食生活が偲ばれておもしろい。双葉町の新山・長塚の商店街が最も輝いていた時代であ

新春だるま市で賑わう商店街

る。当時の人気流行歌手の歌謡ショー招待セールこそが、商店街の最大の目玉であった。

人気絶頂の島倉千代子やこまどり姉妹、笹みどりなどが〝おらが町〟にやってきて、歌が聞け、姿形まで見れるとあって町の人達は色めき立ち、我も我もと買い物をして招待券を手に入れた。昭和四十四年に双葉町体育館が出来るまでは、双葉中学校の体育館がその舞台になった。娯楽の少ない双葉町では、流行歌手の歌謡ショーなんてほとんど夢物語に近い話であった。双葉町体育館が完成してからは、浪江町出身の民謡歌手原田直之（双葉高校卒業）の民謡ショーなども人々を楽しませた。原田直之の歌う「新相馬節」に、お年寄りはこぞって涙したという。

昭和五十六年にレコーディングされ三年後に空前の大ヒットとなった「浪花節だよ人生は」を歌った中里このえ（後に二代目木村友衛となる）も双葉町体育館で歌謡ショーを行ったが、彼女は双葉町の出身だという噂がまことしやかに人の口々に上ったことがあった。双葉の山田から出たらしいという話の真偽はいまだに不明である。

当時の人々が一息付ける娯楽といえば、テレビはまだ普及していなかったので、家庭においてはもっぱらラジオの時代である。この頃、宮田輝アナウンサーの名司会によるＮＨＫテレビ・ラジオの人気番組「のど自慢素人演芸会」が双葉町で公開収録が行われた。会場となった双葉中学校の体育館は外まで黒山の人だかりとなり大いに賑わったそうである。ちなみにこの時、唄の好きな私の母は張り切って出場し、渡辺はま子の「支那の夜」を唄い、見事合格の鐘を鳴らし喝采を博したという。また、町に一軒の映画館はあって、夕方になると景気付けに拡声器で流行歌を町中に鳴り響かせた。ペギー葉山の「南国土佐を後にして」が今でも私の耳にこびり付いている。チャンバラ映画が大好きだった父に連れられて東映時代劇の大半は見ることになった。それから小さなパチンコ屋も一件だけあって、町工場へ通う人達が常連になっていたようだ。町の人々の楽しみは、年中行事や子供の学校行事、あとは自然相手の魚獲りや山菜採りぐらいのものであった。

小学校の運動会や学芸会はお年寄りも楽しみに待ちわびていた。町民運動会や大盆踊り大会などは、地区対抗の意識で盛り上がった。その時は一体どこからこんなに人が出てきたのかと思うぐらいの人で賑わった。

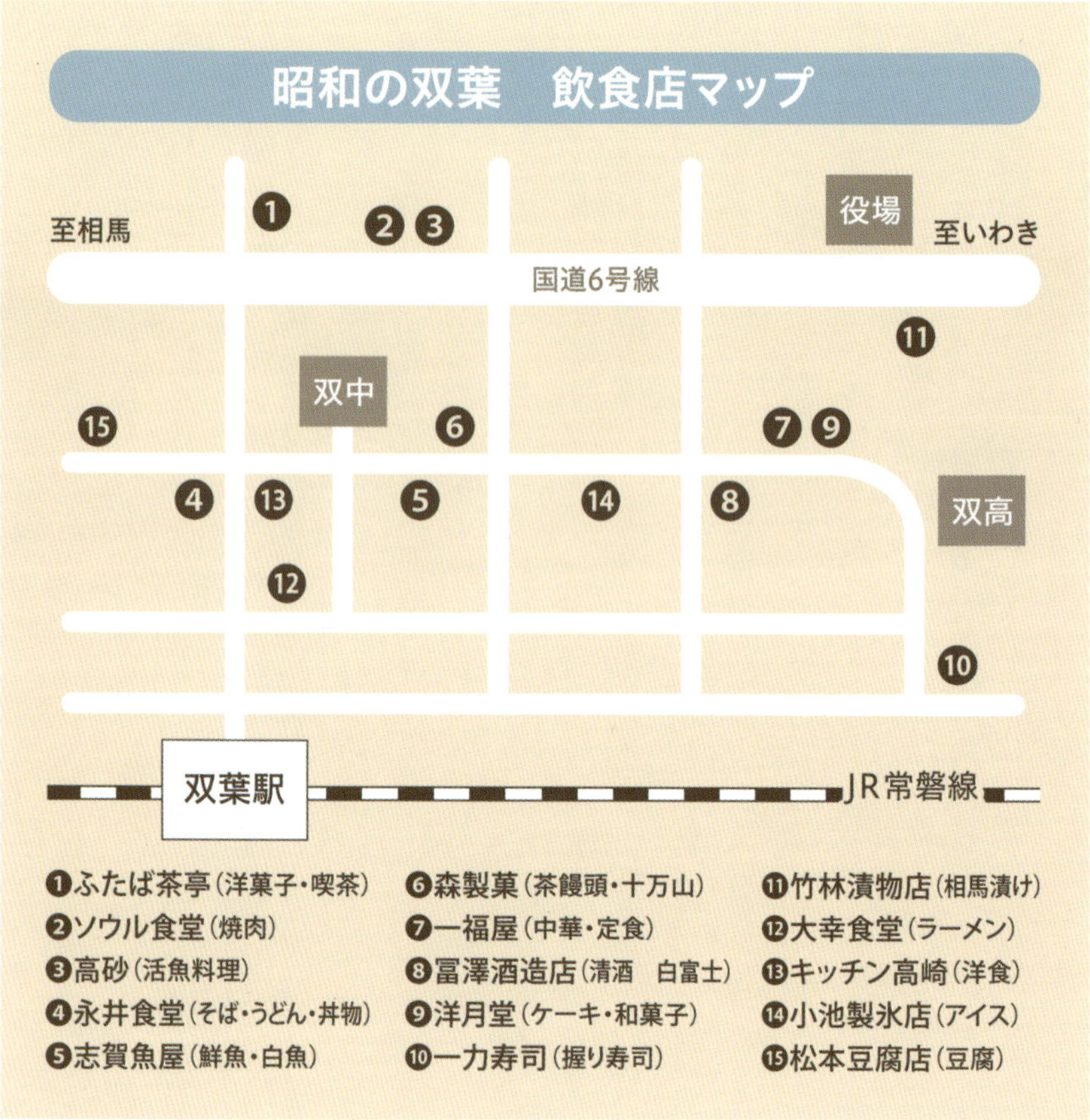

①ふたば茶亭
「マサヒロロール」という主人の名を冠したロールケーキが大人気。
②ソウル食堂
50年は続く老舗。分厚い焼肉はジューシーで旨い。国道６号線屈指の人気焼肉店だ。
⑧冨澤酒造店
300年の歴史ある老舗。甘口芳醇な地酒の魅力あふれる「白富士」を醸す。酒蔵の裏通りはいつも酒のよい香りがした。鰹の刺身をニンニク醤油で食べる際には、この「白富士」がなくては始まらない。
⑪竹林漬物店
「相馬漬け」は数あるきゅうりの漬物の中でもピカイチの旨さを誇る。パリパリした食感と昆布の効いた甘過ぎない味は最高だ。
⑫大幸食堂
双葉高校生御用達の店。特に薄味ながらコクのある醤油ラーメンが人気で遠方からも食べに来るほど。初代、２代目のおばちゃん共に気さくでやさしかった。その人柄のよさがそのままラーメンの味になっていた。チャーシュー麺も安くて旨い。

ふるさとエッセイ①

大晦日の年取り膳

大晦日といえば子供の時分には、まだ日の明るいうちに祖父といっしょに一番風呂に入った。祖父は「一年間のアカを落としてやっかんな」といって、頭のてっぺんから足のつま先までゴシゴシと丁寧に洗ってくれた。風呂から上がると、今度は爪切りだ。両手、両足の爪を丁寧に切ってくれた。それが済むと次は、それまで着ていた洋服からきちんとした着物（確か紺地に白絣だったか……）に着替えて、湯冷めをしないように炬燵に入って年取りの晩の支度が整うのを待っていた。

父はというと正月の松飾りやしめ縄作りに余念がない。母と祖母は朝から年取り膳の準備に大忙し。大晦日の年取り膳は一年で一番の豪華なご馳走なのだ。夕暮れ時になってようやく家族が皆、神棚の下に集まる。ろうそくに火を灯し、最初に父が神様に両手を合わせ今年一年の息災に感謝の意を唱え、次々に皆がそれに従って頭を下げる。子供といえども厳粛な気持ちになったのを思い出す。

その儀式が済むと日本間二つをぶち抜いた広間に、一人ひとり脚付きの会津塗りの膳が運ばれ、父の弟妹夫婦やいとこ達も加わって総勢十五～十六人での、大晦日の年取りの晩餉が始まる。

それは、普段の食事風景とは全く違って壮観で華やかなものであった。父の簡素な挨拶を機に大人達は酒を飲み、女性はハチ葡萄酒や赤玉ポートワイン、子供達にはリボンジュースや三ツ矢サイダーが振る舞われた。双葉では大晦日からはもう実質的にお正月なのである。

この日の夕食は一年中のうちで一番のご馳走が膳に並ぶ。脚付きの銘々膳に普段は使わない漆器のお椀と箸が用いられた。それは子供心にもいつもとは違う特別な日なのだということが何となく理解出来たし、幸せな気持ちになった。

大晦日の晩、一年の無事に感謝の意を唱え
神様に深く頭を下げ両手を合わせる

刺身（タコと白身魚）、ほうれん草の白和え、煮しめ、きんぴらごぼう、ナメタガレイの煮つけ、茶碗蒸し、かぶのゆず漬け、豆腐とかまぼことねぎのおつゆ、これ以外に菊のりのみぞれ酢、野菜のかき揚げなどが付いた

その一年で一番のご馳走の中身はというと、白いご飯（麦の入らない）、豆腐とかまぼことねぎのお吸い物、白身魚とタコの刺身、ナメタガレイの煮つけ、お煮しめ、具のいっぱい入った茶碗蒸し、ほうれん草の白和え、きんぴらごぼう、白菜漬けという具合でなかなかの豪華版であった。

子供の頃の私は中でも茶碗蒸しが好きだった。いろいろな具が入っていて、次は何が出てくるのかと、茶碗を突っつくのが楽しかった。具は、海老、鶏、かまぼこ、椎茸、ぎんなん、糸こんにゃく、芹と豪華であった。我が家では、特別の日にはよくこの茶碗蒸しが食膳に上った。ああ、あの茶碗蒸しの味こそが、切ないほどに懐かしい母の味なのである。もう一度あの母の茶碗蒸しが食べたいものだ……。

幸せな双葉の一家族の大晦日の夜は、賑やかに除夜の鐘が鳴る頃まで続く。年越し蕎麦が出てきて宴もようやくお終いになる。

母の作る鶏出しのきいた蕎麦は美味しくて、毎年、皆に大好評。鶏蕎麦にすっかりご満悦の皆の笑顔は「ああ、よい年取りだった」と輝いていた。

去り行く年、訪れ来る年に思いをはせ、新しい年の安息を願ってやまない大晦日。宴の終わった夜中に訪れ来る、常にない静寂には、新しい年を迎えるのにふさわしく、身のひきしまるような心地にさせられる……。

コートを着込んだ父は、除夜の鐘が聞こえる闇の中、近くの相馬妙見神社へと向かうのだ。家族の息災を願って御護摩を炊くためである。神仏への信仰が強かった父は、毎年こうして凍てつく寒さの中を出かけていった。

のちに、私が親元から離れた地に新居を建てた際には、父が「神棚に祀れ」と護摩札を送ってくれた。その時のことが今、この年になってやっと身に沁みて分かるようになった。「親というものはなんと有難いものであったか」ということが。

ふるさとエッセイ②　家の外の旨いもの

小さな田舎町の双葉とはいえ、数は少ないが旨いものを食べさせる店の一つや二つはあった。小学生の頃は、外食をすることはほとんどなかった。浪江の十日市で大室屋の支那そばか、松の屋の焼きそばを食べるぐらいのもので、外の旨いものを食べるのは、せいぜい来客の出前の寿司をお相伴するぐらいであった。

子供の私にとって最初に味わった外の味は、学校給食である。子供を大事にする双葉町は、小学校給食の導入は近隣の町や村と比べても早かった。私は一年生から給食を食べた。嬉しかったのは、まだほんのりと温もりの残ったコッペパンである。このコッペパンは町外れの**水月堂**の工場で焼かれたものだった。当時の双葉南小学校は、新山の町が見渡せるほどの小高い山の上にあり、勾配のきつい坂が毎朝通学する子供達の足腰を鍛えた。コッペパンは毎朝、大型のリアカーで運ばれたのだが急坂が最大の難所であったのはいうまでもない。おじさんが一人であえいで坂にさしかかると、大勢の子供達が「よいしょ、よいしょ」と掛け声をかけながら皆でありったけの力でリアカーを押して坂の上の校門まで頑張った。これはそのあともずっと、雨や雪の日も、暑い日や寒い日も、リアカーがトラックに替わるまで続いた。給食に出たのはこの皆で力を出し合って運び上げたコッペパンである。美味しいに決まっていた。水月堂は、その後銘菓**五十人山**を発売し人気を博した。その当時としては珍しい和洋折衷の風味でとても旨かった。

さて、小学生の頃は皆無であった外食体験の例外を一つ挙げるとすれば、**焼肉のソウル食堂**だ。それは、弾丸道路と呼ばれた新国道六号線が開通して間もなく開店したと記憶する。ホルモン焼きという聞き慣れない料理が町で大層な評判になり、父に連れていかれて初めてホルモン焼きというものを口にした。見て驚き、食べてなお驚いた。「これは一体なんだべ……」と父に確かめると「これは牛の臓物だ」というのでまた驚いた。噛みしめていると脂が口の中に溶け出し旨いと思った。またそのあとに食べた焼肉は絶品だった。当時は肉料理など滅多に食べることはなかったのでその衝撃は大きかった。

それ以降ソウル食堂の人気は衰えを知らず国道六号線沿いの屈指の繁盛店になる。そのわけは何といっても焼肉の旨さにある。分厚い切り身は他所の三倍はあろうかというほどで、ジューシーで旨かった。

中学に入ると部活は陸上部に入った。部活が終わると腹が減って家に着くまで我慢が出来なくて、途中で買い食いをした。中でも長塚の**柏崎肉屋のコロッケ**が大好きだった。ふっくらと揚がったコロッケにソースをかけてもらって、熱々を夢中で頬張った。一個五円でいつも二個買って歩きながら食べた。他にも新山の**森製菓の揚げパン**、**大福餅**もよく食べた。揚げパンは中にあんこが入っていて表面には粉砂糖がまぶしてあった。また長塚にある**伊達屋の大判焼き**は冬の楽しみであった。黒あんと白あんがあっていつもどっちにするか迷ったものだ。

夏はやはり新山の**小池製氷店のかき氷**だろう。何といってもイチゴミルクが一番だった。頭が痛くならないようにゆっくり食べるのだが、いつも決まって頭が痛くなったのは何故だろう……。

ちょうどその頃コカ・コーラなるものが流行り、恐る恐る飲んで病み付きになり、やがてホームサイズを毎日飲むようになった。

洋月堂のショートケーキも旨かったが、高嶺の花でガラスケース越しに見るだけで我慢した。あのバタークリームの味が懐かしい。

高校生になると腹が減るたびに飲食店や喫茶店にも出入りするようになった。新山の**一福屋のタンメン**にはまったことがあった。中華そばとは全然違うコクのある味はそれまでに食べたことがなかったからだ。また小腹がすいた時にお世話になったのが長塚の**永井食堂のかけうどん**である。薬味の刻みねぎだけの素うどんだが、しこしことして旨かった。値段は安くて確か一杯四十円だった。二杯食べたこともあった。

旨い寿司屋は双葉駅前にあった**一力寿司**である。高校生の分際ゆえに店に入って食べたことは一度もなかったのだが、家で来客があった時などに、出前を取ったそのお相伴で食べて、かねがね旨いと思っていた。そんな時でもなければ寿司などはとても普段は口に出来るものではなかった。青柳や赤貝などの貝類、スズキやカレイなどの白身の握りが特に旨かったのを鮮明に覚えている。

この寿司屋はその後、双葉高校の近くに移転した。新しい店は、駐車場付きの大きな店構えで繁盛していたようだが何故か他所へいってしまったという。大人になったならば堂々と店のカウンターで食べてみたいと思っていたのに残念なことである。

高校を卒業して数年後の帰省時に弟が旨いラーメン屋があるというのでいってみた。駅前の大幸食堂である。昔もあったような気がするが……と思いながらのれんをくぐると見覚えのあるオバサンの笑顔があった。私の記憶では大幸食堂はラーメン屋ではなく、あくまで食堂であった。ラーメンだけでなくうどん、そば、丼物などもやっている普通の食堂ととらえていたのだが、店内のお客さんは全員ラーメンを食べていた。それではと、ラーメンを注文した。醤油ラーメンなのだが、まずスープの色に驚いた。かなり薄めの色だがひと口飲んでみると味はしっかりしてコクもある。次に麺にスープをよく絡ませて啜ってみて「旨い」と思った。スープは鶏ガラの旨味がしっかり出ていて、麺もコシがあって感心した。その後、大幸食堂は息子さんの奥さんが二代目を継いで店は益々繁盛、旨さを聞き付けて遠路はるばる車で食べに来る人も多いという。

後年、年老いた両親と外食を楽しんだのは**割烹高砂**である。旅館の一部を割烹店として地元の新鮮な魚介類を驚くほど安く提供していた。相変わらず外食など滅多にしない両親を連れて帰省の度に食べにいった。鰹やホッキの刺身、アイナメの煮つけなどに喜ぶ父母の顔が今でもありありと目に浮かぶ。

双葉も小さな田舎町だが都会にはない旨いものが少しはある。なかなかやるじゃないかとちょっぴり自慢したくなる味であった。

三文店《さんもんみせ》

昭和三十二〜三年の頃だろうか。母は、双葉南小学校の坂下で小さな店を切り盛りしていた。最初は、小学生相手の文房具などを細々と商いしていたが、その後、駄菓子や貸本漫画なども扱うようになった。店をやっていたのは私が、五つか六つになった小学校に上がったくらいの頃だったが、中学生になる頃にはもう辞めていたから、実質五〜六年といったところか……。

私は、昭和二十七年に母の実家のある岩手県の北のはずれの温泉のある町で生まれ、三歳までそこで過ごしたのであるが、その後、父の実家の事情で双葉町へ移ったのである。父は、養蚕教師をしていたが、その仕事も辞めざるをえなかった。田舎町ゆえに新しい仕事に就くのは容易ではなかった。そこで、実家の家を増改築して「三文店」でも開いて生活の安定を図ったものと思われる。

小商いとはいえ、文房具屋というのは、商品の数が極めて多い。

鉛筆だけでも十数種、帳面、消しゴム、ナイフ、のり、定規、コンパス、筆、墨、硯、絵の具にクレヨン、画用紙、原稿用紙、便せん、封筒、画鋲、折り紙、ペン先などと、細々としたものがまだまだたくさんあった。それらの商品を覚え、値段を覚え、きちんと陳列しなければならない。商売などしたことのない母にとって何もかもが初めてのことで、さぞかし大変だったろう。客の要望に応えて商品は、石鹸、歯磨き粉、髭剃り、ローソク、マッチ、ゴム紐、木綿糸などの雑貨類にまで及び、さらに増えたが、忙しさの割に利益は思うようには増えなかった。私もそうであったように当時の子供はあまり勉強をしなかったので文房具の割合を減らして、問屋の勧めもあり駄菓子を置くことになったが、そのせいで商品の数は多くなり母はさらに忙しくなった。商品管理から仕入れまで、そして夜は売上金の勘定と、てんてこ舞いであった。ちょうど弟が生まれて間がなかったので子育てだけでも大変な時であったのに。

店の駄菓子コーナーには、まさに子供向けの怪しげで珍妙な昭和の駄菓子類が並べられていた。カバヤのチョコ、コリスのオレンジガム、ビニール袋に入った毒々しい原色のジュース、シガレットチョコ、原色のセロファンに包まれたラムネ菓子、酢イカ、パサついたカステラ、アルファベットの形をしたビスケット、ニッキ棒。さらには試験管のような容器に詰められた甘酸っぱい変な食べもの、貝殻に入った真っ赤な色をした甘い味のもの……など得体の知れない気味の悪いものがあったが、得てして子供はこういうものが好きなのだ。きっと人口甘味料、着色料、香料などの添加物のオンパレードであったに違いない。また黒飴、茶玉、イチゴ飴、ハッカ飴、なめていると色が変わる「変わり玉」などの飴類や黄粉棒、茶通、あんドーナツ、クリ饅頭、ゴムに入った玉羊羹などの和菓子類はまともなものといえよう。

そしてまた子供が夢中になった「赤モノ」と呼ばれた「くじ」の類もあった。特賞は豪華でハズレは「スカ」。紙のくじから、ひもを引っ張るくじ、なめるクジなどいろいろあった。お菓子以外のものも数多く扱った。男の子を夢中にさせたベーゴマ、メンコ、ビー玉、紙管ピストル、日光写真。女の子向けには、おはじき、ビーズ、カラーチェーンリング、塗り絵など。高学年にはゴム動力でプロペラを回して飛ばす模型ヒコーキが人気だった。何故か日産プリンスの「パブリカ」「セドリック」など人気車種の名が付いていた。

母の狭い店はいつも子供達でいっぱいだった。お正月は、凧や羽子板、駒、かるたなどの定番商品がよく売れた。正月の二日は初売りでお年玉をもらった子供達でごった返した。夏にはアイスキャンディーも置いた。アイスキャンディーは電気冷凍庫ではなく魔法瓶を大きくしたようなアイスボックスに入れて氷で冷やしていた。氷はどのくらいの時間溶けずに持ったのか。氷が溶けてしまう前に売り切らねばならなかったので売れない時は気が気ではなかっただろう。

また夏は花火類もよく売れた。陽が暮れると浴衣掛けの子供などがあちこちで花火に火を点けて楽しんでいた。男の子らは鼠花火や蛇玉が、女の子らには線香花火が好まれた。

四季折々に子供達の夢を詰め込んだ駄菓子屋は魔法の家みたいな存在であった。母が駄菓子屋を始めてからの幼い私の人生は激変した。子供の夢中になるものばかりに毎日囲まれて過ごすわけだから……。

最初の頃は、刺激が強過ぎて夜も眠れないほどであった。また同級生達には随分と羨ましがられもした。

しかし極め付けはそれからであった。それは小学校四年の時か、訪れた新しい波は私にとっては強烈であった。母の小さな店にやってきたのは移動巡回の「貸本漫画」であった。それまでに全く見たこともない単行本の漫画が百冊ほど専用の書架に入ってやってきたのだ。

当時の私は、御多分にもれずに漫画少年であった。月刊誌の『少年画報』『少年』『ぼくら』や、そして昭和三十四年に創刊された週刊『少年サンデー』に夢中になって同級生と貸し借りをして楽しんでいた。

双葉町には貸本屋が一軒あったがあまり馴染みではなかったので、それまで貸本漫画には全く縁がなかった。

昭和二十六年に大阪で創刊された貸本専用の「日の丸文庫」は、日本中の青少年の心をつかんだ。娯楽の少ない時代、安価で若者が楽しめたのが貸本漫画である。週刊誌に押されて全盛期を過ぎた頃に、片田舎の双葉町に遅ればせながらやってきたのであった。内容的には少年向けというよりは青年向けであり、本格的なハードボイルドの「影」シリーズなどは読み応え十分で、劇画調であった。私は初めて接した貸本漫画の世界にどっぷりとはまってしまった。何せ、我が家にあるのだから、読み放題でしかもタダなのだ。夢のような日々だった。私は毎日店番を買って出て、漫画を読みふけった。好きな漫画家は若かりし日の水島新司、山本まさはる、時代物の平田弘史などであった。貸本漫画は、ひと月ごとに新たなる百冊と入れ替わった。

そんな私の夢のような幸せな日々は一年ぐらいも続いただろうか。しかし、間もなく忙しい割に利益の薄い「三文店」の商いに母はすっかり疲れてしまい店を閉めることになった。これにはもう一つの理由があった。母は洋裁が得意で、自分の身に着ける物はたいがい自分で仕立てていた。私の洋服も幼い時から母の手によるものが多かった。それはハイカラ過ぎて、近所の子らの中で浮いていて恥ずかしかった。

しかしその出来栄えは評判を呼び、既製服のない時代であったこともあり「洋服を作って欲しい」という依頼が次から次へとあとを絶たなかった。かくして母は店を閉め、そこは新たに洋裁室へと装いを変えたのである。

ふるさとエッセイ④

武者のぼり

さわやかな新緑の風に矢車が軽やかに回り、吹き流しがたなびき鯉のぼりがたゆたう。そして武者のぼりが大空にはためく。

昭和三十三年五月、母の営む「三文店」の脇に、私の端午の節句を祝うために父と祖父が二人がかりで長い竹竿を建てて、「鯉のぼり」と「武者のぼり」を揚げてくれた。私は幼い頃身体が弱かったので、元気に育つようにとの願いを込めてのことであった。

現在は国道二八八号線となりJR常磐線に平行して通っている家の前の道は、当時は舗装されていない砂利道であった。家の後ろの「タテの山」と呼ばれた岩山が切り通されて、双葉駅から双葉高校までの通学路が開通して間もない頃で、朝夕には大勢の高校生が通った。特に朝の八時前後にはザックザックと革靴で砂利道をぞろぞろと行進するかのように歩く音がうるさいくらいであった。

それ以外の時間帯は嘘のように静かであった。あとは一時間に上下一本ずつ蒸気機関車の通過する音がした。自動車は滅多に通らなかった。近くの葉タバコの収納所へ向かう馬車が通るぐらいであって、夕方までは静まり返ってしまう。

その道の側に「鯉のぼり」は悠々と中空に身をくねらせていた。付近には家や建物はまだ少なくて、遠くからでもよく目立った。注目すべきは「武者のぼり」である。あの当時の双葉では「武者のぼり」を揚げる習慣はあまりなかったので珍しがられた。近郷近在からわざわざ見に来る人がいたくらいだ。

「武者のぼり」に描かれていたのは京の五条大橋における牛若丸と弁慶の一戦であった。この「武者のぼり」は叔父さん（父の妹婿）が私の節句祝いに描いてくれたものであった。叔父さんの書画の腕前は玄人はだしで、素人の趣味のレベルをはるかに超えるものであった。我が家では叔父さんの描いた達磨大師の掛け軸なども大切に床の間に飾られていた。叔父さんの物静かで繊細な人柄はいかにも芸術の中に生きている人のような雰囲気で、誰もが尊敬の眼差しを向けていた。

五月五日の端午の節句には我が家では必ず柏餅を作り、菖蒲湯に入ったりして祝った。端午の節句に父は朝早く自転車で出かけた。柏の葉と菖蒲をもらいに、長者原の親戚の家までいくのである。母はすでに昨夜から柏餅作りの準備を怠りない。台所の竈には火が焚かれ大きなコシキから湯気が立つ。待ちに待った柏餅がもうすぐ食べられるというのでワクワクした。お昼近くになって叔父さんと叔母さんがやってきた。叔父さんは「武者のぼり」が気になるらしく遠目に近目に、そしていろいろな角度から点検していたが、納得したらしく穏やかな表情を見せた。

「武者のぼり」の牛若丸と弁慶は風に揺らいで本当に戦っているかのように見えた。それを見ていたら頭の中に歌が聞こえてきた。

　京の五条の橋の上
大のおとこの弁慶は　長い薙刀　ふりあげて
牛若めがけて　切りかかる
牛若丸は飛び退いて　持った扇を　投げつけて
来い　来い　来いと　欄干の　上へあがって手を叩く
前や　うしろや　右左　ここと思えば　またあちら
燕のような早業に　鬼の弁慶　あやまった

私は風になびく「武者のぼり」に、いつまでも見入っていた。昼時になって、私の端午の節句を祝う宴が始まった。

「鯉のぼり」や「武者のぼり」は大人の心をも、うきうきさせるかのごとくに祖父も父も上機嫌の様子。祖父は叔父さんの人柄を特に気に入っていた。ましてや孫のために武者絵を描いてくれたことに感謝した。叔父さんも祖父に頼まれれば厭とはいえなかったのだろう。でなければ「武者のぼり」の絵などはめったに描くものではないだろう。祖父はその前にも叔父さんに無理な注文をして困らせていた。注文というのは改築して新しくなった風呂場の壁に「何かよい景色を描いていてくれ」とあるまじきことをいい出したのだ。何を勘違いしたものか。銭湯のペンキ絵じゃあるまいし……。

しかし人柄のよい叔父さんは断ることなしに引き受けたという。

叔父さんは毎週日曜日のたびに我が家の風呂場にこもって、壁にせっせと絵筆を揮ったのである。

風呂場に完成した絵は、伝統的なヨーロッパ中世の風景画を思わせるようなもので皆を驚かせた。それまでどちらかというと風呂嫌いの私は、その絵がすっかり気に入って毎日風呂に入るようになった。

その絵を眺めていると、その頃毎晩母に読み聞かせしてもらっていた「グリム童話」の世界に入り込んだような気がした。

この風呂の絵は私が高校を卒業するまでずっと眺め続けた。楽しい時も悲しい時も我が家族は、皆いろいろな思いで湯に浸かりながらこの絵を眺めたのである。

端午の節句の晩は父がもらってきた菖蒲湯を使った。菖蒲湯にはいつも祖父と入った。そして私の体を洗いながら「おめは跡取りだがら、元気で立派になんねどなぁー」といわれていた。

地酒の楽しみ

祖父も父も大酒飲みであった。

晩酌を何よりの楽しみとして、地元の酒「白富士」を愛飲した。

「白富士」は双葉町で二百年以上の歴史を誇る冨澤酒造店の醸す銘酒で、地元で獲れた米と阿武隈山地の伏流水を仕込み水に使い、米の甘味が生きたコクのある味で長年多くの人々に愛されてきた。

町のど真ん中に酒蔵があり、傍を通るとよい匂いがした。

小学生の頃は、よく酒を買いにいかされた。瓶詰の酒ではなく量り売りの樽酒で持参した空き瓶に入れてもらうのである。店の正面には大きな酒樽がでんと据えられていて、その酒樽の栓を抜くと、トクトクトクとよい音を立てて升に零れ落ち、何ともいえないよい香りが鼻をくすぐる……。今思うに、私の酒飲みとしての素地はあの時から形作られたに違いない……。「いつもおつかい偉いわね」とやさしくてきれいな店主の奥様の笑顔が今でも忘れられない。

また、帰り道に転んで酒の入った瓶を割ってしまいベソをかいて家に戻り、父に大目玉をくらった苦い思い出もある。

福島県は昔から日本酒王国で、酒処として会津がつとに有名であるが、中通り、浜通りにも個性的な蔵があり、県内合わせると六十を超える酒蔵が今もある。

浪江町には請戸の「壽」、幾世橋の「樂實《たのしみ》」、辻の「天王山《てんのうざん》」が競い合っていた。浜通りの水はどちらかというと硬水の部類に入るが深い味わいがあり、酒はやや甘口で芳醇、力強く如何にも酒らしい酒というタイプである。新鮮な海の魚介類との相性は抜群で、地元の人には、常温の「冷や」が好まれた。この常温の「冷や」は鰹の刺身やカスベの煮つけ、アンコウのとも和えなどの地元の濃い味付けの料理と、ことのほかよく合うのだ。

父の勤め先は浪江町だったので「壽」や「樂實」「天王山」を飲む機会が多かったようだが、家での晩酌はもっぱら「白富士」だった。

父の口利きで高校一年の春休みに酒蔵でアルバイトをしたことがあった。自転車で浪江の辻にある「天王山」の酒蔵へ通った。そこでは酒瓶の洗浄、商標のラベル貼りをした。時には酒をトラックで運ぶ助士を務めたりもした。酒蔵はひんやりとして薄暗く、酒の匂いに満ちていた。仕事は楽しく三週間も通ったか。稼いだお金で憧れのステレオを買う足しにした。このアルバイトによって私の酒飲みの素地は随分固まった。酒の味を覚えるのにさほどの手間はかからず、その後すぐに興味半分で台所の戸棚にあった酒の味見をして、その美味しさに目覚めた。ひと口飲んで「旨い」と思ったのである。隠れて友達数人と酒の回し飲みなどをして目を回したりした。

どうにか生活の落ち着いた昭和四十年代、父の晩酌は帰宅早々夕方の五時過ぎにはもう始まっていた。酒飲みとはせっかちなもので、飲み始めに何かアテがないと気が済まない。夕飯の支度の合間に、母は父のためにサッと手早く簡単な酒の肴を用意した。それは刻んだねぎとチクワを味噌で和えてかつお節をかけたもの、長芋の千切り、きゅうりのドブ漬け、冷や奴などであった。冬には父は自分でスルメをストーブの上で炙ったりしていた。こんな肴でも父は充分満足して上機嫌であった。

父は原発事故で避難を余儀なくされるまで、酒といえば来客のもてなしや冠婚葬祭などでも、ただひたすらに地元の酒を愛し、他所の酒や灘や伏見の大手酒造の酒には見向きもしなかった。一度、土産に「剣菱」を買っていったことがあったが「駄目だ。俺の口には合わねえーな」とにべもなかった。

十八歳で家を出た私は、その後盆暮れに帰省した折に父といっしょに盃を傾けて「白富士」を飲むのが何よりの楽しみとなった。

昭和五十年代になると、越後の「越乃寒梅」を皮切りに地酒ブームが沸き起こり、私も東京の居酒屋で随分あちこちの地酒を飲んだものであったが、双葉に帰省して父と向かい合い、母の手料理を肴に飲む「白富士」の味に勝るものはなかった。盆正月になると、父は「白富士」を四〜五本も配達してもらって私の帰りを待っていた。

酒宴には、やがて五つ年下の弟も加わるようになり、空になる酒瓶の数も年が経るごとに増えていった。

平成二十三年の東日本大震災に伴うあの忌まわしい原発事故で、双葉町、浪江町の酒蔵も例外なく壊滅的被害を受け休業に追い込まれた。請戸の「壽」の酒蔵は、海まで数十メートルの立地ゆえに津波にさらわれて跡形もなく消えてしまった。双葉の冨澤酒造店も地震で蔵が壊滅的な被害を受け、原発の水素爆発により強制避難の憂き目にあい、三百年以上も続いた酒蔵は存亡の危機に立たされた。

しかし「壽」は事故前に福島の工業試験場に預けておいた酵母が残っていると判り、酒造業を再開する決心をした。そして日本中の蔵を回って探し、条件を満たす蔵を山形県長井市に見つけ仕込みを再開し、「壽」再生の第一歩を踏み出した。浪江の「樂實」と「天王山」は残念ながら廃業に追い込まれた。そして双葉の「白富士」は何と避難の際に蔵の冷凍庫から麹菌と酵母を持ち出していたので、会津若松市の花春酒造の酒蔵を借りてどうにか仕込み、醸造したという。この酒は「自分達は生きている」という意味を込めて「白富士　活《いき》」と名付けられた。ラベルには「復興への第一歩」「日本再盛酒白富士　活」とある。

その後、日本各地で移転先を探したが見つからず、また酒造許可の取得の困難さなどの再起を阻む壁が幾重にも立ちふさがった。

しかし、平成二十四年に偶然アメリカのシアトルを訪れた社長の長女真理氏の心に「いっそここで酒造りをしたらどうか」という考えがよぎった。調べてみるとシアトルの気候、水、自然が多いところが酒造りに適していた。特に気温は東北の冬に似ていて寒仕込みに最適であることが判明した。そしてついにシアトルでの酒蔵建設を決断した。

真理氏は「ぜひ、このシアトルで三百年の伝統を続けていきたいと思っております。シアトルの地酒になれるように頑張りますのでどうぞよろしくお願いいたします」と語っている。シアトルの「白富士」は一体どんな味がするのか楽しみである。

台　所

小学校へ上がる前は、一階の奥まった部屋で親子三人川の字に寝ていた。朝になると、いつも廊下伝いに、台所から聞こえてくる母の包丁の音で目が覚めた。

トントントントントン、トントントントンという小気味よいリズムが夢うつつに耳に入ってきた。和包丁が俎板を打つ音はとてもよい響きがするものである。特に菜切り包丁でイチョウの木の俎板を打つ音は、柔らかい響きで心を和ませる。布団の中でじっと聞き入っているとまた寝入ってしまいそうになったものだ。やがて、味噌汁の煮える旨そうな匂いが漂ってくる。卵を焼くジュッという音がしたと思ったら「ご飯だよぉ」と母のかん高い声が家中に響き渡る。

昭和三十年代、私が過ごした双葉の家の台所は土間であった。土間といってもコンクリートが打ってあったが。当時の燃料は炭、薪である。普段の煮炊きは七輪で、飯炊き専用には蒸し竈、そしてもち米を蒸したりする大人数用の大きめの竈が二基、その隣には風呂の焚き口が並んでいて、煙突に繋がっていた。

水は井戸水で、台所の中の流し台の脇に手押しポンプがあった。その手押しポンプからは長いブリキの管が風呂場まで伸びていて、風呂に水を供給していた。小学校の中学年になると、風呂の水汲みと湯沸かしは私の仕事になった。毎日夕方になると、ガッチャンガッチャンとひたすらポンプを押して水を汲み上げ薪を燃やして湯を沸かした。

母の台所仕事は、まず炭を熾すことから始まる。蒸し竈でご飯を炊き、七輪で煮炊きものをし、網で魚を焼いた。蒸し竈というのは、飯炊き専用の竈で、これで炊いたご飯はすこぶる旨い。蒸し竈は、炭で羽釜を加熱して米を炊き、吹いてきたら十〜十五分くらい蒸らすのだ。蒸し竈は、遠赤外線の効果に加え、熱が全方向からまんべんなく当たってふっくらとした旨いご飯が炊き上がる。

ご飯を炊く羽釜にしても、煮炊きものをする鍋類は土鍋も含めて全て丸底であった。丸底は、対流がおこり具材に出し汁の味が均等に入り、材料自体の味が引き立ち美味しくなる。竈や七輪、五徳などはいずれも丸底鍋が安定する構造になっている。

昔は丸底鍋、かつお節削り器、出刃包丁の三点セットは和食作りには不可欠のものとしてどこの家にも備わっていたが、最近ではほとんどの家庭から姿を消しつつあるようだ。

我が家の台所は、北側に面しており、冬は寒くて底冷えがしたが、夏は東側の窓を開けると涼しくて快適だった。台所の土間は、そこでいつも杵と臼を用いて餅を搗いたり、味噌作りをしていたぐらいで広いスペースであった。土間から上がったところは床になっており、出来上がった料理はそこに並べられた。

しかし、ここで食事をするということはなく、出来上がった料理は次の間に運んで食べた。炊き上がったご飯はお櫃に移し、味噌汁は鍋ごと運んだ。おかずも漬物も食器も家族分皆運んだ。そして食事は全員揃って「いただきます」といってから始め、食事中は必ず正座であった。おかずへの不平は一切許されなかった。

母は、毎日の食事はもとより、父の弁当、来客のもてなしのご馳走から正月やお盆の料理、節句のお菓子類、そして冠婚葬祭の食事までありとあらゆる食べものをこの台所で誂えた。

母はモノを大事にする質だったので、古い台所道具や食器、お膳、冠婚葬祭の時だけ使う大きな鍋などをキチンとしまっておいたが、それらはどうなったのだろうか。

母は、病気で倒れる寸前まで、古い卸し金やすりこ木棒、鉄のフライパン、丼鉢などを使い続けたのだった……。

その後この台所も、少しずつ近代化の波を受けて進化した。

それは、新しいもの好きの父のせいもあって、新しく出回り始めたものはどこの家よりも早く導入に至った。そんなに金回りがよいはずはないのだから、おそらくは月賦にでも頼ったに違いない。あの時代「三種の神器」といわれて庶民が憧れたテレビ、洗濯機、冷蔵庫などには、いち早く父は飛び付いた。家の経済を考えると母は、一概に喜ぶわけにもいかず当惑したという。しかしその中に、父の意向にかかわらずに母がこだわって買った数少ないものの一つとして「天火」があった。これは、母の購読していた婦人雑誌のクッキーやスポンジケーキを見た私が、「どうしても食べたいから作ってよ」と駄々をこねたためである。それは「天火」でなければ作れないものであったので、しょうがなく母は婦人雑誌の通信販売を申し込んだのであった。その「天火」は七輪の上にのせて温めるというものであったので火力が弱くてどうにもうまく焼けなかったようだが、出来上がった菓子を私は、天にも昇るような心地で喜んで食べた。

その後、台所は七輪が石油コンロになり、手押しポンプは水道になった。飯炊き用の蒸し竈はガス炊飯器になり、やがてガス湯沸かし器が付き、冷蔵庫が入ると、それにつれて母の家事労働も随分と楽になったであろう。

その台所がその姿を決定的に変えたのは昭和五十二年のことである。

古い家を取り壊して建て替えたからである。父は張り切って、自ら毎夜鉛筆をなめながら設計図を引いた。木材にもこだわり、母の妹の嫁ぎ先の下北半島まで出かけて青森ヒバを調達して自分の思うような家を目指した。出来上がったのは夫婦二人が暮らし易いこじんまりとした陽当たりのよい和風の家であった。

台所は床張りになり、流し台は大きな収納スペースの付いたステンレス製で、当時としては最新流行の物を入れた。石油コンロはガスコンロになり、食卓はテーブルと椅子の形式に変わった。

台所は、時の移り変わりと共に、そして生活の変化と共に姿を変えてきた。私はこの台所で母の拵える料理を食べ、家族と食卓を囲んで喜怒哀楽を共にしてきた。

父母《ちちはは》も亡くなり、私の家族の歴史は広い世の中からみれば平凡でちっぽけなものでしかない。祖父の代から数えてみてもせいぜい一世紀ぐらいのものである。ほどなく全ての人の記憶から消し去られることになるだろう……。

原発事故からかれこれ七年以上になる平成三十年七月、双葉町役場から委託された業者よりこの家の解体についての意志確認の連絡が私の元に届いた。この家は双葉町特定復興拠点のエリア内に入っているために解体を余儀なくされている。家族の思い出いっぱいのこの家が解体されるというのは何とも忍びないが、周辺のほとんどの家は解体に同意したという。

ふるさとエッセイ⑦　野山の味

齢六十を過ぎてからというもの、子供時分に遊んだふるさとの情景が懐かしく頭の中をよぎってならぬ。野や山で、池や川で、そして河口や海で遊んだ思い出が鮮やかによみがえってくる。

むせかえるような山の木々の匂い、強い草いきれと土の匂い、川辺の水の匂い、そして海辺の潮の香り……。草木虫魚の営みに囲まれて遊び自然の放つ濃密な空気の中で過ごした日々。それは私の人生にとってのささやかな宝物である。

幼少の頃の私は、ひ弱でいささか心許ないところの多い子供であったが、小学校に入った頃から少しずつ元気になり、次第に活発になった。小学校へ上がってからは、友達が増えて行動範囲もグッと広がった。私が住んでいたのは双葉の新山という町内《まちうち》だが、小学校に上がってからは私の知らない遠くの在所から来た大勢の同級生に囲まれ親しくなった。在所の子供達の大半は農家であり、皆同じように坊主頭をしていた。私はそんな新しい友達に誘われてその子達の家へ遊びにいくようになったのである。

そのために、父は自転車を買ってくれた。どこからか中古の子供用の自転車を調達してきて、乗れるようになるまで毎日、自転車乗りの稽古をしてくれた。父の特訓の甲斐があってどうにか乗れるようになった。それからというもの、方々へ自転車で遊びに出かけ、行動範囲は瞬く間に広がった。

在所の友達の家へいくとその大きな藁葺きの屋根や広い土間、囲炉裏の自在鉤などに驚いた。そして裏へ回ると馬や牛、ヤギなどの動物がいて楽しかった。生活環境ばかりでなく子供の遊びの違いにも戸惑った。それまでの私が経験したことのない遊びばかりだった。高い木に登ったり、太い蔓にぶら下がって空中を移動したりする遊びに度肝を抜いた。山や川や池が遊び場で、小さい子も女の子も逞しかった。そして遠く町場から遊びに来た私に親切にしてくれた。見るもの、聞くもの珍しいことばかりで夢中になって遊んだ。

それまでにあまり食べたことのなかった野山の味に慣れ親しんだのはまさに、この頃からのことであった。

友達の家へ遊びにいって覚えた野山の味はいろいろあった。

まずは、イチゴ類である。桑の実を桑イチゴと呼んで親しんだ。

あの当時は、養蚕をしている農家が多く、あちこちに桑畑が散在していた。郡山のS君の家でも蚕棚があって、蚕さまが桑の葉をむしゃむしゃと食べるのが面白くていつまでも見入っていたものだ。

桑の木は、切っても切ってもまた生えてきて、また木になるというところから「桑」と名付けられたというぐらい強く逞しい木である。

桑は春に淡黄色の花を咲かせ初夏には赤い実を付ける。熟すにつれて白から赤へ、そして赤黒く色が変化する。甘酸っぱい実が熟すと甘くて旨くなる。口の周りを紫色に染めて桑イチゴを頬張り、手当たり次第に夢中で食べた。在所の子らは高い桑の木によじ登って、手の届く限りの桑の実をいとも簡単に採っていた。

また黄色の木イチゴも人気があった。枝にはトゲがあったのでバライチゴと呼んでいた。春から夏にかけて白い小花が咲き、黄色の実を付ける。この木イチゴも桑の実と同じように小さな粒が集まって一つの果実となっている。水沢のTちゃんに「今日はバライヂゴを採っしゃいくべ」と誘われて喜び勇んで出かけたものだ。トゲで手が擦り傷だらけになったが平気だった。木イチゴは甘酸っぱくてジューシーで桑の実よりも好きだった。その後、Tちゃんの家には度々遊びにいった。大きな農家で立派な神棚と囲炉裏があった。Tちゃんのお爺さんは、「よく遊びに来たなぁー」とニコニコ顔で私を迎えてくれて、囲炉裏の灰の中でじゃがいもやクリを焼いてくれた。熱々の焼き立てのじゃがいもに塩を付けて食べた。ホクホクとしてやさしい味がした。

囲炉裏端は、上座を「ヨコザ」といって一家の主が座るところ、ヨコザの左右の席は、家の入口に近い方を「キャクザ」といい、私はそこへ座らされた。キャクザの反対側は「カカザ」といい、母ちゃんが座るところと決まっているとTちゃんが教えてくれた。

山田のY君からは「ハタンキョウを食いさ来い」と誘われた。三メートルくらいの木にスモモに似た先が尖ったハタンキョウがいっぱいなっていた。大型の熟した実の表面には白っぽい粉がふいたようになっていて、齧ると甘くて上品な味がした。Y君は帰りがけにその実をたくさん捥いでお土産にくれた。また庭の隅には、スグリやグミの木もあり、捥いで食べた。それも初めて味わうもので感心した。農家の広い庭先には柿の木がたくさんあって、それは百目柿といって干し柿にするという。「うめえ甘柿の木もあっから秋になったら食いさ来い」と誘われて嬉しくなった。

石熊のI君から「アケビは最高にうめえど」と聞かされて秋晴れの日曜日に遠くの石熊まで出かけた。それまでにアケビの旨さについては母によく聞かされてはいたものの食べたことも見たこともなかった。期待に胸を膨らませながらI君の案内で山へ入った。見上げた木の枝に絡まった蔓には、パックリと口を開けた薄紫色のアケビがたくさんぶら下がっていた。「これがアケビか」と初めてお目にかかるアケビに興奮し感動した。白い果肉には黒い種がびっしりと詰まっていた。かぶりつくと甘さが口の中に弾けた。

私は種を吐き出しながらせっせと果肉を貪り食った。母に聞かされていた通りの味がした。他にも「シイの実採りやっぺ」と前田のA君に誘われた。神社の境内のシイの木の下に実がいっぱい落ちているというので二つ返事でいくことにした。シイの実はつやつやと黒光りしたどんぐりよりも小粒の実でたくさん落ちていた。A君はシイの実を齧って中の白い種を食べているので、私も真似してやってみた。渋みがあるがほのかな甘味のある不思議な味がした。ズボンの両方のポケットと帽子いっぱいにシイの実を拾って家へ持ち帰った。「あいやぁ、ほんなもの拾ってきて」と母はあきれたが、「シイの実は生で食うと腹こわすよ」といってフライパンで煎ってくれた。弱火でじっくりと煎ったので待ち遠しいぐらい時間がかかった。「熱いうちに食った方が旨いんだよ」といわれて煎り立てを口にすると、香ばしくて生よりもずっと旨くてびっくりした。

今から十数年ほど前の帰省の折に、桑の木のそばにいってみた。おびただしいほどの桑の実があたり一面に落ちていた。今時は桑の実を食べる子供なんか誰もいないのだなと思い、少し寂しい思いがした。

ふるさとエッセイ⑧　弁　当

昭和四十年四月、私は中学生になると、給食がないので弁当を持っていくことになった。母はこの機にと、その頃に流行り出した「ブック形弁当箱」を買ってきた。

学生服、白い肩掛けカバン、ズック靴と何から何まで真新しいものを身に着けて、おまけに弁当箱まで新しくなったので、それまでの小学生とは随分違って、何だか大人になった気分がした。その「ブック形弁当箱」はまさに本のようにカバンにピッタリと納まってとても気に入った。お昼の時間に弁当を開けるのが楽しみになった。もちろん中のおかずも楽しみだったのはいうまでもない。この弁当箱とは以後、高校を卒業するまでの六年間付き合うことになる。この六年間には、様々な思い出があるが、今目を瞑ると、それらの思い出と共にありありと瞼に浮かぶのはあの母の弁当だ。

母は、毎日、父の弁当と私の弁当を拵えた。

○大好きな卵焼きは、三種類あって日によって変わった。砂糖入りの甘いもの、ねぎ入りの醤油味のもの、ひき肉入りの炒り卵、そして茹で卵などである。

○魚は、塩鮭、マグロのもろみ漬け、アイナメの味噌漬け、鰹の焼きつけなど。

○肉は、豚小間と玉ねぎの炒めもの、ピーマンの肉詰め焼き、豚小間と玉ねぎ・白菜の甘辛煮、豚小間とキャベツのソース炒めなど肉のおかずというよりは野菜のおかずといった方がよいぐらい肉の量は少なかったが、昭和四十四〜五年頃になると豚の生姜焼きやトンカツ、鶏のから揚げなどが入るようになって豪勢になった感じがした。

○野菜のおかずとしては、菜っぱ類のおひたし、きんぴら、ごま和え、煮しめ、かき揚げなど前の晩の残りものが多かった。またキャベツとチクワの炒め煮、夏場は、きゅうりやトマトのマヨネーズかけであった。

○市販のものとしては魚肉ソーセージやウィンナーソーセージ、さんまの蒲焼の缶詰、ピーナッツ味噌、マグロの角煮などだった。

私と父の弁当の中身は、毎日のことゆえに飽きさせないようにと母は随分と神経を配ったに違いない。父と私の二人分を作るわけだが、父の好物と私の好物をそれぞれに散りばめてくれた。魚の好きな父は、前の晩の残りものの魚で十分満足したらしいが私はそれを嫌がった。例えばイカや魚の煮つけなどは、弁当には嫌だった。それに好き嫌いもあった。私の苦手なものは、椎茸の煮物、ふき、ミョウガ、ウドなど香りの強い食べ物が駄目であった。それが大人になるにつれてむしろ好物となったのだから不思議である。

母は、洋裁をしていたために洋裁の雑誌を取っていた。その雑誌には毎回料理の記事がのっており、随分と参考にしていたようだ。その代表例が「ピーマンの肉詰め」であった。初めて弁当に入った時は戸惑ったが、食べて旨かったので気に入った。

学校で同級生達に「そのおかずは何だ?」とジロジロ見られた。それ以降、新しいおかずが度々入るようになった。たぶん「鶏のから揚げ」が入ったのは、双葉では私の弁当が一番早かったのではないか。「マカロニのケチャップ炒め」なども同級生に珍しがられたおかずといえよう。

中学からは、クラブ活動というのが始まり、私は迷った挙句に陸上部に入ろうと思った。それというのも、東京オリンピックのアベベ選手や円谷幸吉選手の影響を受けて、小六の頃から走ることが大好きになったからである。家に帰って母に話すと、心配そうな顔をして「陸上部は止めとけ」といわれた。

私は幼少時から身体がひ弱で病弱な子供であったから母は反対したのだろう。というのも私は、当時としては極めて稀な帝王切開の手術により難産の末に超未熟児で生まれたからだった。母子共に危険な状態で、父や親兄弟が呼ばれ、病室の外で皆で泣いたというぐらいで、生まれた時の顔は湯飲み茶碗くらいしかなかったという。祖母による懸命の看護でどうにか普通の子供ぐらいにはなったのであるが、頑健にはほど遠かった。

しかし陸上部は父にも反対されたが押し切って入部した。

おりしも、昭和四十一年には、弾丸道路と呼び声の高かった新国道六号線が開通した。高速道路でもないのに弾丸道路とはまた随分大げさな物言いであるが「自動車が鉄砲の弾ぐれぇ早く走れる道路が出来る」と当時は大騒ぎだったのだ。町中を通っていた国道六号線に沿った東側の山や丘を崩し、谷を埋めてコンクリートで舗装された新国道が完成した。大田舎町のことである。新しい道路が出来ても車はめったに通らなかった。旧双葉中学校から弾丸道路を南へと進み、大熊町の三角屋まで走るのが陸上部の格好のロード練習のコースとなった。それからは、秋の中学駅伝大会を目指して毎日ひたすら汗を流した。

そんな私の健康を考えて母の弁当はさらにバージョンアップした。前日の残り物は、鳴りを潜め肉のおかずが増えた。中でも「豚肉と玉ねぎのカレー炒め」「肉豆腐」などが嬉しかった。真夏の激しい練習にもへこたれなかったのは、母の弁当に負うところが大きかったと今更ながらにして思うのである。

母の弁当で思い出深いのは、「いなり寿司と海苔巻き」である。これは、小学校の遠足と運動会、学芸会の定番であったが、高校生の頃に、母は何の行事もない普段の日の弁当にこれを度々拵えたのである。朝早くに、油あげやかんぴょうを煮て、寿司飯を作り……と手間暇かけて面倒を厭わない。高校生といえども、まだまだ子供、母は私が弁当箱を開けてびっくりし、喜ぶのを知っていたからに違いない。あの時、私は確かに嬉しくて、とくと味わって食べた。

ふるさとエッセイ⑨

あの日あの声

その声は幼い頃からずっと私の耳に届いていた。

春はそよ風と柔らかな草の匂いと共に、夏は蝉の声と涼しい風にのって私の元へ届けられた。秋は金木犀の香りと共に、冬は冷たい木枯らしに舞う枯葉と共に炬燵で温まる私の耳元をくすぐった。

一年中ほとんど休むことなくその声は聞こえてきた。

その声とは私の育った家の近くの双葉高校のグラウンドから発せられた硬式野球部の部員達の練習をしている声である。それはランニングする時のかけ声であったり、キャッチボールやノックの時の声であったりしたのであろう。また練習試合の時などは大勢の町の人達が観戦し応援した。きっとそんな声も混じっていたに違いない。

双葉高校は私の母校であるが硬式野球部は特別の存在であった。古い歴史と伝統があり生徒のみならず、町の誇りであり希望の星でもあった。

入学早々に応援団の厳しい洗礼を受けて驚いたのは私だけではないだろう。校歌と応援歌をかなりの威圧をもってビシビシと叩き込まれたお蔭ですぐに覚えて、今でも歌える。

小中高と仲がよかったN君は運動神経が抜群で中学時代から野球部で活躍しており、双葉高校に進学してからも硬式野球部に入り、二年生からレギュラーとして頑張っていた。夏の甲子園大会の県予選には全生徒が応援にいった。しかし三回戦で強豪の平工業高校と対戦し、N君は見事なヒットを打ったが弱敗した。

その時の昼飯の弁当の包みを開けるとおむすびが三つときゅうりの一本漬け、茹でたとうみぎが二本入っていた。試合に負けた悔しさからかとうみぎをムキになってかぶりついた。やけに塩辛かったのを覚えている。

双葉高校はそれまで東北大会の決勝、準決勝まで進みながら甲子園への出場はかなわなかった（当時は一県一校出場ではなかった）。ところがついに悲願達成の時が来た。

それは私が双葉高校を卒業した二年後、昭和四十八年の夏の大会のことであった。甲子園大会初出場の快挙であった。高校卒業以来、母校との繋がりは唯一高校野球大会の福島大会の結果を見ることであった。「双高はどうなったかな?」との思いで新聞をめくっていたのは私だけではないだろう。故郷を離れて過ごす同窓生の気持ちは皆同じであったに違いない。しかしその甲子園の初陣の結果は散々たるものであった。その年の優勝校の広島商業に十二対〇で敗れたのであった。甲子園の壁は分厚く、そして高かった。

あの日私は、青森県の恐山の湖畔で携帯ラジオの実況中継放送に聞き入っていた。試合終了のサイレンと同時に涙が流れて止まなかった。夏が来るたびにあの日を思い出す。

その後、双葉高校硬式野球部は二回も夏の甲子園大会に出場を果たした。時代が変わり全国的に私立高校が幅広く優秀な中学球児を集めてチーム編成をする時代であったが、我が母校は双葉郡内からの生徒だけで奮戦した。その結果、田舎の県立高校である双葉高校硬式野球部は頑張ってこの大会で見事甲子園での初勝利を飾った。昭和五十五年の甲子園大会一回戦。対川内実業高校（鹿児島県代表）戦のことである。当時私は、会社のロビーでテレビ観戦していて、三対一での甲子園初勝利を目の当たりにしたのである。会社の皆に祝ってもらって大感激であった。世の中広しといえど、母校が夏の甲子園に出場して勝利の校歌が聞けるという栄誉に浴することなど滅多にある話ではない。感無量であった。その後、平成六年には一回戦で市立和歌山商業と戦って、投手戦の末一対〇で甲子園二勝目を手中にした。夏の甲子園大会に三度出場して二勝を挙げたのはあっぱれという他はない。頼もしい後輩のおかげで素晴らしい感動を味わうことが出来たのである。

高校野球の応援というとブラスバンドの奏でる応援合戦が今や花形であるが、当時の双葉高校のブラスバンド部もかなりのレベルにあった。共に趣味の音楽バンドをしていた仲のよい友達のY君に懇願されて、私がブラ

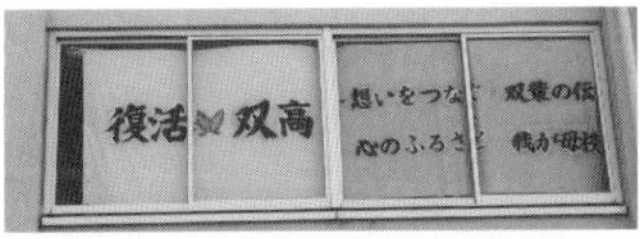

廃校になった双葉高校の２階校舎の窓に貼られた言葉には胸が締め付けられた

バンの指揮を務めたのは二年生の頃であった。硬式野球部の壮行会や県大会には及ばずながら駆け付けて懸命に指揮棒を振った。しかし、そのY君は不慮の鉄道踏切事故で突然天国へ召されてしまった。私はそのショックで数日間はご飯も喉を通らなかった。Y君の死は真夏のキラメキのような私の高校生活に終止符を打ったのである。

あれから四十年以上の歳月を隔てて、あの原発事故が起きて双葉町民は全員避難の憂き目にあい、双葉高校は県内のサテライト校四校に分散した。野球部員もバラバラに避難し、揃って練習を続けることは不可能になってしまった。かくして町内に響き渡っていた「あの声」は消えてしまったのである。しかし部員らは「もう一度野球をやろう」と互いに連絡を取り合い、逆境の中で練習を重ね、あの原発事故のあと、初めての夏の県大会予選に出場し、その初戦を勝利で飾った。彼らの思いは一つ「双葉高校硬式野球部を自分達の代で終わらせたくない」であった。その思いを胸に必死で戦った。しかし平成二十八年七月、夏の甲子園に三回も出場し、東北の古豪といわれた福島県立双葉高校の九十年以上の硬式野球部はその歴史に幕を下ろした。

原発事故のあと、双葉高校は避難先で授業を続けてきたが生徒が減り、来春の休校が決まったのである。双葉高校は平成二十九年四月から「ふたば未来学園高校」に統合された。

双葉高校としての最後の試合は三年生二人が他校との連合チームで福島大会に臨んだ。降りしきる雨の下、スタンドには大勢の野球部ＯＢや卒業生が駆け付け声援を送ったという。皆が見守る中、最後の選手達は九回表を迎えた。松本選手は三塁に進んだが、ぬかるみに滑り、塁をオーバーランしてしまった。タッチアウトで無念の試合終了となった。双葉高校の創立は大正十二年。一万七千人以上の卒業生を輩出してきた。あの日応援団に叩き込まれた校歌が胸に流れる。

　楢葉標葉のいにしえの
　名も遠きかな大八州
　その東北ここにして
　天の恵みは満ちたれり

野馬追とあんもち

高校に入学して間もなく、私は牛乳配達のアルバイトを始めた。友人のE君もO君も新聞配達をしていたので「よしそれなら俺は牛乳配達だ」と奮起したのである。しかもそれはただの配達の仕事ではなかった。新規顧客の開拓つまり営業から集金まで含まれていた。私は地図をにらみながら効率のよい配達経路を想定して営業戦略を立て家々を回った。特に未開拓地域と思われる地区を重視した。その努力の甲斐があって新規を五十件以上開拓して牛乳屋の親父を驚かせた。当然アルバイトの報酬も跳ね上がって得意になった。朝五時起きして約五十軒の家に牛乳を届けた。

真冬以外の季節の早朝は気持ちがよかった。当初は自転車を使っていたが後に自動二輪の免許を取得して、父のバイクを借りて配達した。

七月のある朝、朝靄のけぶる中に「旗指物」を背に掲げた騎馬武者の姿を目にした。それも一騎や二騎ではない。後ろにズラリと繋がっているではないか。それは双葉から相馬野馬追に出陣する騎馬武者の一団であった。これから雲雀ヶ原までいくのかと半信半疑の面持ちで見送った。鎧を身に着けた勇壮ないでたちに惚れ惚れした。

双葉郡北部の三町（浪江・双葉・大熊）は相馬中村藩支配の標葉郷に属し、かつては戦が始まるとこのように合戦に馳せ参じたのであろう。標葉郷の三町は方言、食文化まで極めて共通する点が多く面白い。今でも伝統の相馬野馬追には数十騎が参陣する習わしが続いている。相馬野馬追は毎年七月の下旬の暑さ厳しい頃に、相馬市と南相馬市で開かれる馬を使った伝統行事である。例年相馬地方の馬を中心に約五百頭が出馬する。猛暑の中で繰り広げられる戦国絵巻は熱い男達の祭りで、相馬武士の勇壮さを今に伝えている。

相馬野馬追は、相馬家の始祖といわれる平将門が下総の小金原に関八州の兵を集め、野生馬を放し、敵兵に見立てて軍事訓練をしたことに始まるといわれている。馬を追う「野馬懸け」、旗指物をなびかせながら疾走する「甲冑競馬」、打ち上げ花火に仕込んだ神旗を騎馬武者が奪い合う「神旗争奪戦」、街を鎧兜に身を包んだ騎馬武者が行進する「お行列」な

どの神事が三日間に渡り行われる。

相馬民謡で名高い「相馬流山」は相馬中村藩の軍歌といわれ、雲雀ヶ原においてはかつて相馬武士がそうしたように今も皆で斉唱される。法螺貝を合図に軍歌の合唱が厳かに始まる。

「相馬ァ流山なぁーえ（すい）
習いたかござれなぁーえ（すいーすい）
五月中の申なぁーえ、なぁーえ（すい）
あのさ、お野馬追なぁーえ（すいーすい）」

雲雀ヶ原に響き渡る五百騎を超える荒武者の野太い声は勝鬨を思わせる迫力があった。一同が調子を合わせないと音がずれてしまう。軍歌を皆で一斉に唄うのも軍事訓練の一つであった。

私が小学生の頃は相馬野馬追のために国鉄常磐線の臨時列車（もちろんＳＬ）が運行され、大勢の見物客でごったがえした。

私も父に連れられて何度も野馬追を見にいった。「お行列」も「甲冑競馬」も「神旗争奪戦」も全て父の肩車の上で見たのであるが、暑くて喉が渇いて仕方がなかった。子供の私にとって野馬追の思い出は何といっても「氷水」である。原ノ町の大通りは「お行列」のために長い長い一本道になっており、一年で一番暑い野馬追の時には、大通りの随所にある氷屋に喉が渇いた人々が殺到した。

私も父に連れられて冷たい「氷水」を口にした。練乳がたっぷりかかったミルク氷は最高だった。また松永の「アイス最中」も買ってもらい私はご機嫌だった。

祖母の実家が原ノ町にあったので父は必ず立ち寄った。そして毎度酒食のもてなしを受けるのである。ガラス鉢に盛られた冷たいソーメン、鰹の刺身、焼き茄子、きゅうりのぬか漬けなどがテーブルに並び、父は従兄弟と冷えたビールを飲み一息付いていた。私は父の一番年下の従兄弟の部屋で「七色仮面」の漫画を読んだりして遊んだ。

父は帰りに原ノ町駅の売店で家へのお土産に「ひばりあんもち」を二箱買った。「ひばりあんもち」とは、古くから市民はもとより浜通り北部一帯の人々に広く親しまれた銘菓である。相馬野馬追の行われる雲雀ヶ原からその名が付いている。我が家では祖父や祖母も原ノ町にいった際には必ず土産に買ってきた。「ひばりあんもち」は大福よりも小振りの一口サイズで生地は大福とは食感が少し違った。あっさりとして上品なあんはとても美味しくて、お茶と共にいただくとあとを引いて困ってしまうほどであった。

最近、南相馬の道の駅で冷凍の「ひばりあんもち」を見つけ懐かしさのあまり買ってしまった。しかしパッケージを見ていて「あれ?」と思った。昔のパッケージとはイメージが随分と違う。よく見ると「ひばりのあんもち」となっている。「の」が間に入っているのだ。これはいったいどういうことだろう。

その後、原ノ町の親戚に聞いたところ意外な事実が判明した。「ひばりのあんもち」は昔から親しんだ「ひばりあんもち」ではなかった。

元々のものは原ノ町駅前にあった石田屋総本店の商品であったが数年前の駅前再開発の諸々の事情で閉店し、その後、今ある「ひばりのあんもち」は新たに栄泉堂から製造販売されたものであった。名称の「ひばり」と「あんもち」の間に「の」が入ったのは石田屋総本店が商標登録を取っていなかったためであり、その名は某大手菓子会社に取得されてしまって使用出来なくなったからという。

いずれにせよ、原町銘菓である「あんもち」が復活してくれたのは嬉しい限りである。跡形もなくなってしまったら寂しいと思うのは私だけではないだろう。

「ひばりのあんもち」は丁寧に練り上げた上品な味のこし餡を薄い餅皮で包んだものである。絶妙な口当たりと小振りで愛らしいその形は、京菓子のような気品を漂わす銘菓である

ふるさとエッセイ⑪

魚肉ソーセージの光芒

昭和三十年代の食卓を眺望すると、戦後、雨後の筍のごとくに勃興した食品工業の影響を見逃すわけにはいかないであろう。

戦中戦後の厳しい食料事情を経験した一般庶民は、昭和三十年代に入ってどうにか食料の安定供給の恩恵に一息付けるようになった。

ただ空腹を満たせばよいという食事から、美味しさを楽しむ食事へ、そしてその次の段階として便利さを求める方向へと舵を切り、それはなお今日まで続いている。

小学生の頃、田舎町双葉の食料品店では、加工品の主流は、煮豆（五目豆、うぐいす豆、うずら豆など）、佃煮（昆布、コウナゴ、小海老など）、そして魚の缶詰（鮭缶、鯨の大和煮の缶詰、さんまの蒲焼缶、さばの水煮缶）であった。もう一品足りない時や朝の忙しい時に「缶詰でも開げっぺ」と相成った。中でも光彩を放ったのは「鯨の大和煮の缶詰」である。甘辛い濃い味付けの鯨肉は一種独特の味わいで熱いご飯とよく合った。缶詰の中に入っていた薄いひと切れの生姜を、弟と争っていつも先を越された。また「さんまの蒲焼缶」にも随分お世話になった。

朝食には「さばの水煮缶」にたっぷりの大根おろしをかけて食べた。缶詰はいつも台所の戸棚の隅に数種類買い置きがあって、忙しい時の母を助けたのである。

また、昭和二十八年に発売された「魚肉ソーセージ」は一世を風靡した。

本物のハムやソーセージは高級過ぎて一般庶民には高嶺の花であった。たまに安いプレスハムを食べるぐらいがせいぜいであって、そのプレスハムですら贅沢品であったのだ。そこへ安価な魚肉ソーセージが登場した。それまでの魚のすり身製品とは一味も二味も違う、腸詰の形をした日本独特の魚肉ソーセージに庶民は飛び付き大ヒット商品となった。この背景にはマグロはえ縄漁船第五福竜丸の水爆実験被災がある。市場のマグロから放射能が検出されてマグロは大暴落、そして消費者の魚離れを引き起こしたのである。処分に困った水産会社は魚肉ソーセージに加工して売り出したというわけである。

昭和30年頃の「すきやき」「のりたま」（丸美屋食品提供）

値段が安く食感も日本人好みで、セージの香りが物珍しさを誘い大ヒットに繋がった。また、常温で数か月保存が利くというのも画期的であった。その当時は一般家庭には冷蔵庫はまだまだ普及していなかったから、農村部の主婦にとっては便利な商品なのであった。

食べ方もいたって簡単、外を覆ってあるビニールをむいてそのまま丸かじりでもよいし、スライスしてすぐ食べられた。細かく切ってキャベツといっしょに炒めてもよし、とにかく、醤油をかければご飯のおかずに最適の味になる、一般庶民の強い味方でありえた。

タンパク質の不足していたあの時代、この魚肉ソーセージは日本人の栄養を下支えしたことは間違いない。紛れもない昭和の味である。

他にも昭和三十五年には子供を対象にしたふりかけ「のりたま」が発売された。子供の好きな海苔と卵が一つになったふりかけというアイデアが受けてヒットした。食べてみると子供が好むような甘い味がした。そのあと、この会社からは「すきやき」ふりかけそして「チズハムふりかけ」というユニークな商品が立て続けに発売されて子供達を喜ばせた。

これは確かにそれまでのふりかけの概念を崩すインパクトの強い商品であった。そして当時人気絶頂の漫画「エイトマン」のシールが景品に付いていたから、子供達は母親にせがんで我先にと買ってもらっていた。私が好きだったのは「すきやき」ふりかけであった。当時牛肉のすき焼きなんて食べたこともなかったし見たこともない。好奇心満々でご飯にかけて食べてみると甘辛くて、何やら香ばしい味がしてすっかり気に入った。そして「チズハムふりかけ」はパンにかけるふりかけという触れ込みが面白かったが、残念ながら当時我が家ではパン食は皆無であった。

日本人の誰もが大好きなライスカレーは即席カレーが発売されて完全に国民食になったといえるだろう。ライスカレーは戦前から家庭料理として定着していたが、昭和二十五年ぐらいまでにカレー各社から即席のカレールウが出揃って家庭料理に不動の地位を築いた。当時、肉を使う唯一の洋食メニューであったが野菜がたっぷりと入って栄養満点の料理であり、異国の味がする誰もが好むエキゾチックな料理であった。

インスタント食品はその便利さゆえに、日本の食卓に大きなウエイトを占めるようになり、それは時代と共にますますエスカレートしていった。そして新しい調理家電製品の登場も見逃すわけにはいかない。昭和三十年に東芝から日本初の電気釜が発売され、主婦のライフスタイルを根底から変えることになった。そのちょうど十年後の昭和四十年には松下電器、昭和四十一年にシャープから相次いで家庭用電子レンジが発売された。ついに家庭でも炎や熱を使わずに調理する時代に突入し「チンする」は時の流行語にもなった。

昭和五十一年には「早い、安い、温い」を売り出し文句に「ほっかほか弁当」が登場し、便利さを喜ぶ主婦の支持を得て「中食」の先がけとなった。そして便利さの追求はついに流通にも及ぶことになる。昭和四十九年に東京都江東区にコンビニエンスストア「セブンイレブン豊洲店」がセブンイレブンの第一号店としてオープンしたのだ。この流通業態はその後も参入企業が相次ぎ、本格的な「中食」時代の幕明けとなる。昭和の時代が終わる頃にはこのコンビニエンスストアのネットワークは網の目のごとく全国津々浦々に拡がり、便利なお弁当とお惣菜を主力として売り上げを伸ばし、栄華を極めている。今や家庭で料理を作らずに済む時代になってしまった。

食の記憶でたどるミニ昭和史

昭和二十年　（一九四五）「オリエンタル即席カレー」発売
昭和二十五年（一九五〇）ベルカレーより現在と同じ板状の固形ルー発売
昭和二十八年（一九五三）水産各社より「魚肉ソーセージ」発売
昭和二十九年（一九五四）『朝日新聞』によると農家の主婦の生活時間は野良仕事に六時間三十分、炊事三時間、食事一時間三十分とあった。
昭和三十年　（一九五五）東芝から日本初の電気釜（炊飯器）発売（主婦のライフスタイルを根底から変える）
昭和三十五年（一九六〇）明星食品より「明星味付ラーメン」発売
　　〃　　　　　　　　　丸美屋より「のりたま」ふりかけ発売
昭和三十八年（一九六三）兼業農家が全農家の四十％を超える
昭和三十九年（一九六四）東京オリンピック開催、ＴＶ売れる。魔法瓶量産
昭和四十二年（一九六七）立ち食いそば屋がサラリーマンに人気（企業戦士を支える）
昭和四十五年（一九七〇）大阪万博開催、米の生産調整（減反）開始。米離れ加速
昭和四十六年（一九七一）電子炊飯ジャー爆発的売れ行き（当時の値段は一万円）
昭和四十七年（一九七二）築地の中央卸売市場で鮮魚の売り上げを冷凍魚の売り上げが初めて追い抜く
昭和四十八年（一九七三）国際捕鯨委員会が南氷洋でのナガスクジラの捕獲を三年間禁止と決定する
昭和四十九年（一九七四）即席ラーメンの年間消費量（四十万食）突破、年商二千億円、国民一人が年間四十食食べた勘定
昭和五十一年（一九七六）「早い、安い、温かい」持ち帰り弁当が人気に、独身女性の社会進出やパート主婦が急増

田の畦《くろ》豆

かつて双葉の自然の織りなす風景が、最も双葉らしく輝いて精彩を放っていたのは昭和三十年代ではなかろうか。もっとも、戦後生まれの私には戦前の様子は分からないが……。田畑仕事はまだ機械化にはほど遠く、牛馬の姿も見え隠れしたのどかな双葉の田園風景は、日本の原風景そのものであった。

人々は大地を耕して懸命に働いた。五月、田植えが終わると畑の仕事が待っていた。大麦の収穫、大豆、小豆、とうみぎ、じゅうねんを植え、屋敷の周りには夏野菜を植えた。夏は夜明けと共に起き、朝靄の中で牛馬の飼い葉のために草を刈り、夕暮れの蛍の灯りが燈るまで田の草を取る田車を押し続けた。稲作で最も辛い仕事は草取りである。エネルギーの大半がこの「田の草取り」や「畦の草刈り」に消えていく。暑い夏にかけて草取りをするが、田圃の中は稲の草いきれで蒸し暑く、また育った稲の葉先が目に入ったり、細かなギザギザの形状をした葉がむき出しの肌を容赦なくひっかくのだ。また、格好も背中には日除けの蓑を背負い、頭には藁で編んだ笠を被り、手には手甲をという具合に完全防備の仕度でかからなければならない。

浜通り北部は時折「山背」と呼ばれる冷たい空気が流れ込み、冷害に見舞われることがあった。八月に入ると海風と共に山背が冷たい濃い霧を運んできて、視界不良になるぐらいあたり一面を曇らせた。とはいうものの冷害は北東北ほどの深刻な状況ではなく、ササニシキやあとにはコシヒカリなどの旨い米がたくさん獲れた。

米の豊作こそが人々の願いであった。生活の中心に稲作があり、農事歴に合わせて生活が組み立てられていたのである。米だけで全てが事足りたというわけではない。大豆の助けを借りて食生活は完結する。大豆とはすなわち味噌であり醤油であり、豆腐であった。大豆はそのままでは硬くて食べにくいために古くからいろいろな加工法が編み出された。水に浸した大豆を蒸して付き砕き、麹と塩を加えて発酵させたものが味噌である。水に浸けて軟らかくした大豆に、水を加えながら擂りつぶした呉を加熱し、搾り出来た豆乳を凝固させたものが豆腐で、豆腐を薄く切って油で揚げれば油あげとなり、豆腐を凍らせたのち、乾燥させたものが凍み豆腐となる。

「大豆は畑の肉である」といったのはオーストリアの学者ハーベルランドである。明治六年（一八七三）にウィーンで開かれた万国博覧会に日本と中国から出品された大豆の成分を分析したところ、肉に匹敵する高タンパクの植物であることが分かり、当時の西洋の人々を驚かせたのである。日本では奈良時代に仏教が入ってきた影響で肉食禁止令が発布されて以来一千二百年以上もずっと、大豆は肉に代わって米を補い日本人の栄養を支えてきたわけだ。大豆が五穀の中でも米に次ぐ位置にずっと座り続けてきたのは当然のことである。また日本料理の素材としても極めて重要なものであることに異論を唱える人は皆無であろう。

さて、双葉では昔から大豆は畑の他に、田の畦《くろ》を利用して植えられていた。黒豆でもないのにくろ豆というのは、田んぼの畦《くろ》に蒔いて育てるからでゆえに「田の畦《くろ》豆」というわけだ。豆の粒は大きくサヤ数も多く多収。豆の色は黒目が大きく全体に青みがかっている。肉質が柔らかく、煮豆に適し、仕上がりの色は少し黒ずむが味噌作りに向いている。若採りしてエダマメにするととても旨い。春、田んぼに水が引かれ、水田が春の柔らかな光によって鏡面のように光輝く頃、お百姓さんは左官の壁塗りさながら器用に、たっぷりと水を含んだ泥土で田の畦を塗り固め始める。その畦に三十センチぐらいおきに大豆を二、三粒ずつ蒔いていく。ちょうど田植えの終わる頃になると畦には大豆が発芽し、田んぼの稲を追いかけるように成長し葉を広げていく。畦の大豆は、縦横無尽に根を張り巡らし、梅雨時の長雨や台風の大水に備えて田んぼの決壊を防ぐという。秋になると稲の黄金色と、畦の大豆の緑の縁取りのコントラストが美しい。稲刈りが終わると、畦には霜にうたれて葉を落とした大豆の列だけが残り、それを引き抜くと、根には小さな粒子が数珠繋ぎになって現れる。それは大豆の枝が空気中の窒素を吸って出来たかたまりだ。大豆は空気中の窒素を土に還す役割を担っているのである。大豆は土を肥やすといわれるのはこのことであり、双葉では昔から「畑やせたら豆植えろ」との言い伝えがあったのも合点がゆく。田の畔に植えるのは「畔は水気が多いので肥料をやらなくとも立派に育つ」ともいう。しかし「畔に植えたものは年貢がかからなかった」というのが一番の理由であろう。

双葉で獲れた大豆は大半が味噌の原料となった。残りは煮豆、納豆、黄粉にして食べた。双葉でも在所の農家では自家製の納豆が作られていたが、豆腐の自家製は聞いたことがなく町に二軒あった豆腐屋で買っていたようだ。当時、豆腐は今のように日常の食品ではなく贅沢なものだった。豆腐はハレの日や行事の日の料理には欠かせないもので、お盆の冷奴はご馳走だったという。今のように普段の日に味噌汁の具に豆腐が入るのは稀だったのだ。豆腐といえば豆腐の田楽が小正月の楽しみだった。甘辛い味噌を塗った串に刺した豆腐を炉端で焼いて食べた楽しさが今でも忘れられない。この豆腐の田楽は盆踊りの夜店や町民大運動会の露店でも焼いて売られていた。双葉名物「よっちゃんイカ」とその人気を二分する懐かしい味だ。

青大豆の一種であるアオバタ豆も忘れるわけにはいかない。

アオバタ豆は他の大豆と同じく未成熟期にはエダマメとして食べられる。青みが強いので「ズンダ」にすると色鮮やかになるのでこちらを用いる人も多い。アオバタ豆は完熟しても種皮の色が緑色のままで、風味と香りまでがしっかりと残っていて実に旨い豆である。

双葉ではこの豆を塩茹でしてそのままエダマメのように食べる。また出し汁をしみ込ませた「浸し豆」として食べるのが普通だった。

正月にはどこの家でも必ず作る「アオバタ豆の数の子和え」は父の大好物でもあった。父はおせち料理の中で一番先に箸を付け、食べ始めると止まらなくなって母に呆れられた。双葉ではこのアオバタ豆はハレの日のお膳には欠かせないもので、「マメマメしく達者で暮らせるように」という縁起担ぎの意が込められていたからであろう。

ふるさとエッセイ⑬　小包

十八歳で進学のために双葉を離れ東京へ出た私は、初めての一人暮らしを始めた。四畳半一間に猫の額ほどの小さな流し台とひと口のガス台がついた台所、便所は共同という安アパートを根城に構えた。

大学受験に失敗して予備校通いという、あまり面白くもない東京暮らしの始まりである。食事は外食が主であった。ちょうど近所に独り者のサラリーマンや学生相手の安食堂があって利用していたが飽きてしまった。というのは、焼き魚といえば目刺か塩さば、生魚は色の悪いマグロのブツ、味噌汁はふやけたワカメがヒラヒラ二〜三枚浮いているだけの味が薄くてまずいものだった。私はそんな食事にうんざりして自炊をすることにした。もともと料理をするのは好きな方だったので億劫ということはなかった。そのことを手紙で母に知らせると、早速小包で米と味噌が送られてきた。当時の通信手段は急ぎの用でなければもっぱらハガキか手紙であった。要件だけをぶっきらぼうにしたためた。「自炊始めた。米送ってくれ。あとは特に変わりはなし」という具合であった。公衆電話なんて電話代が高いので滅多に使わなかった。その後は実家の母から何やかんやと小包が送られてきた。短い手紙が必ず添えられていて「身体に気を付けろ」とか「勉強ははかどっているか」とか、双葉の近況が鉛筆書きの小さな文字で綴られていた。小包には米や味噌に混じっていろいろなものが小分けに詰まっていた。干しワカメ、桃の缶詰、鮭缶、凍み餅、かりんとうなどの駄菓子まで入っていた。その後、宅急便の時代になると「アイナメの味噌漬け」や「さんまのみりん干し」そして「きゅうりのドブ漬け」など、母自慢の手作りの食品が送られてきた。今にして思うと息子可愛さの一心であったのだろう。何ともありがたいことであった。いずれも私の好物ばかりで嬉しかったが、中でも「きゅうりのドブ漬け」の味は何よりもふるさと双葉を思い起させる味で格別であった。田舎では真夏ともなれば畑には茄子やきゅうりがたくさん実り、それは浅漬けやぬか漬けやドブ漬けにされた。

ドブ漬けとはまた随分と強烈な名であまり美味しそうな感じはしないが、食べると奥が深い味がして病み付きになる。

ドブとは、暑さのために朝に漬けたものが夕方には重石からあふれる水に浮き出てくる白く泡立った乳酸菌の繁殖が、あたかも濁ったドブのように見えるのでドブ漬けといわれるようになった。

ドブ漬けの漬け方として特徴的なのは、乳酸菌の繁殖を抑えるために塩の入った沸騰水で漬け込むというところだろう。そして必ず加えるのが青唐辛子である。これによって雑菌を押さえ、また青唐辛子のピリッとした風味が味のアクセントにもなっている。ぬか漬けや酒粕漬けをドブ漬けという地方もあるらしいが、双葉ではこの「きゅうりのドブ漬け」のことのみをドブ漬けといった。

母は大きな漬物樽に一度にきゅうりを三十本くらいを漬け込んでいた。

ドブ漬けは朝漬けて夕方にはもう食べられるが、一週間ほど経つと乳酸発酵して酸味が出てきて風味が増す。ドブ漬けの大変なのは、強い塩分濃度で大量に漬け込んでおしまいという古漬けのようにはいかないところだろう。漬け足する時にはそのつど水洗いして、新しいきゅうりは一番下へ入れて、塩水もまたそのつど作って新たに入れ替えなくてはならないのだ。重石はきゅうりの三〜四倍の重さが必要となる。この作業はひと夏に何回か繰り返さなければならない。若いうちはヘッチャラだが年を取るとこれが大変な重労働になる。双葉では「ドブ漬けを漬けられるのは達者の証」といわれているのも頷ける。

母は「漬物は塩と重石が一番肝心」と常々口癖のようにいっていた。漬物石は小屋に大小ゴロゴロと転がっていた。いずれも父と私が前田川の上流で拾ってきたものだ。漬物の種類に応じてこれらの石を使い分けるのである。母は幼い頃からいろいろな漬物を漬けていただけあって、双葉の家でも季節ごとに数種類の漬物を漬けていた。やはり自分で丹精を込めて漬けた漬物の旨さは格別で、買ってきたものなど足元にも及ばないと自画自賛していた。商売人が漬けたものだからまずいということはないが、売っているものは重石から外れて時間が経つ分だけ味が落ちるわけだから無理はない。漬物はしっかりと押しの効いたものを樽から出してきてすぐに食べるところに本当の旨さがある。漬け樽から出して一時間も経ったら味が半減しかねない。漬物という以上、重石がいかに大事であるかということである。

双葉郡でも山間部の川内村では「昔きゅうり」と呼ばれるずんぐりむっくりの短いきゅうりを用いてドブ漬けを漬けるという。暑い季節になると男達はこれを丸かじりしながら酒を飲むのが習わしだという。さぞや旨いだろうな。ちなみに川内村の「昔きゅうり」のようなずんぐりむっくりした短いきゅうりは、ヨーロッパあたりでも主にピクルス専用として用いるというから面白い。

商売として売られている漬物にも旨いものがある。母もその旨さを認め、私も気に入ったのが双葉の竹林漬物店の「相馬漬け」である。私がこの「相馬漬け」を初めて食べたのはたしか昭和の終わり頃のことか。もちろん双葉に帰省した折のことである。「売っている漬物でもけっこう旨いよ」と母が出してくれたので食べてみると、まずそのパリパリとした食感に驚いた。そして昆布の旨味の効いた薄い醤油ベースの味がした。乳酸発酵の酸味もかすかに感じられ好ましい味がした。素人には出せないこなれた味である。国道六号線沿いの立派な店にいってみるとたくさんの漬物が並んでいた。「相馬漬け」は特上品の殺菌していないチルド流通のものと、殺菌した常温流通のもの、そしてやや不揃いのきゅうりを使用した徳用の大袋のものと三タイプがあった。三種類を試食してみるとやはりチルドタイプが断然旨かったが、常温タイプでも充分旨いと思えた。早速、漬物の味にうるさい大阪の知人に送ると、絶賛の評価が返ってきた。残念ながら原発事故のあと、竹林漬物店も廃業に追い込まれたのか、その消息は不明である。

母は七十五歳まで体力の続く限りと頑張ってドブ漬けを漬けていたが、その味はその後、私の妻に引き継がれている。今や妻の漬けるドブ漬けもすっかり板に付いた。夏の季節には、もうこのドブ漬けがないと飯が食べられなくなったといっても過言ではない。故郷を失いかけて沈みがちであった私の心は、妻の漬けるドブ漬けの味によってどんなに慰められていることか。

母の味の系譜

「男子厨房に入らず」の言葉通り、かつて特に戦前の日本では「男は台所に入って、食べ物にとやかく口を出すものではない」といわれた。従って台所仕事は女がするものであり、台所は女の聖域とみなされていたのである。当然ながら家庭料理の伝承は母から娘へ、そして姑から嫁へという形で行われるのが常であった。その伝えでいえば我がおふくろの味のルーツは私の二人の祖母ということになる。

母の実家は岩手県北部の二戸郡仁左平村（現二戸市）である。そして祖母の実家まで遡ると青森県の弘前ということになる。父方の祖母の実家は福島県の原ノ町市（現南相馬市）である。つまり私が幼き頃より食べた母の料理は、福島相馬の旧標葉郷（双葉）の昔ながらの田舎料理に、南部や津軽の味が加わった「おふくろの味」ということになろうか。「隣《となり》雑煮《ぞうに》」という言葉がある。雑煮というものは、多種多様で「所変われば品変わる」の典型的な例である。雑煮の中に入る餅一つ取ってさえ、まずその形が丸か角か、そしてそれを焼くか茹でるか、汁はお澄ましか味噌仕立てか、具にいたってはそのバリエーションは無限ともいえる。日本全国の雑煮はその気候、風土、歴史、特産物などによって様々に異なる顔を見せる。雑煮は「我が家」と「隣」ですらもう味が違うのである。

家庭料理の味というのも、まさに嫁をどこから迎えるかということで、その家の味に変化が起きる場合がある。昔は近在から嫁をめとることが多かったので料理に与える影響はさほどのことではなかっただろうが、現代においては極端にいえば国際結婚すら珍しくないゆえに想像をはるかに超える事例もあるようだ。

さて、母の味覚を形作った母の郷里である岩手県北部の二戸は、冬は降雪量が多く寒さの厳しい気象と、北上山系に覆われた山間部にわずかに開けた耕地のみで田んぼは極めて少なく、雑穀、果樹栽培を主とした畑作が中心のところであった。遠い昔には度重なる飢饉と闘ってきたという歴史を抱える県北は、ヒエやアワなどの雑穀が基本の時代が長く続いたという。しかし、今は健康ブームを背景にその雑穀が注目の的となり、町興しの起爆剤となっている。

その昔、私が幼少の頃に母の実家に遊んだ際に、叔父のトラックにのせられて村の人達が「町の日」と呼んでいた「市《いち》」へいった時のことがよみがえる。毎月九の付く日が二戸福岡の「市」であった。その市は、北国の町にふさわしい土の香りと心の触れ合う市で、山間の集落から遠い道のりを秋には落ち葉を、冬には雪を踏みしめ、早朝からたくさんの人々がやってきた。この日のために何日も前からためておいた卵や小豆、干し菜、野菜などを人々は背負って持ってきた。この市はそのような自家生産の農産物や加工品を売りに来る農家の人達と、各地の市を渡り歩く市専門の商売をしている業者、一般のお客さんでいっぱいになり、細長くだらだらと延びてフンドシ町といわれた福岡の町は大変な賑わいを見せていた。それは普段、物静かで寡黙な北国の人々の内に秘めたエネルギーが束の間、発露したかのごとくであった。この福岡の賑やかな市の様子は子供の頃に幾度となく母に聞かされた。どんなものが並んでいたか、何を買ってもらったか、何を買って食べたかなど目に浮かぶぐらい聞かされた。

市に並ぶ品々は季節ごとに変わり、人々の目を楽しませた。

春は野菜、草花の種、苗木類が人気の的で町場の主婦達は思いのままに花の鉢を手にした。また、春一番の山菜も皆が待ちわびた春の味であった。カンショ、ボウ菜、オコギ、フキノトウ、タラッポ、ミズ、ワラビ、コゴミ、ゼンマイ、ネマガリダケなどと季の移ろう順番に顔を見せた。夏や秋はもぎたての新鮮な野菜や果物売りがリアカーを引いて、遠くの集落からやってきた。スイカや瓜、トウモロコシやきゅうり、茄子、トマトそして種々のリンゴである。大きな竹籠にリンゴを無造作に計り入れ、気前よくさらに二つ、三つおまけにくれて客を喜ばせた。冬は年越し市となった。皆のお目当ては、八戸からやってくる魚屋だ。トラックに大衆向けの魚を山のように積んできて、テント張りの店を出した。雪にもめげずに待ち構えていた客は、我さきにと新鮮さを確かめながら年越し魚を買うのだ。叩き売りのような値の安さに人々は熱狂し、山のように積まれた魚はまたたく間に売り切れた。市にはその他に暦売り、串餅売り、布地売り、鳥越の竹細工売りなどが出た。

賑わいを見せた福岡の市は昭和三十八年以降、交通車輌増加のために国道での開催は禁止され、現在は横丁通りや国道にはみ出さない軒下や空き地などで細々と開かれているが、それでもそこには昔と変わらぬ市の和やかな雰囲気が漂い、人々の交流の場となっているという。

現代において市はその姿を少しずつ変えて、新しく出来た「道の駅」や「JA直売センター」などが人気を博している。

私が小学生の頃はほぼ毎年のように母の実家へいった。

国鉄常磐線の双葉駅で朝まだ暗き五時の始発にのり、仙台で乗り換え延々と十二時間もの間鈍行列車に揺られ、東北本線の金田一駅に着いた頃は夜の闇が待ち構えていた。母と弟の三人でいつも半月ぐらいは滞在した。母の実家は天井の高い大きな萱葺きの家で、玄関を入ると広い土間があり、その先の板の間には囲炉裏があった。

風呂場と便所は外にあり、夜の用足しは子供の私には難儀であった。

母の実家はこのあたりでは水田を多く所有している方なので、主食は昔から米であったという。味噌はいわゆる南部玉味噌で、麹の入らない大豆だけの豆味噌である。この玉味噌と納豆は自家製であった。また同じ大豆を原料とした豆腐は極めて重要な食品で種類も多い。固く、味の濃い豆腐は煮たり焼いたりするのに適している。焼き豆腐は煮しめには不可欠で、よく味を浸み込ませると実に旨い。豆腐を使った料理はハレの日には欠かせないものであった。

厳しく長い冬への備えのためか、またその昔、度重なる飢饉により大きな犠牲を払ったという歴史の教訓からか、保存食が発達した。

粉に水を加えて練ることを「こねる」というが、このあたりでは、こねものが日常の食事にもハレの日の食事にもよく作られ、その種類も多い。米以外に大豆、小麦、蕎麦、その他の雑穀を作付していたが、それは米の不作をあの手この手で補う必要があるからだ。水田の少ない山間部ではこれらの粉を使った粉食文化が発達したのも頷ける。

このすぐれた粉食文化も県北の大きな特徴といえるだろう。

その他に寒い冬の気温を利用して作る凍み豆腐、凍み大根、凍み餅。山菜、キノコの塩漬け。大根の葉っぱを干したもの、食用菊を干した菊のり、干し椎茸。野菜の味噌漬け、沢庵漬けを始めとする漬物類は、十種類を数え、樽に保存されていた。また海から離れた山間部の仁左平村では普段の魚は塩蔵ものか干物が多かった。身欠きニシンを始め、塩鮭、塩ホッケ、干しダラなどもあり、刺身で食べるのは稀にスルメイカぐらいのものか。屋敷周りには自家消費用の野菜が必ず植えられており毎日の食卓に上った。またこれも飢饉対策の教訓なのか、食べられる木の実がなる木が数種植えられていた。クルミ、サクランボ、クリ、柿などである。

岩手県の郷土料理として名高いものの一つに「ひっつみ」がある。この名の由来は「引っ摘む」という方言の「ひっつみ」といわれている。この「ひっつみ」はご飯の足りない時に主食として食べたという。冬の寒い晩などは身体が芯から温まり、特に旨い。「ひっつみ」は一見すいとんに似ているが似て非なるもので、「ひっつみ」の方が断然旨いのはいうまでもない。南部地粉を水で練り、耳たぶぐらいの柔らかさにして二時間ほど布巾をかけて寝かせておく。出しは煮干しや干しキノコで、ねぎ、人参、ごぼうなどの根菜類を入れる。「ひっつみ」となる生地を指で薄く引っ摘み、汁に入れて煮る。味付けは味噌か醤油である。かぼちゃを入れたかぼちゃひっつみ、小豆を入れた小豆ひっつみ、山キノコを入れたキノコひっつみなどがある。この「ひっつみ」の具として何を入れるかは主婦の才覚次第であり、土地で採れた魚や野菜をうまく使いこなして食卓を賑わすのが主婦の腕とされた。母は娘時代から「ひっつみ名人」といわれ、いつも家族や来客を喜ばせたという。嫁ぎ先の双葉においても「ひっつみ」をよくこしらえて好評を博した。

小麦はその他にもいろいろと工夫されて食べられた。はっとう（手打ちうどん）、まんじゅう、小麦で作った餅、せんべい（有名な南部煎餅）、生麩、焼き麩などがある。蕎麦は標高の高い痩せた土地で栽培された。蕎麦粉の食べ方も、そばねり（そばがき）、そばかっけ（蕎麦を薄く延ばして三角形に切って茹でたもの）、そしてそばはっとう（そば切り）と様々である。そばはっとうは最高のハレ食といえるもので、蕎麦粉を卵でつなぎ、念入りにこね、延ばし、手打ちそばに仕立て上げたものである。「これは手がかかり過ぎて贅沢なものだ」と南部藩でご法度（禁止）にしたのではっとうの名が付いたといわれている。また、貴重なタンパク源を確保するために鶏はどこの家でも飼われていた。卵を取り、大切なお客のもてなしに鶏をつぶすのは全国的に農家の常套手段であったといえるだろう。

さて、私達親子をもてなすために岩手の祖母は、朝から鶏をつぶして出しを取り、蕎麦粉をこねてそばはっとうの準備をした。

囲炉裏端には米の粉で作った串刺し餅が、香ばしい味噌の香りを立てて炭火に炙られていた。その晩は祖母が腕によりをかけてこさえた串刺しの味噌焼き餅と鶏肉のたっぷり入ったそばはっとうに大いに舌鼓を打った。久しぶりの故郷の味に幸せそうな母の笑顔があった。

故郷を遠く離れてことさらに懐かしく、美味しく舌に、心に、染み入るのが故郷の味というものなのであろう。

祖母は津軽のじょっぱりの血を引くだけあって芯が強く気丈な人であった。長女として生まれた母は、この祖母に幼い頃より家事全般から子守り、農作業までみっしりと仕込まれた。「今泣くか、あとで笑うかどっちがよい」「何でも出来る人間になれば困ることはそれだけ少なくなる」と鍛えられ、歯をくいしばって耐えたという。何でも手早くこなす才覚は祖母譲りであったが、相応の努力の結果でもあったわけである。祖母はことあるごとに「むがしは、手かずをとにがぐ、いっぺえかげで、うんめぇもん、こしゃあだもんだ」と語った。

祖母にとっての食事作りとは、畑に植えられたいろいろな農作物、山や川の恵みである山菜、キノコ、川魚、そして遠く沿岸部から運ばれてくる海産物の数々、それら全てを頭に入れて、一年中家族全員に不足不自由なく食べさせることであったに違いない。

食事作りには四季があり、朝、昼、晩があり、ハレとケがあった。

そして「我が家」独特の「手前味噌」や「漬物」のような個性の際立つ貯蔵・加工・調理の技術を磨く必要があった。物が豊かでない時代に「保存食」はことさら重要なものであった。

祖母にとって「食べる」ということは、日々の暮らしの中で最も大事なことととらえられていた。祖母の築き上げた食事作りの技や知恵を余すところなくそっくりと受け継いだのが母であった。幼い頃より何でもやらされた結果、知らず知らずのうちに、いつしかいろいろなことが身に付いたのである。家庭料理の伝承の理想的な姿といえよう。

その地域の食文化とまで大げさにいうつもりはないが、昔から伝えられてきた知恵や技はこのようにしてめんめんと受け継がれてきているのだろう。

福島県の浜通りの双葉町に嫁いだ母は、まずその温暖な気候に驚き、雪が降らない冬を何よりもありがたいと思ったという。そして広々と広がる稲田、豊富な野菜や果物、一年中出回る新鮮な魚介類に目を見張った。そして実家の母に鍛えられた技と受け継いだ知恵は、双葉の豊かな自然の恵みと出合って、遺憾なく日々の食事作りに発揮された。双葉の伝統的な料理や漬物をきっちりと習得したが、故郷岩手の味のＤＮＡが随所に顔を出すのは止むをえないことであった。その典型的な例が「煮しめ」であり「雑煮」であった。煮しめは代表的な日本料理で、日常の料理にもハレの日の料理にも、そして冠婚葬祭にも欠くことの出来ない重要な料理である。

数年前、母の実家の神社の例大祭で振る舞われた煮しめをひと口食べて驚いた。母の味と同じ味がしたからである。その煮しめは焼き豆腐、人参、ごぼう、干し椎茸、塩抜きしたワラビ、ふき、山キノコなどが濃い味に煮しめられていて深い味わいがした。久々の母の味に出合えて懐かしさが沁み渡り感無量であった。

正月元旦の「雑煮」も基本的には母が嫁いできて台所を預かるようになってから、岩手のスタイルに変わった。それは角の焼き餅、具材は千切りの大根、人参、ごぼう、筍と鶏肉、芹などで醤油の濃い味であった。伝統の味が嫁によって変化し、家族も皆その味を歓迎して受け入れたのであろう。往々にして人の味覚は保守的であり、変化を好まないものである。旧家のしきたりにうるさい家などはことさらにその傾向が強いものである。幸いにも我が実家は旧家でもなければ、由緒ある家柄でもないので、母の雑煮は「旨い」の一言で受け入れられた。いつもとは違う味に、好奇心をもやし興味を持つのもまた日本人の常であろう。

新しい味わいは旨ければ受け入れられるものであり、食卓を楽しいものにすることは大いにありうることなのである。少し

母キミ（28歳）と長男政彦（3歳頃）。昭和30年頃。岩手県福岡町の写真館にて

大げさにいえば、島国の日本は外来の様々な味を積極的に取り入れて豊かな食文化を築いてきたことは周知の事実でもある。

母の味のDNAは自然に双葉の味に溶け込み同化し、母はいつの間にか台所の実権を握るに至り、家族の喜ぶ料理をせっせと作って、皆の笑顔と健康を守ることに尽力したのであった

また母は、新しい時代の家庭料理にも関心を向けた。

戦後、娘時代に「これからは洋装の時代になる」と考え洋裁学校で学んだ母は、自分の身に着けるものはもとより、子供の下着からシャツ、ズボン、寝間着まで全て手作りしていた。そして創刊間もない雑誌『装苑』や『ミセス』を毎月購読した。その雑誌の料理記事を参考にしてチキンライスやコロッケ、オムレツなどを作ってくれたものであった。私は初めて味わう洋風の料理に恍惚となった。おやつにはホットケーキやドーナツも登場した。またお客様が見えた時などには、秋田の郷土料理「きりたんぽ鍋」でもてなして喜ばれた。

忙しい夕食の支度の合間には、父の晩酌の肴を手早く誂えた。

そんな時こそ、故郷岩手の「菊の花のおろし和え」とか「長いもの千切り」「クルミ味噌」などをパパッと作って父を喜ばせた。母は手間を惜しむこともなく、手抜きをすることもなく、嫌な顔一つ見せるでもなく、さらりと何でもこなす人であった。朝の暗いうちに起床して、炭を熾し、飯を炊き、弁当をこさえ、家中の床を拭いた。昼飯を作り、子供のおやつを作り、晩飯を作る。家族最後の風呂を使い、火の始末をして床に就くのは夜中になった。母は頑健な方で風邪一つ引くわけでもなく、頑張った。昭和のあの時代には、何も私の母だけでなく、一家の主婦は誰もがこうした似たり寄ったりの生活を続けて歳を重ねたのである。

昔は、「男子厨房に入らず」といわれたが、私の場合はこの言葉は当てはまらなかった。小さい頃から食べ物に対する関心が強かった私は、台所からよい匂いがしたり、リズミカルな音が聞こえてくるや「お母ちゃん、何、作ってるの?」

とすぐさま台所へ駆け付けた。

彼岸のぼた餅作りや端午の節句の柏餅作り、遠足の海苔巻きなどの時は、台所に入りびたりで母の傍らで見入っていた。いつも、もらえる海苔巻きの端っこが食べたくて仕方なかった。しかし年を取るごとに度々要らぬことをいって母を困らすようになった。おかずに不平をいうようになり、味付けにも異を唱え、父に叱られた。さぞや扱いにくい子供であったろう。小学校の中学年ぐらいになると一人で台所にこもり「焼きめし」を作り、小麦粉を溶かして「どんどん焼き」を作るようになった。

後年、帰省のたびに率先して年老いた母に代わり、食事作りを買って出るようになった。お盆や正月の忙しい時にも何品かを引き受けもした。思いもよらずに戦力になったので母は喜んだ。そして母の普段口にしないような料理を作って喜ばせることもあった。それは中華料理の麻婆豆腐や青椒肉絲、八宝菜などであった。つたない男の料理であったが母は「旨いなぁ」といって喜んで食べてくれた。

私の作るこの怪しげな中華料理は、帰省するたびの恒例となり母は楽しみにしていたようだ。そして、母はいつしか私の帰省に合わせて中華スープの素やオイスターソース、豆板醤などを買い揃えていて私を驚かせた。またお盆の時に作った「揚げ出し茄子」が大好評で何度も作った。親孝行というほど大げさな話ではないが私が母の喜ぶことをした唯一のことである。私は母の作った料理で育ち、味覚も鍛え上げられた。私が母から受けた恩愛に比べたら全く話にならないくらいの微々たるものに過ぎない。ことによると母の料理好きのＤＮＡは私の中に引き継がれたのかもしれない。

ふるさとエッセイ⑮

大震災と父母《ちちはは》のこと

平成二十三年三月十一日午後二時四十六分、巨大地震が東日本を襲った。ほどなくして太平洋岸には空前絶後の大津波が押し寄せ、甚大な被害を東日本にもたらした。この史上稀なる大地震のことは生涯決して忘れることはないだろう。ましてやその後、大津波が双葉町に立地する東京電力福島第一原子力発電所を飲み込んだ。原子力発電所の全電源が喪失してまたたく間に原子炉は制御不能になり、ついには原子炉建屋で水素爆発を引き起こし、メルトダウンに至ったのである。その時に放出された大量の放射能により、我が故郷双葉町はとことん汚染されて存亡の危機に陥ったのである。

阿武隈山地からその周辺の山里や河川、田畑、市街地一帯、そして美しい海に至るまでことごとく完膚なきまでに汚され消滅しようとしている。はるか万葉の時代からめんめんと受け継がれてきた自然に寄り添う豊かな暮らしがこの日を境に突然、それも誰もが全く予想もしない最悪の形で途切れ、失われてしまったのである。千年以上の長きに渡って先祖代々丹精込めて耕し続けてきた土地から、人々は断腸の思いで離れざるをえなかった。

原発事故難民となった双葉の人々は全国各地に散り散りばらばらになり、筆舌に尽くし難い苦難の避難生活を強いられることになった。

再び双葉の地に戻れる日は訪れるのだろうか。安住の地は双葉町以外にはありえない。原発事故の代償はあまりにも重く過酷過ぎる。

あの美しい自然に囲まれた双葉町はなくなってしまうのか。豊かな山の幸、里の幸、川の幸、海の幸の数々も滅んでしまうのか……。

その日私は、まだ在職の身で、勤務先の東京九段下の事務所で机に向かって仕事中であった。突然の強い揺れに動転し、恐怖を感じたが、パニックに陥り泣き叫ぶ女子社員の動揺を抑え、机の下で揺れのおさまるのを待ったが揺れはなかなかおさまらず、「これはついに巨大地震がきたのだ。ついに東京も壊滅か！」と思わざるをえなかった。信じられないくらいに長かった揺れはどうにかおさまって倒れた棚や散乱した書類などを片付けたり、各営業所の様子を確認したりと業務に追われていたが、父や母のことが気になり双葉の家に電話を入れてみた。繋がらなかったので父の携帯電話にも入れたがやはり繋がらない。「もしかして今日は父のショートステイの日だったか」と思い介護施設に電話をしたが繋がらない。あとでテレビを見ると、震源地は東北地方の三陸沖とのことで、大津波が押し寄せてきて甚大な被害が出ていることが分かった。首都圏の交通機関は完全にストップし、結局その日は延々と八時間以上も歩いてやっとのことでどうにか自宅までたどり着いた。

明くる日になってテレビで福島第一原発が大変なことになっていると知らされて仰天した。それからは会社にいくのもままならずにテレビの前に釘付けになって原発の動向を見守ることになった。三月十二日午後三時三十六分。突然、福島第一原発1号機の原子炉建屋で水素爆発が起きたのである。私はテレビの前で体を強張らせ、身をよじり心が震え、頭の中が泡立つ思いがした……。

この時、双葉町には特別養護老人ホーム「せんだん」の入所者、隣接する双葉厚生病院の患者、そして双葉高校にも自衛隊のヘリによる避難を待つ人達など三百人以上が取り残されていたという。もしやこの中に父と母も含まれているのではという嫌な予感は残念ながら当たってしまうことになる。この1号機の爆発の二〜三分後に空からボタン雪のようなものがふわりふわりと落ちてきたそうである。それは放射能まみれの塵に違いない。それを聞いた時思わず私は「ああ、父と母を被曝させてしまったか」と嘆かずにはいられなかった。心を落ち着かせて考え直してみると父がショートステイのために「せんだん」にいる時に地震に遭遇したのは不幸中の幸いであった。もし家に一人でいる時であったなら箪笥の下敷きになっていたか、怪我をして動けなくなっていたかもしれない。ましてや、一人だけポツンと避難から取り残されたかもしれないのだ。それを思うと今でもゾッとする。

三月十一日、地震のあとで父達「せんだん」の介護施設にいた老人のほとんどは「津波が来るぞ」ということで、役場の車で双葉高校に避難した。双葉高校に着くと体育館は避難者であふれ、ごった返していたが、大地震のあとで余震も続いており物々しい雰囲気であった。誰もが疲労を隠さずにぐったりとしていた。

父は母のことが心配で「母といっしょに避難したい」と施設の職員に掛け合ったそうだが母は特別養護老人ホーム組で、父はショートステイ組という具合で別施設であったために別行動になってしまったのである。母はちょうどその一年前の平成二十二年三月に脳出血を起こして倒れた。一命は取り留めたものの脳のダメージは大きく、その後衰弱の一途をたどった。母は普段から風邪一つ引いたことのない元気な人であっただけに周囲のショックは大きかった。救急車で運ばれた富岡町の今村病院を退院し、楢葉町に新しく出来た老人施設「常盤宛」を経て、ようやく双葉町の特別養護老人ホーム「せんだん」に入所がかない、静かで穏やかな療養生活を送っていた矢先に恐ろしい原発事故に巻き込まれてしまった。

津波から逃れるために双葉高校に一時避難していた父達は畳敷きの大きな部屋に入れられたそうで、それはたぶん柔道場だったかもしれない。そこもたくさんの人がいて何とか横になれるぐらいの場所を空けてもらい休んだそうだ。暖房も毛布もない中で寒さに震えていたそうである。その夜は度重なる余震もあり、まんじりともせずにそこで朝を迎えたのであった。

食事はおにぎり一個と冷たいペットボトルのお茶が支給された。

お茶は冷たくて飲むと身体が冷えて、トイレにいきたくなるのである。父は腎臓を患っていたので異常にトイレが近かった。父はトイレにいくたびに、職員に肩を支えて介助してもらい、避難者であふれている柔道場の中を、休んでいる人にお願いしてスペースを空けてもらいながら歩いていくしかなかった。それを父は申しわけなく思い、水分を控えるように我慢した。ここでの二泊は寒さに加え大勢の人のざわつきもあって、到底満足に眠れる状況ではなかったのはいうまでもない。腎臓の悪い父にはどんなにか辛かったことであったろうか。

明くる十二日の午後、父は柔道場で寒さに震えながら横になっていると「ドーン」という大きな音と共に、すごい振動を感じたという。誰かが「原発が爆発した！」といったので避難者達に、一様に大きなどよめきが走った。父は「原発は大丈夫」と役場の人から聞いていたので、にわかには信じられなかったという。しかし、そのうちに、原発が本当に爆発したという情報が流れてきたために、避難している人達はパニック状態になったそうだ。父は益々母のことが気になって「せんだん」の職員に聞いても連絡が取れず分からないという返事で一層不安になった。また、避難していた双葉高校は原発が近いために放射能汚染の危険性が高いので、一刻も早くここから出なければならず自衛隊にヘリコプターを要請したことが知らされた。父は「これはとんでもないことになってしまった。これからどうなっちまうんだべ」と思ったそうだ。

ヘリは一回に二十人が限度で体調の悪い人が優先になったという。父はそこに避難している老人達の中では比較的元気な方だったために最後に回されたという。ヘリを待つ間にも被曝の不安はぬぐえず、実際には被曝したかもしれないと思った。そして何よりも母のことが心配でしょうがなかった。

ようやくヘリにのって向かった先は福島県立郡山養護学校であった。到着すると、すぐに「放射線被曝をしていないか」と検査を受けさせられた。寒い中、裸にされるのは嫌だったが、被曝したかもしれないという不安もあったので渋々受けた。結果は問題なしということで正直ほっとした。ところが、養護学校の体育館に入ろうとすると、そこには既に大勢の避難者がいたが、父達が原発のある双葉から来たことが分かると「わぁー」と蜘蛛の子を散らすように父達から逃げて離れていったという。中には露骨に父達ら双葉町から来た人が体育館に入るのを嫌がる人もいたというのである。「同じ避難者なのに何たる差別をされなければならないのか」と父達は少なからずショックを受け、情けない気持ちになったという。

その頃私は、父、母とも全く連絡が取れず、じりじりとただ時間の過ぎるのを待つのみ、福島へのアクセスは一切閉ざされた中で打つ手は何もなしという状況に置かれていた。ましてや、ガソリンはどこへいっても売り切れという有様である。ただ、焦ってイライラするばかりであった。

その後、父の消息が判明したのは三月十四日に双葉町役場の担当者からの電話が入ったからである。それによって父は郡山養護学校の体育館に避難していることが分かったのである。

また、母の消息が分かったのはその明くる日の三月十五日のことであった。母は三月十二日に福島県の川俣町に移動後、翌十三日に福島市の県立福島高校の第二体育館に避難していることが知らされたのである。母は無事とのことであったが、それまで鼻から摂っていた栄養剤が足りない状況で困っていると聞いて、私も父同様に母の体調が気がかりでいたたまれなかった。

父母の居場所が明らかになったにもかかわらず、会いにいくことがかなわないままにずるずると時間が経過していくことに焦燥感ばかりが先に立った。母の生命線である栄養剤については、一般の薬局での入手は困難であったが、手をこまねいているわけにもいかないので、妻のいとこの薬剤師に手配をお願いした。またガソリンも懇意にしているスタンドに無理をいって満タンにして、いつでも父母の元へ駆け付ける準備を整えていたのである。

三月十七日に郡山養護学校にいる双葉町の職員から連絡が入り「父の体調が悪いので大至急迎えに来て欲しい」というのである。道路はまだ閉鎖されて通れない旨を話すと「検問所でわけをいって許可証を取れ」とのことなので早速、翌朝に父を迎えに妻と弟の三人で出発した。常磐道の入り口の検問所で無事、通行許可証をもらって高速道路を走ると一般車は全く走っておらず、警察車両や自衛隊の車ばかりで物々しい雰囲気であった。道路はいたるところが陥没し、また深い亀裂が走っていて制限時速は六十キロであったが緊迫感いっぱいで思わずハンドルを握る手が汗ばんだ。

昼過ぎに郡山養護学校に到着してすぐに父と対面して驚いたのはその顔色であった。どす黒い土色でげっそりとし、衰弱し疲労困憊といった様子にただならぬ具合の悪さを感じ取ったのである。役場職員の話によるとこの二日ほど前から具合が悪くなり郡山市内の病院で診察を受けたが、腎機能が悪化しており透析の必要があるかもしれないとのこと。市内の病院は避難者の透析で満杯で無理だといわれ、少しでも早く首都圏の病院に連れていった方がよいとのことであった。私達は、すぐさま父をのせて引き返し、かねてから調べておいた千葉県白井市の白井聖仁会病院の門をくぐったのは夜になってのことであった。急患扱いですぐに診察を受けるも、専門医がいないのでその日は点滴だけ受けて明日もう一度ということになった。

その夜、父は私の家に泊まり実に久しぶりに風呂に入った。背中をゴシゴシと洗ってやるとアカがたくさん出た。父は「ああ、昨日までは、あの世へいくかと思った。今は極楽だ」といって目を細め、安堵の声を漏らした。夕食は妻の手料理で父の好物を用意した。その夜、私は父と同じ部屋に寝たが父は久しぶりの布団のせいか、頻繁にトイレへ起きてなかなか寝付かれないようであった。

翌日の診察で腎機能の低下が明らかになり、透析の必要があるとの診断がなされたのである。そして即、入院ということになった。病人である父にとって過酷な避難所生活が堪えたのは疑いようのない事実である。

母の方はというと、やはり寒い体育館での避難生活には耐えられるべくもなく、体調を崩して発熱し、福島市内のしのぶ病院に緊急搬送されたのは三月十九日のことであった。即、入院となったのはいうまでもなかった。このまま母一人をいつまでも福島に置いておくわけにはいかない。早くこちらに連れてこなくてはと思い、私の住む千葉県印西市周辺の母を受け入れてくれる介護老人施設を手当たり次第に当たったが、どこも一杯で順番待ちという状況に落胆の連続であった。ところが最後にいった印西市の介護老人施設「ヴィラ大森」で、原発事故避難者救済のために受け入れ可能との返事をいただいて、地獄に仏と感謝の念でいっぱいになったのであった。

しかし母の病状はなかなか回復せず、やっとのことで移動の許可が下りたのは一か月以上も経った四月二十二日のことであった。

救急車や介護タクシーも使わず、乱暴にも普通車の座席を畳み、その上にマットレスと布団を敷き母を寝かせて、福島市から印西市まで運んだ。今にして思うと、あの時母にはもっと丁寧な対応をしてやれなかったものかと、申しわけない気持ちでいっぱいである。「ヴィラ大森」に無事母が入所したことを父に報告すると「これでやっと安心して今夜から、眠れるなぁ」とホッとした様子で呟いた。

病人にもかかわらずに、冬の寒い体育館という劣悪な環境の中に収容された父と母は、わずか一週間という期間ではあったが、著しい病状の悪化を招き、その後、長期の入院生活を強いられることになった。原発事故が起きる以前と比べて、父母のあまりの衰弱振りに何ともやりきれない思いが込み上げた。

私は、十八歳で故郷の双葉の親許を離れてから盆、正月には帰郷していたのであるが、基本的には父母とは遠くはなれて暮らしていたので親孝行とはおよそ縁遠い生き方をしてきた。今更、後悔しても始まらないのであるが今の父母の辛い現状を目の当たりにして、とにかく今自分に出来る限りのことをしてやらなければ、という強い決意を胸に誓ったのであった。皮肉にも十八歳以来、父母とこんなに近い距離にいるのは初めてのことになる。

四月二十二日に介護老人保健施設「ヴィラ大森」に入所した母はかなり回復したのであるがその後、病状が悪化したために五月十三日に父と同じ白井聖仁会病院に救急車で搬送されてそのまま入院となった。しばらくたったあと病院にお願いして、父母は同室二人部屋に入れてもらえた。別々に避難生活を強いられていたので、せめて、病室だけでも二人いっしょにさせてあげたかったのである。そして八月十二日付けで施行された原発避難者特例法のおかげもあって、そのあともずっと入院生活を続けることが出来た。

二人部屋での入院生活において、父の母に対する看護の一挙手一投足には驚かされた。日に日に衰えがあらわになる母に、毎日語りかけ、ラジカセで母の好きな唄を流したりしていた。また少しでも布団がずれると直したりして献身的に母を気遣っていた。それはあたかも、これまでに自分が散々、母に世話をかけたことへの罪滅ぼしでもあるかのように。それは、誰もが微笑ましくなるくらいで、病院の看護師の間でも評判の夫婦愛であったのであった。

父は高齢にもかかわらず週に三回の人工透析をしていた。それは若い人でもぐったりするほど疲れるというのに、父は一生懸命頑張っていたのである。私は、週に三日は病院を訪れて父母の世話を続けてきたのであったが、悲しいかな、これまで、こんなにも父母との濃密な時間を過ごしたことはなかったのである。

父との会話は、自然に双葉の家のこと、隣近所や親戚の方々の動向、お墓の様子、原発事故の動静、そして置き去りにしてきた飼い猫のことなどに及ぶのであった。

また、避難所生活で持病の腰痛も悪化したために痛みがひどくなり、船橋市の評判の高い鍼灸院に週に二回連れていった。通院の車中で、いつも決まって口に出る言葉は「いつ双葉に帰れるのか」であった。無理もない。津波から逃げるために一時的に避難したものが、放射能被曝の危険にさらされ、強制的に長期避難命令のもとに故郷を追われ、帰還の見通しは全くなしというのであるから。まして着の身着のままで避難を強いられて、貴重品はおろか、何一つとして持ち出すことが出来なかったのだ。あげくに、病状も悪化して動くに動けない身体になってしまったのである。そんな父の心中を思うと憤懣やるかたない気持ちになってしまう。

父は双葉町が帰還困難区域になって町には入れないということが信じられなく、認めたくもないようであった。「原発が爆発して放射能汚染がひどくて町には帰れない」と説明すると、やっと「ああ、そうだったな」と反応が返ってくるのであった。町から送られてくる「広報ふたば」も最初は丁寧に目を通していたのであるが、それを読むことすらもかえって辛くなるようであった。

入院生活の中で一番の楽しみは食べることぐらいしかないのは誰しもが同じこと。無類の魚好きの父にとっては毎日の病院の食事も耐え難かったようであった。双葉で毎日食べていたような新鮮な刺身などを病院食に求めるのはとても無理なことである。私の顔を見ると「旨い刺身が喰いたい」と訴えるものだから、外出の許可をもらって和食レストランなどにも随分連れていったのであるが、口の肥えた父を満足させるのは容易ではなかった。

また、彼岸やお盆、年末年始の頃になると、神仏を大事にしてきた父にとっては神仏に手を合わせることがかなわないということが、とても耐え難かったことであったろう。「ああ、仏様に申しわけねえなぁ」といって彼岸やお盆になると、ことさらにその感が強くなるようであった。

平成二十三年九月三十日に私と弟は、双葉の家へ一時帰宅を果たした。放射線量が高いために二時間という制限の中ではあったが、この目でじかに原発事故後の双葉町を見たのである。国道六号線から入っていったのであるが、その惨状はまず、いつもなら黄金色の稲穂の海となるはずが、何とあたり一面セイタカアワダチソウの海になっていたことであった。この悲しい光景には言葉を失った。町中へ入ると道路はズタズタ、古い家は崩れ果て、商店のガラスが割れて道路に散乱していた。町はあの三月十一日のままで時間が止まっており、そのままゴーストタウンと化していたのである。自宅に着くと門扉には雑草の弦がからみ付き、生垣は二メートルにも達し、庭は雑草にすっかり占拠されていた。家のガラス窓は

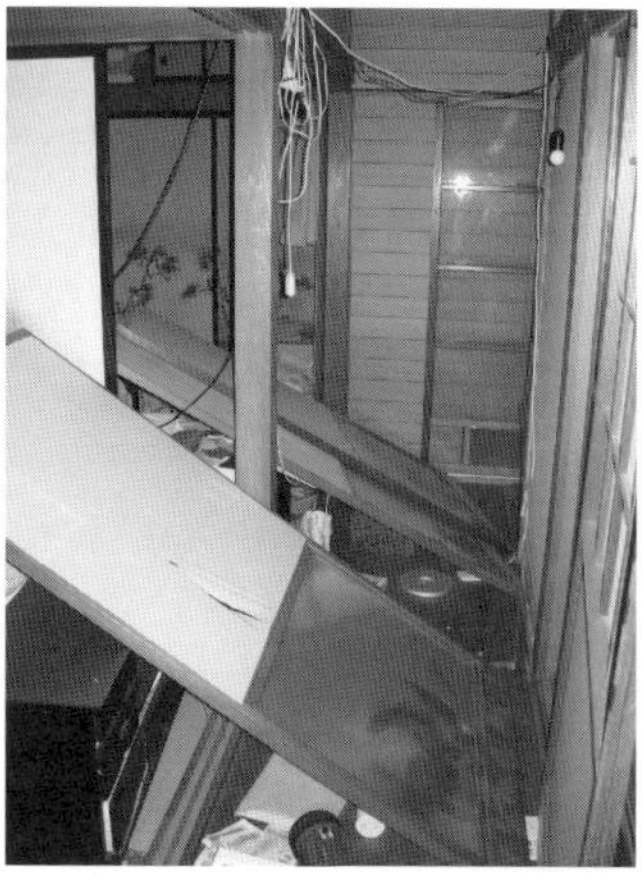

こなごなに割れて、誰かが侵入した形跡がありありと認められた。家の中に入ると大地震の爪痕が生々しくそのまま残っており、グチャグチャで足の踏み場もない状態であった。床には土足の足跡がクッキリと付いており、何者かが侵入したのは確実である。箪笥や建具はことごとく倒れており、何がどこやら全く分からない状態であっが、父にいわれた先祖の位牌と家の権利書などの重要書類だけは、どうにか探し出して持ち出した。家の中や周りの様子、そして先祖の眠るお墓などの写真を撮って父に見せると、「うーん」と無念そうに唸ったきり言葉もなかったのである。さぞやショックであったのだろう。

原発事故が起きてあれから六度目の秋を迎えることになる。今や自宅はとても人の住めるような状態ではなく、ゴーストタウンと化した町は時間が経過した分、確実に朽ちてきている。あの美しかった双葉町はもうこの世から消えてしまったとしか思えない。父の親しかった友人知人やお世話になった隣近所の人達の所在も、父には一切届いていないので何も知りようもないのであった。

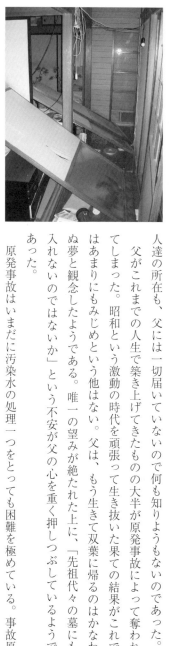

父がこれまでの人生で築き上げてきたものの大半が原発事故によって奪われてしまった。昭和という激動の時代を頑張って生き抜いた果ての結果がこれではあまりにもみじめという他はない。父は、もう生きて双葉に帰るのはかなわぬ夢と観念したようである。唯一の望みが絶たれた上に、「先祖代々の墓にも入れないのではないか」という不安が父の心を重く押しつぶしているようであった。

原発事故はいまだに汚染水の処理一つをとっても困難を極めている。事故原因さえも正確に掴めていないにもかかわらず、原発再稼働だけが先走っている今の状況には絶望感すら抱かざるをえない。今も故郷を追われた大勢の避難者が苦しんでいるのである。たくさんの人の人生がめちゃめちゃに壊された生々しい現実が目の前にある。大切な故郷を奪われた無念さはいかばかりか。

父の担当医から病状についての説明を受けたのは七月半ばのことである。ＣＴ検査の結果、小規模な脳梗塞が数か所に見られ、認知症が進みつつあるとのことであった。確かにこのところの言動には不可解なことも多々あったのでどうもおかしいと嫌な予感がしていたのである。そして、八月の初めには誤嚥性の肺炎を引き起こしたのである。微熱が下がらず、痰が絡んで、苦しそうであった。八月半ばには、食事も摂れなくなって、体力の低下も見られ治療に専念するために病室も移されたのである。担当医によると高齢のために人工透析の負担が大きく、血管や心臓がかなり弱っているとのことであった。話し言葉も聞き取りにくくて、何をいっているのかが分からなくなったのも、この頃からであった。

九月に入り小康を取り戻したものの束の間、やはり痰の詰まりは改善されず相変わらず呼吸が苦しそうな状態が続いていた。私の目にも明らかに「もしかしたら、そんなに長くはないのではないか」と思うぐらいの弱りようであった。しかし、枕もとで「そろそろ、ハツタケの出る頃だよ」などというと、確かな反応があったのには驚いた。父の脳裏には確かに昔、家族でハツタケ狩りにいった情景が浮かんでいたのかもしれない。当直の看護師の話によると、夜中にしきりに母の名を呼んでいたのもこの頃のことである。

十月四日に担当医に呼ばれて再び肺炎に侵されている旨を告げられた。肺の八割まで水が溜まって抜けないという。心臓の機能も著しく低下しており、もう打つ手がない状態であるとのことである。このままでは人工透析も出来ないといわれた。私は、予期はしていたものの、目の前が暗くなり、帰りの車の運転が辛くなった。

十月十五日の担当医の話は最後通告に等しいもので、万策尽きたとのこと。「余命は四、五日持つかどうかです」とのことであった。

十六日の夜に父の発した最後の言葉といえるものは、聞き取りにくかったものの、どうにか分かった。それは私には「お母ちゃんを頼むよ」と聞こえたのである。その夜、八時頃、一旦病院を出て家に帰ったのであるが、二十一時五十分に病院から電話があり、父の容態の急変を知らされて慌てて車を飛ばした。しかし、到着した二十二時十五分には残念ながら父の呼吸は止まっていた。平成二十六年十月十七日、二十二時二十八分、当直医によって父の死亡が確認されたのである。享年八十九。父はついに往生を遂げたのである。

あわれにも認知症が進んだ母に父の死など分かるはずもないのであるが、不思議なことに後日、母の担当の看護師によると、父の逝った時刻の母の様子に異変が起こったとのこと。しきりに上体を動かして何かに反応しているようであったという。きっと父が母のもとに「お母ちゃん、俺は一足、先に逝ってっから」と告げに来たに違いないのである。

原発事故によって私の住む千葉県に避難し、三年半の闘病の果ての身罷りであった。戦前、戦中、戦後と激動の時代を生き抜いた父の人生と向き合えた三年半でもあった。父を送った私の心の底には言葉では言い表せない何か「温かなぬくもりのようなもの」が横溢し始めた。そして不思議なことに「ああ、父は決して死んでなどいない。いつまでも私のそばにいて私を見守ってくれているのだ」という確信が芽生えたのである。そして「皆変わりはねえが」という父のやさしい声がいつも私の耳には聞こえてくる。

父の死から一年八か月後の平成二十八年五月二十四日に、母にもついにお迎えが来た。連休明けの五月六日に入院先の白井聖仁会病院から母の容態の悪化を告げる知らせが入り、急いで駆け付けると主治医より「誤嚥性肺炎を起こしている。血圧の低下が著しく、体力もないので今日明日が山である」と告げられた。母の顔色は真っ青で呼吸も苦しそうで「ああ、いよいよか……」と観念せざるをえないなと思った。もうこれ以上何もしてやれない自分の無力を嘆いてみてもどうしようもなかった。

しかし、母はその後驚異的な生命力を見せた。小康状態はなんとその後三週間近くも続いたのである。しかしついに五月二十四日の午後五時過ぎに帰らぬ人となってしまった。闘病生活は実に六年三か月にも及んだ。最後の最後まで頑張り抜いた母らしい人生であった。

享年八十九であった。母の人生は自分のための人生というよりは、夫のためであり、子供のためであり、家族のために捧げられた人生であった。

「親孝行したい時には親はなし」という言葉はまさに私のためにある言葉である。母から受けた恩愛の十分の一も返すことがかなわなかった。痛恨の極みである。

私は五十七歳になって自動車学校へ通い、免許を取った。それは八十歳を過ぎた母を、母の故郷である岩手へ車で連れていくためである。母もそれを楽しみにしていたのであるがその夢はかなわなかった。免許を取って運転にもようやく慣れた頃に母は病に倒れたのである。

何というタイミングの悪さであろうか……。神様は親不孝息子の罪滅ぼしを許してはくれなかったのだ。母にはただひたすらに親不孝に対するお詫びと私へ注いでくれた恩愛に感謝の気持ちでいっぱいである。今、父と母は双葉町の先祖代々の墓に眠っている。あの忌まわしい原発事故から六年以上経つが、双葉町は依然として放射線量が高く立ち入りは制限されている。原発事故の現場では懸命の作業が続いているがいまだに増え続ける汚染水の処理さえ解決のめどは立っていないし、大量の使用済み核燃料も保管プールにそのまま置かれている。人類がおよそ今までに経験したことのない激甚放射能汚染である。何から何まで手探り状態であるという。廃炉までの道のりはまだまだはるかかなたで視界はゼロに等しい。この先どうなるのかなどということは、誰にも分からない。

双葉町の人達は依然として避難生活のままで、故郷帰還の見通しは全く立っていない。あの日、否応なしに故郷を追われて以来、のしかかる厳しく辛い現実は何も変わってはいない。私の父母のようについに故郷の土を一度も踏むことがかなわずに無念の思いを抱きながらあの世へ旅立つ人は、今もあとを絶たない。

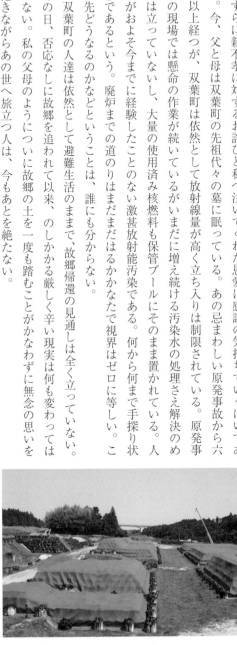

ふるさとエッセイ⑯　父の無念

あの忌まわしい原発事故から七年を超える歳月が経った。その間に、平成二十六年十月に父を、そして平成二十八年五月には母を避難先の病院で亡くした。両親は、最後まで望郷の思いを抱え、そしてそれがかなわぬ悔しさを胸に、不本意にも異郷の地から天国への旅立ちとなってしまった。

異郷の地でのお弔いは送ってくれる人の数も少なくて何とも寂しいものになった。父は最後の最後まで故郷の先祖代々の墓へ入れるか否かを気にかけ、そして避難先の病院で寝たきりの母の先行きを気にかけながら息を引き取った。

父は平成二十三年の三月十八日に入院して以来、実に二年七か月の病院での避難生活の挙句であった。父の生きる希望は日が経つにつれ徐々にしぼんでいかざるをえなかったようだ。

病室での父との会話は、いつも決まって「いつになったら双葉に帰れるのか」「双葉の家はどうなっているのか」「近所や親戚、知人、友人の消息」「丹精込めた盆栽のこと」「可愛がっていた飼い猫のこと」など心配に思うことばかりであった。またその他にも双葉の思い出話を独り言のごとくに語り続けた。それは、「山菜やキノコ採りのこと」「鰹の刺身やナメタガレイの煮つけの旨かったこと」「家族で餅つきをしたこと」「美しい蛍や蛙の声」「息子達と釣りにいったこと」「盆踊りやダルマ市のこと」「息子の野球大会や運動会の応援のこと」「仕事の同僚達との旅行のこと」「近所の親しい人達とのカラオケ大会」などと数え切れないほどの話をした。

それらは全て単なる過去の思い出話であったが、父にとって故郷に帰れないという現実の中で心の拠り所を得るために、ただひたすら故郷の思い出に縋るしかその術はなかったのである。それは、美しい故郷の自然や親しい人達との交流であり、いずれもお金では決して買えないかけがえのない大切なものばかりなのであった。

何でもないごく普通にある自然や暮らし、人との交流は失ってみてこそ、その大切さが痛切に身に沁みるものなのである。語り終えたあとの父はいつも寂しそうな顔をして「何でこんなことになっちまったもんか……」と呟いた。人はたったの三日間ですら家を空けようものならもう恋しくなるものなのに、それが三年近くも自分の家へ帰れないのは、不条理といわずに何といったらよいのか。

「こんなひどいことになったのは一体何故なのか」と父は繰り返しいい続け、己の身が置かれた現実を呪ったのである。

この父の問いかけに対して誰もが納得出来る答えはいまだ明らかにはなっていない。父にとって大震災から三年近く経とうとしている今、明らかになったのは「破壊された町や暮らしを自分の目の黒いうちに取り戻すのは不可能」ということだけであった。

双葉町には、かつて原発を賛美する大きな看板が掲げられていた。それは「原子力明るい未来のエネルギー」と大きく掲げられていた。その看板は今は撤去され、福島県立博物館に移されたという。あの看板が掲げられた当時の町の人々は国と東電の原発安全神話を鵜呑みにし、原発と共存共栄して双葉町が豊かになりその輝かしい未来を信じて疑わなかったのである。

平成二十八年七月末に私は一時帰宅した際に双葉町の惨状をつぶさにこの目に焼きつけたのであるが、かつて町民の見た夢は木っ端みじんに打ち砕かれてゴーストタウンと化した町の姿に寂しさと悲しさと悔しさで胸が熱くなりどうにもやりきれない気持ちに陥った。

震災後自ら命を絶つ人の最も多いのが福島県からの避難者だという。今や華やかな東京オリンピックの陰で原発事故が風化されつつあるが、福島から来たというだけで転校先の学校でいじめられている子供達も少なくないという。陰惨ないじめは今も続いている。こんなことは全く言語道断であり、絶対許せないことである。

事故のために強制避難させられて、異郷の地で孤立を深め自らの命を絶つ大人が増え、そして未来ある子供達までがいじめにあって自殺まで思い詰めているなんて……。

怒りで胸が張り裂ける思いである。

こんな悲しいことがこの世にあってよいものか。

原発事故は多くの人の故郷を奪った。

先祖代々守ってきた田畑や山林を台無しにした。

それまで築き上げた財産や共同体を奪った。

楽しく暮らしていた家族をバラバラにされ、そしてついには命までをも奪い始めたのだ。

原発事故の底知れない恐ろしさはどこまで続くのであろうか。

死ぬまでこの苦しみと恐ろしさから抜け出せないのだろうか。

今、私の父と母は故郷双葉町の菩提寺自性院の墓で眠っている。

自宅のすぐ傍にその墓はある。放射能で汚染された土地に両親を葬ることには躊躇したが、父は最後までこの双葉の先祖代々の墓に入れるかどうかを気にかけていた。迷った挙句にやはり父の希望通りにすることにした。父は様々な無念の気持ちを抱えたままにあの世へ旅立ったかと思うと、何ともやりきれない。せめて、自宅の畳の上で最期を迎えさせてやりたかったが、それすらかなわなかった。

もうすぐお盆がやってくる。父の大好きだった日本酒を手に墓参りにいってみようと思っている。

ふるさとエッセイ⑰　唄う母

机の回りを整理していたら、本に紛れてCDが出てきた。それは、母が晩年に、原発事故のために避難し入院していた病室の枕元で聴いていたものであった。三枚のCDは、いずれも母の大好きな音楽で一枚目は「戦前～戦後の童謡集」である。二枚目は「美空ひばり名曲集」。そして三枚目は「津軽民謡集」である。

病床にあった母は、いつもこれらの音楽に包まれて安らかに過ごしていた。音楽に聞き入りながら、いつのまにか寝息を立てて眠りに入るのが常であった。きっと故郷の野山を駆け巡って遊んだ子供時分の夢にひたっていたのであろう……。

母は若い頃から歌を唄うのが好きであった。昭和二年生まれの母が最初に耳にした歌は、母親の子守歌から始まって昔からのわらべうただったと思う。そして小学校の音楽の時間で習う文部省唱歌がそれまでの歌世界を大きく広げる役割を果たしたに違いない。文部省唱歌とは明治四十三年の『尋常小学読本唱歌』から昭和十九年の『高等科音楽一』までの教科書に掲載された楽曲をいい、膨大な数の曲がある。「故郷」「春の小川」「夕焼け小焼け」「朧月夜」「紅葉」「我は海の子」など戦後の小学校の音楽にも引き続き登場した曲も多い。これらの歌は現代の日本においても広く愛唱されており、その人気は高まるばかりのようである。

刻一刻と戦時色の濃くなる時代において、娯楽と呼べるものといえば、村祭りか町の市しかない時代では、学校で習い覚えた唱歌を歌うぐらいしかなかった。学校からの帰り道に、家の手伝いをしながら、弟妹の子守りをしながら母は唄った。

何をかくそう私自身も母の歌を聴いて育った。私は、超未熟児で生まれたために幼少時は身体が弱かった。赤ん坊の頃は音に敏感で、縫い針一本落としても目を覚ましてしまい、ぐずってなかなか寝付かない、育てにくく厄介な子だったらしい。しかし、子守り歌が好きで、母が唄うと機嫌よくすぐに寝入ったという。私が小学生の頃も、母は家事の合間によく唄った。

文部省唱歌以外にも大正時代に勃興した創作童謡運動から生まれた名曲の数々も唄った。「赤とんぼ」「揺りかごのうた」「春よ来い」「しゃぼん玉」「雨降りお月さん」「月の砂漠」「ペチカ」「雪の降る町を」など数え上げたらきりがない。母が唄ったこれらの童謡は、知らないうちに私の心に深く浸み込んで今もそれは消えることはない。

母は遠く故郷を離れた異郷の地において、寂しい時、辛い時に故郷の空を思い浮かべては、ひたすら唄うことによってその気持ちを紛らわしていたのだろうか。いやそうとも限るまい。母は根っから唄うことが好きで、唄うことに喜びを感じていたのだと思う。

昭和二十七年五月、「リンゴ追分」が発売された。歌ったのはその頃めきめきと頭角を現して注目を集めていた十五歳の天才歌手「美空ひばり」である。この「リンゴ追分」は昭和二十七年四月にラジオ東京（現ＴＢＳラジオ）の開局を記念して放送されたラジオドラマ「リンゴ園の少女」の挿入歌として制作され、同年十一月に「リンゴ園の少女」が美空ひばりの主演によって映画化された際にも主題歌となって大ヒットした。最終的には百三十万枚のミリオンセラーになったという。母はこの「リンゴ追分」を聞くやいなや美空ひばりのとりこになった。幼い頃よりリンゴ栽培を手伝ってきた自らの生い立ちと重ね合わせたのであろうか。母は終生、美空ひばりのファンであり続けた……。後年は福島県浜通りの「塩屋岬」を舞台にした名曲「みだれ髪」に魅せられてよく口ずさんでいた。

「リンゴ追分」の舞台となった青森県弘前市のりんご公園には、「リンゴ追分」の歌碑が建立されている。

リンゴの花びらが
風に散ったよな
月夜に月夜に
そっと　えーーー
つがる娘は　ないたとさ

つらい別れを　ないたとさ
リンゴの花びらが
風に散ったよな　ああーーー

そして次は「津軽民謡」である。津軽民謡は日本の民謡の中でもその特異性においては際立つものがある。抜きに語れないのが津軽三味線である。太棹からはじき出される魂を揺さぶられる響きは明らかに特異である。三味線だけが突出し、歌の伴奏から独立して独自の世界を確立してしまっている。

普通民謡という歌は、民衆の暮らしの中から自然発生的に生まれてきたものとされている。そしていずれも気軽に一般民衆が口ずさみ親しまれてきた歌が多い。しかし津軽民謡は立ち位置がかなり違うようだ。代表的な「津軽じょんがら節」「津軽よされ節」「津軽あいや節」は、いくら地元の人間でも一般の素人には簡単に唄えるものではない。それほど津軽民謡は節回しが難しく複雑に屈折している。

津軽民謡にしても津軽三味線にしても、そもそもは元々目の不自由な人や門付けして歩いた流浪の旅芸人から始まったといわれたことを思い出した。北島三郎の歌う「風雪流れ旅」は津軽三味線の名士「初代高橋竹山」をモデルにしたといわれているがそれで納得した。津軽民謡はそのような厳しい芸能生活を強いられたプロの歌い手達によって紡ぎ出されてきたものであったのだ。聞き手の心をわしづかみして離さない津軽民謡の特異性は、紛れもなく土着と流浪の谷間から噴き上げてきた痛切な魂の叫びであった。さて、母は一体どこで津軽民謡を覚えたのだろうか。誰かに習ったという話は聞いたことがない。それにしては、兄弟縁者の集まった宴席では津軽民謡を気持ちよさそうに朗々と唄っていたのである。これは津軽の血を引くゆえとしか思えない。

母の残した三枚のＣＤに母の人生の一端を垣間見た思いがした。

町興しの味

「ズンダ」は母の好物であった。

ズンダとはエダマメを擂りつぶしたあんのことで、これを餅に絡めると「ズンダ餅」になる。ズンダ餅は今やすっかり仙台名物として商品化され仙台駅などの土産品コーナーを賑わしているがもともとはお盆、お彼岸の時期に米農家で作られていた素朴な餅菓子であった。宮城県を中心に近隣の福島県北部（相馬・双葉周辺）、岩手県南部（一関周辺）や山形県東部（米沢周辺）で昔から作られてきた。

双葉の我が家でも、お盆にはあんこ餅とこのズンダ餅を作った。

そして秋の彼岸には、ズンダのおはぎを必ず作った。母は岩手の実家でも子供の時から親しんでいたといい、そのあっさりとしていながらコクのある味わいに魅了されていた。

さて今、エダマメが世界的に大ブームであるという。

アメリカのグーグル和食検索キーワードランキングで一位が寿司、二位は意外なことにエダマメだという。あっというまにエダマメは日本を代表する食材に躍り出たというわけだ。アメリカの辞書「ウェブスター」にも「ＥＤＡＭＡＭＥ」としての表記があり、「おつまみによく合う」と書かれているらしい。日本人にとってエダマメは初夏の味わいとしてなくてはならないものの一つである。居酒屋にいけば「とりあえずビール」、そして必ず「エダマメ！」である。このエダマメ人気は欧米のみならず中国、台湾、東南アジアにも及びまさにワールドワイドである。

このブームの背景には健康志向があるのは当然であるが手軽に食べられて美味しく、見た目にも可愛いからであるという。そして洋の東西を問わず、誰もが一様にビールとの相性を口にするという。嬉しい限りではないか。

そこで、エダマメの次は「ズンダ」の出番である。ズンダ餅を始め、ズンダを使ったスイーツがいろいろと登場し始めている。このズンダスイーツが世界に受け入れられる日もそう遠いことではないような気がしてきた。

つい最近、人気キャラクター「東北ずん子」主演のアニメーション「ずんだホライずん」（ワオコーポレーション・スタジオライブ・SSS制作）が完成した。このアニメはヒロインの東北ずん子が幾多の苦難を乗り越えてズンダスイーツの美味しさを世界の人々に広めていくという話であるらしい。まさに時節を得たアニメという他はない。このアニメを世界の人々が見たらズンダの人気に拍車がかかるのはもはや疑う余地はない。今や被災地東北三県の「ズンダパワー」を世界に見せ付ける時がきた。東京オリンピックにはまだ間に合う。ズンダメニューで世界を驚かそう！

話は変わるが、先日、机の引き出しを整理していたら一枚のチラシが出てきた。それはあの忌まわしい原発事故が起きる一年前、東京日本橋の百貨店、日本橋高島屋で行われた「双葉町の観光と物産展」のチラシである。平成二十二年一月二十日〜二十六日の一週間、地下一階の食品売り場で開催されて好評を博した。そのチラシの冒頭にはこう謳われている。〝穏やかな気候、美しい風景。里山と海の恵みがたっぷり。〟〝太平洋に面した浜通り地方の中程に位置する双葉町。冬でも雪の少ない穏やかな気候に恵まれています。阿武隈山系の伏流水で潤う田畑で収穫された農産物、近海ものを中心とした海産物、素材を生かした加工品など、丹精込めた味わいを取り揃えました。〟とある。そして物産品はまず農産物として米である。「ふじた有機農園」の特別栽培ミルキークィーン、「こだわりの米　隆昌農園」の特別栽培コシヒカリ。次は「自然薯」で生産者として双葉町上羽鳥の千代田信一さんの顔写真がのっている。そして椎茸、ほうれん草と続く。菌床生椎茸は生産者として双葉町渋川の上田善幸・朝田光昭さんの名がある。ほうれん草は生産者として斎藤宗一、林一栄、細沢充の三氏の名が連なっていた。加工品としては、竹林漬物店の「相馬漬け」、JAふたば女性部双葉支部の「田舎味噌」など、海産物として小林水産の「天日干しちりめんじゃこ」、近海の「茹で水蛸」とある。そして観光案内コーナーでは「双葉福ダルマ」が販売された。大勢の東京の人々が双葉の人達が丹精込めて育て上げた味わいを評価してくれたのである。原発事故の直前までこうして双葉町は豊かな自然を背景に多くの特産物を育み、多くの人々が躍動していたのだ。この日本橋高島屋のチラシはその証の一つに過ぎない。

浪江町に昔からある「浪江焼きそば」が町興しの権威あるイベントのB－1グランプリに出場して見事グランプリの栄

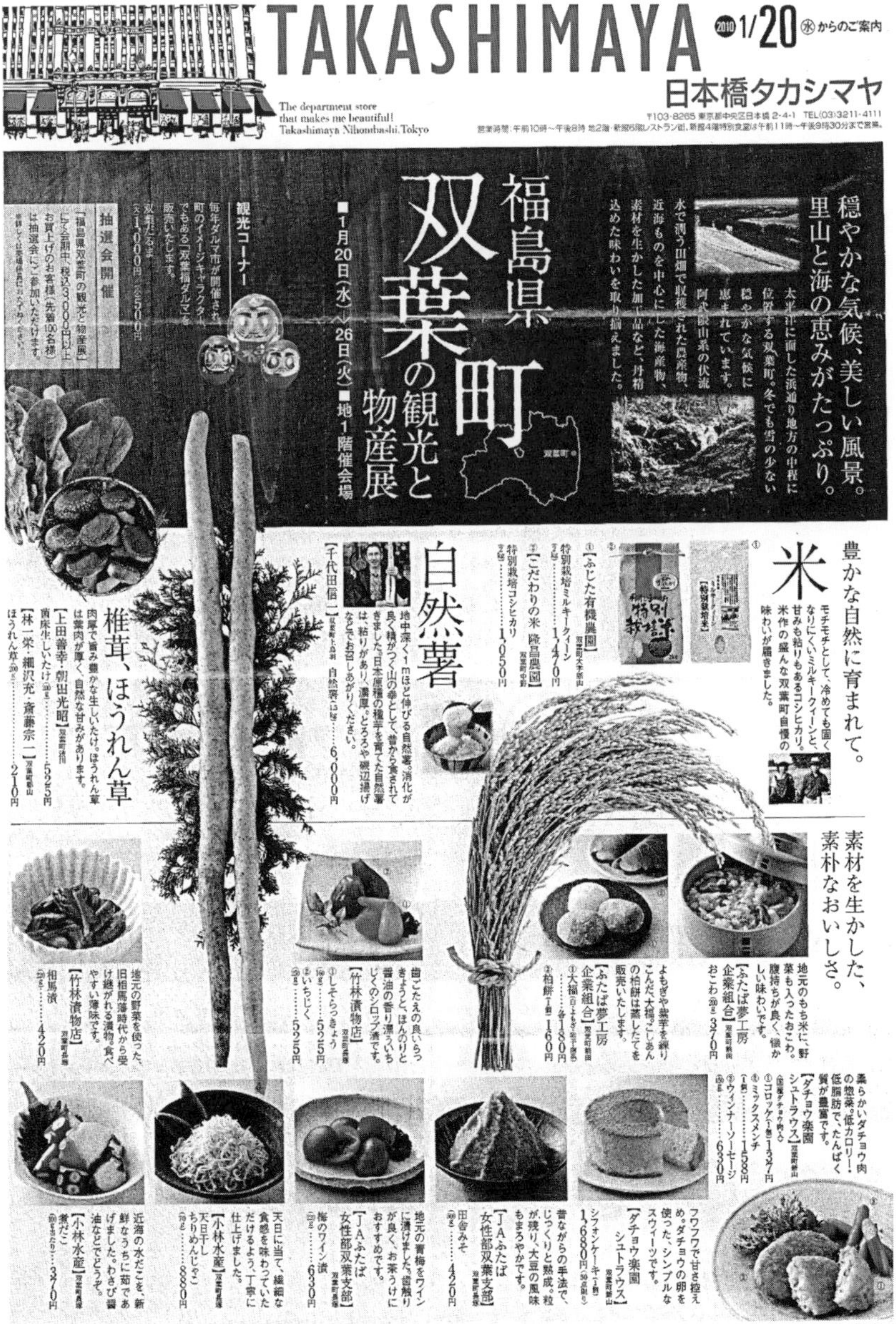

TAKASHIMAYA 2010 1/20(水)からのご案内

日本橋タカシマヤ

The department store
that makes me beautiful!
Takashimaya Nihonbashi,Tokyo

〒103-8265 東京都中央区日本橋 2-4-1 TEL(03)3211-4111

営業時間：午前10時〜午後8時 地2階・新館5階レストラン街、新館4階特別食堂は午前11時〜午後9時30分まで営業。

福島県双葉町の観光と物産展

■1月20日(水)〜26日(火) ■地1階催会場

穏やかな気候、美しい風景。里山と海の恵みがたっぷり。

太平洋に面した浜通り地方の中程に位置する双葉町。冬でも雪の少ない穏やかな気候に恵まれています。阿武隈山系の伏流水で潤う田畑で収穫された農産物、近海ものを中心にした海産物、素材を生かした加工品など、丹精込めた味わいを取り揃えました。

双葉町

観光コーナー

毎年ダルマ市が開催される町のイメージキャラクターでもある「双葉福ダルマ」を販売いたします。

双葉だるま (大)1,000円 (小)500円

抽選会開催

「福島県双葉町の観光と物産展」にて会期中、税込3,000円以上お買上げのお客様(先着100名様)は抽選会にご参加いただけます。

米 豊かな自然に育まれて。

モチモチとして、冷めても固くなりにくいミルキークィーンと、甘みも粘りもあるコシヒカリ。米作の盛んな双葉町自慢の味わいが届きました。

①【ふじた有機農園】双葉町大字前田
特別栽培ミルキークィーン (2kg)……1,470円

②【こだわりの米 隆昌農園】双葉町中野
特別栽培コシヒカリ (2kg)……1,050円

自然薯

地中深く1mほど伸びる自然薯。消化が良く精がつく山の幸として、昔から食されてきました。日本原種の種芋を育てた自然薯は、粘りがあり、濃厚。とろろや磯辺揚げなどでお召しあがりください。

【千代田信一】双葉町下羽鳥
自然薯(1.3kg)……6,000円

椎茸、ほうれん草

肉厚で旨み豊かな生しいたけ。ほうれん草は葉肉が厚く、自然な甘みがあります。

【上田善幸・朝田光昭】双葉町渋川
菌床生しいたけ(300g)……525円

【林一栄・細沢充・斎藤宗一】双葉町郡山
ほうれん草(200g)……210円

素材を生かした、素朴なおいしさ。

地元のもち米に、野菜も入ったおこわ。腹持ちが良く、懐かしい味わいです。

【ふたば夢工房企業組合】双葉町新田
おこわ(200g) 370円

よもぎや紫芋を練りこんだ大福、こしあんの柏餅は蒸したてを販売いたします。

【ふたば夢工房企業組合】双葉町新田
①大福……各180円
②柏餅(1個) 160円

歯ごたえの良いらっきょうと、ほんのりと醤油の香り漂ういちじくのシロップ漬です。

【竹林漬物店】双葉町長塚
①しそらっきょう(160g)……525円
②いちじく(250g)……525円

地元の野菜を使った、旧相馬藩時代から受け継がれる漬物。食べやすい薄味です。

【竹林漬物店】双葉町長塚
相馬漬(270g)……420円

柔らかいダチョウ肉の惣菜。低カロリー・低脂肪で、たんぱく質が豊富です。

【ダチョウ楽園シュトラウス】双葉町郡山
①コロッケ(1個)137円
②ミックスメンチ(1個)……158円
③ウィンナーソーセージ(150g)……630円

フワフワで甘さ控えめ。ダチョウの卵を使った、シンプルなスウィーツです。

【ダチョウ楽園シュトラウス】双葉町郡山
シフォンケーキ(1個)1,680円(50点限り)

昔ながらの手法で、じっくりと熟成。粒が残り、大豆の風味もまろやかです。

【JAふたば女性部双葉支部】双葉町長塚
田舎みそ(1kg)……420円

地元の青梅をワインに漬けました。歯触りが良く、お茶うけにおすすめです。

【JAふたば女性部双葉支部】双葉町長塚
梅のワイン漬(250g)……630円

天日に当て、繊細な食感を味わっていただけるよう、丁寧に仕上げました。

【小林水産】双葉町長塚
天日干しちりめんじゃこ(70g)……880円

近海の水だこを、新鮮なうちに茹であげました。わさび醤油などでどうぞ。

【小林水産】双葉町長塚
煮だこ(100gあたり)……370円

冠に輝いたという。あっぱれである。「浪江焼きそば」は私も高校生の頃に浪江町へいった際に「縄のれん」で食べたものである。独特の太いうどんに近いような麺が濃厚なソースに絡まって旨かった。その後「浪江焼きそば」は商品化されて一時はコンビニなどで発売されたという。つまり「浪江」の名は一躍全国に鳴り響いたわけである。

先日、久々に双葉高校時代の同級生二人と会って旧交を温めた。

そこで出た話題が「双葉町も浪江の向こうを張って何かよい名物料理は出来ないものか」ということである。確かに双葉には昔からこれといった特徴のある名物と呼ばれるような料理は私の知る限り存在しない。しかし、立派な農産物や海産物はある。この特産品を生かした「新しい名物料理を作ればよいじゃないか」ということになった。

「故郷双葉がなくなってしまう」なんてしょげかえってばかりでどうなるというのだ。何か明るい話題で盛り上げた方がよいに決まっているじゃないかということになった。そしていろいろと考えた。

①「双葉ヘルシーZUNDAバーガー」

ズンダは何も仙台だけの専売特許ではない。双葉でも昔から作られてきたのだ。両面を甘辛いじゅうねん味噌だれをかけて焼き上げた豆腐のパテ（豆腐とズンダ、椎茸、つなぎには自然薯）に茹でたほうれん草、トマトソースを、双葉特産の米であるミルキークィーンの粉で作ったハンバーガーバンズに挟んで食べるのだ。東北ずん子も納得の美味しさで世界中の女の子にうけること間違いなしだ。

②「双葉白富士カレー」

これは私の母のオリジナルカレーで、我が家の冬の定番カレーで、酒粕が入った風味豊かなもので隠し味に醤油とみりんが使われる。肉は豚肉を使用し、野菜は玉ねぎ、人参、じゃがいも、ズンダ、そして酒粕（清酒白富士）。酒粕はその驚異の栄養価が話題の最先端をいく食材だ。このカレーは昔懐かしい味がして、食べた人は誰もが双葉を思い出すことになるはずだ。

③「鰹の焼きつけ丼」

こちらは夏の定番メニューでいわゆる鰹のステーキ丼である。鰹の切り身を醤油、みりん、ニンニク、酒、ウスターソースを合わせたタレに漬け込み味をじゅうぶん浸み込ませてからフライパンで両面を色よく焼き上げ、たれを絡ませて艶よく仕上げて丼のご飯の上にズンダを敷いてその上に鰹をのせる。薬味に小口に切った青ねぎ、ミョウガ、白髪ねぎ、紅生姜を散らして出来上がりだ。

故郷の味で町興しなんて散々やり尽くされた感があってあまり新鮮味のある話ではないが、思いつくままにB級グルメで町興しの夢を語ってしまった。しかし、あながち夢とばかり決め付けないで何か「自分に出来ることはないか」と考えてみるのも無駄ではないとも思える。双葉町には私の知らない素晴らしい食材や、昔から食されてきた面白い料理がまだあるかもしれない。もっと皆で調査、探索を重ね、知恵を出し合えばよいアイデアが出てくる可能性は大いにあるだろう。皆で試食して盛り上がるのもそれはそれで楽しいに違いない。皆の心が一つになれる双葉の味がきっとあるはずだ。

あの忌まわしい原発事故のあと、双葉町の人達は長年住み慣れた町を泣く泣く離れ、全国各地に散り散りバラバラになってしまった。

それでもかつて皆といっしょに同じ気候風土のもと、同じ空気を吸い、同じ土からの産物を食べ、同じ海からの産物を味わってきた仲間であるがゆえに、故郷双葉の香りがプンプンする名物料理を口にすれば、たちまちそこに懐かしい故郷双葉の匂いを嗅ぎ付けるに違いない。

遠く離れていてもその名物料理を食べれば故郷双葉と一直線に繋がるのだ。そういう意味では「浪江焼きそば」は強いインパクトを備えた名物料理といえるだろう。この「浪江焼きそば」を超えるのは簡単なことではない。しかし新たな名物料理を開発するということは夢がある。未来へ向けて小さな歩みであっても一歩前へ踏み出すことが今求められている。皆で共通の目的に向かって楽しみながら前へ進んでいけたら……。

そしていつか活路が開けて双葉町の復興の役に立つことに繋がれば、こんなに嬉しいことはないだろう。

取り戻さなければならないもの

あの忌まわしい原発事故から七年半が経とうとしている。

ただ時間が経ったというだけで状況は何も変わらず、むしろその分だけ原発事故そのものが風化しようとしているだけである。

むしろあのような世界に例がない危険な大事故（東日本が全滅しかねなかった）すらなかったかのような意見が相次いでいる。

平成二十九年八月九日に開かれた経済産業省のエネルギー基本計画の見直しを議論する審議会「総合資源エネルギー調査会基本政策分科会」でのことである。この会議において焦点になっている原発について、原発の新増設や建て替えの必要性を訴える意見が相次いだという。何といったらよいのであろうか。言葉が見つからない……。

東京電力福島第一原発の事故は、いまだ事故責任、事故原因すら究明されておらず、政府・東電は「想定外の津波」のせいばかりにして、きちんと事故と向き合おうとしていない。その挙句に耳に入ってくるのは、なし崩し的な再稼働の話ばかりだと思っていたら、新増設とは驚いた。この審議会で新増設を声高に叫んでいるのは原発関連メーカーや立地自治体など、原発を推進したい立場からの審議委員が多く選ばれているためだという。脱原発や再生エネルギーを推進する人はひと握りしかいないという。これでは実りある審議を尽くすことなど土台無理である。もっと世界の動向に目を向け最新の技術やコストの問題などの幅広い観点から熟議してほしい。

驕り高ぶる体質の政権の下でまた原子力ムラの強硬な原発賛美の論理が幅を利かしてきたのだろうとしか思えない。このような一方的な意見が相次ぐ審議会に疑念を抱かざるをえない。

原発の新規増設は到底容認するわけにはいかない。これはなし崩し的な再稼働どころの話ではない。再稼働の次は新規増設というレールがもうすでに敷かれつつあるのか。新規増設というのは既定路線上の話なのだと疑わざるをえない。

原発には国民の大多数が反対している。原発から出る「核のゴミ」は増え続ける一方である。にもかかわらずその処分は全く解決のめどが立っておらず先送りするばかりで無責任極まりない。世界では、先進国を中心に原子力離れが進み、風力・太陽光などの再生可能エネルギーの方向へと転換の流れが出来つつある。政府は福島第一原発の事故を受けて、その当初こそ「原発依存度を可能な限り低減する」といっていたが、実際には「原発を重要なベースロード電源」と位置付けた。そして今や何事もなかったように「新規増設」という話が水面下で着々と進んでいるとしたら全く呆れた話だ。日本という国は何とも残念な国になり下がってしまったのだろうか。

遠く万葉の時代から自然と一体になり、自然に寄り添って暮らしてきた双葉の人々に放射能汚染は重くのしかかり、それまで育て、守ってきた大切な暮らしの全ては破壊されてしまった。双葉の人々は故郷から遠く離れて散り散りになり、それまでの食生活、食事スタイル、挙句の果てに味覚までをも変わらざるをえない悲しい事態に陥っているという。原発事故以前の双葉の大半の人々の暮らしは、生産と生活が一体となった食が支えて、また豊かな自然と人間の支えあいの関係から生まれた食を享受してきた。それを皆で美味しく食べる「地域の味覚」を共有し、少し大げさにいえば、「地域の食文化」といえるぐらいにまで高めてきたはずであった。その連鎖はあの原発事故によって無残にもぷっつりと断ち切られてしまった。もう永遠に修復することは出来ないのだろうか。

かつて双葉には美しい自然の中で育まれた豊かな農産物や海産物に恵まれた心豊かな暮らしがあった。人々は長い時間をかけて地域に根差したそれらの自然の恵みをいかす食べ方と調理や保存の技術を編み出してきた。それが双葉の味であり、地域の食となってついこの間まで日々楽しんできたものであった。それこそが食卓に季節を呼び込み、旬を味わい、生きるよすがともしてきたのである。さらにそれは年中行事などを通じて家族、地域が共に生きる絆にもなってきたのであった。

その昔から双葉の人々にとって生きるとは食べることであった。

天然自然に恵まれた環境にあって海山の季節の味を楽しむことこそが生きる喜びと直結していた。生活の中心が稲作にあってこそそれはなおさらであった。何よりも大切なそういった普通の暮らしが失われるなどと誰が一体想像したであろうか。

実直に黙々と朝から晩までひたすらに大地を耕して働いた人々、立派な家に住み贅沢三昧な生活を謳歌していた人々、質素ではあるが一家団欒を大切にし家族円満に暮らしていた人々、あるいは人生の最終局面にさしかかって全ての事柄を穏便に済まそうとする人々、そんな誰しもに等し並みに放射能は襲いかかり、誰でもが等し並みに全ての暮らしを奪われた。

失ったものはあまりにも大き過ぎて、どうやって取り戻したらよいのか皆目想像もつかない。事のあまりの重大さに誰もが目を背け受け入れられないほどの出来事であったのである。

失った故郷をいかに取り戻すかなどという問いに妙案などあるはずはない。ただ一ついえることはあの美しく豊かであった自然を取り戻さない限り故郷双葉の復興はありえない。我が故郷双葉の歴史と伝統も何もかも全ては阿武隈山系による伏流水によって培われた田園とその豊かな農産物、そしてその恩恵が流れ込んだ豊穣な海、この復興なしには語れないのである。放射能で汚染された森林、里、川、田畑、そしてその集大成である海を元のあの美しかった状態に戻さない限り真の復興はありえないであろう。

福島第一原発の廃炉に、現実味のある具体的な計画はとても示される状況にはほど遠い。それは当然のことだろう。いまだ人類が経験したことのない未曾有の事故であるし、そもそも現代の最先端の科学技術を駆使しても制御することが困難であったことはあの時、全国中継されたテレビの映像で露呈し、衆目の知るところになった。

原発事故からの復興とは、事故前の極めて普通の日常の暮らし、皆が一家団欒で食していた「地域の食」をあの当時に限りなく近い形で再現されることであろう。むろんそれは、使用済み核燃料が全て撤去され、中間貯蔵施設から汚染物質が取り除かれ、廃炉工程が峠を越えゴール地点が見えてこなければありえない話ではある。まだまだ先の話で現実からはほど遠い。

しかし、平成二十九年八月三日に驚くべきニュースがある全国紙にのった。

避難指示「二〇二二年春に解除」双葉町の五百五十五ヘクタール特定復興拠点申請へという記事である。記事の要約をまとめると以下の通りである。

福島県双葉町は二日、町内に人が住める区域（特定復興再生拠点）を整備し、二〇二二年春頃までに避難指示の解除を目指すと発表した。

これは八月二日の町議会全員協議会で示したもので、町は近く特定復興拠点の整備計画について国に申請する。計画によると特定復興拠点とするのは町の九十六％を占める帰還困難区域内でも比較的放射線量の低いＪＲ双葉駅を中心とした区域。町の一割に当たる五百五十五ヘクタールで、新しい住宅地などを整備する。二〇二二年春頃までに避難指示を解除して住民の帰還を進め、解除から五年後の目標人口を二千人と設定した。

この特定復興拠点は、五月に成立した改正福島復興再生特措法で、国が除染やインフラ整備を行うと定められている。

これで双葉町の復興へ一筋の光が見えてくるのだろうか。

あの時止まったままの時が動き出すのか……。

その道のりはあまりにも遠く険しい。

しかし一歩ずつ前へ進む以外に道は開けない。

何としても奪われた故郷を取り戻さなければならない。

放射能に汚された郷土をもとに戻さなければならない。

再び大地を耕して米や作物を植えなければならない。

美しい海と魚や海藻を取り戻さなければならない

地域の食、双葉の味を取り戻さなければならない。

家族全員が揃った一家団欒を取り戻さなければならない。

〝ふるさと〟は、〝ちちははの国〟なのだから……。

ふるさとふたばの昔ばなし

双葉町には古くから語り伝えられてきた数多くの昔ばなしがある。昔ばなしは、民衆の生活の中から生まれ、民衆によって口承されてきたもので、「むかーし」という確かではない時や「あるところ」という不明の場所を発端句として用い、本当にあったかどうかは知らないけれどという心持ちで語り継がれる話である。ここに紹介するふたばの昔ばなしは昭和六十年から双葉町の「公民館報」に掲載されたものの一部である。それらには双葉町の現存する地名が出てくるものや時代背景がリアルなものもあって面白い。いずれも、町の古老が語ったもので、比喩的、説話的、教訓的な味わいと祖先の温かな慈愛に触れたかのような味わいは、双葉の素朴な郷土料理とも相通ずるものがある。その後『ふたばの昔ばなし』『続・ふたばの昔ばなし』（初版：双葉町公民館発行／二版：双葉町教育委員会発行）として平成二十六年に復刻され、全国に避難している双葉町民の元に届けられ、癒しや心の拠り所になっている。

一、姑と嫁　（『ふたばの昔ばなし』より）

あるおっか様は、となりさ　用たしさんぐ（行く）のに、嫁様に、

「じゃがいも洗って、にておけ。」

って、言いつけて、行ったそうだ。

そして、用たして、いいあんばい時間たって、ほれ、帰って来たんだべ。

そんときに嫁様は、いいあんばい時間もたったし、ねえだ（煮えた）ころだなあーと思って、いろりさかけだ　なべのふたとって、はしを　いもさ刺してみたんだって。

そうしたどごろ、はし刺さったもんだがら、これは　ねえだから（煮えたから）食べはだった（始まった）んだって。

そして、口さ　ほおばったどこさ（ところに）、おっか様が用たし終わって帰って来て、表の戸、「ガラッ」と開けだだって。

そしたどごろ嫁様、戸　開げらっちゃがら、こうふり向いでみだらば、おっか様帰って来た。

とっさにだったがら、戸　開げだもんだがら、前さ高い山　見えだだって。そうしだどごろ嫁様は、

「あら、おっかさん。前の山は何んとゆう山だべ。」

って、聞いだって。そしたら、

「あの山か、あの山は　いもつづぎ、べろ（舌）、かんかち（やけど）山だ。」

って、言ったって。そしたどごろ嫁様は、

「ああ、んだのが。おらいの方の、あでこすり山にそっくりだ。」

って、言ったんだど。

それぐれえ（くらい）嫁様って言うのは、機転回さなくてなんねえもんだがらなぁーって言うごど。昔、年寄りに　おせらっちゃんだ。


（山田字北江下　中里イノさんのお話）

二、食わず女房　（『ふたばの昔ばなし』より）

まず、昔、昔なあー。

大昔のことなんですけっとも、一生けん命　かせぐ若者があったって。

ほうして、器量のいい美しい娘さんで、あんまり物の食べないで　かせぐ嫁さんが欲しかったんだど。

そういうことを言っていたところ、ちょうど、きれいな娘さんが来て、嫁さんさ　してもらいたいって言うんだど。

ほれがら、きれいな娘さんなもんだから、ほれてもらったんだど。

ほうして、家においたところ、毎日きれいに洗たくしたり、おまがねえ（すいじ）したりしんのが、とても上手なんだど。

んだげんとも（そうだけれども）、いっつも、そうしていで、ご飯食べないんだって。ほんで、やせもしないで、きれいになっていいんだってなあ……。

ほれで、ふしぎに思って婿さんは、あるとき、

「きょうも、山さ、んぐ（行く）。」

って、言ったんだげんちょも（けれども）、行かないで裏板の上さ　上がってかくれて、―どんなごど、すんのか（するのか）なあ―と思って、見でだんだど。

ほうしたどころ、おまがねえ始まったんだど。

ほうして、昔の大きな四升だきのなべさ、ご飯たいで、ほのご飯できたと思ったら、一生けん命丸めてにぎってな、「ポン」と上さあげ、丸めでは「ポン」と上さあげしたら、ほの頭の真ん中さ　大きな口があったんだど。ほの口さ、はあ、「ポン、ポン」と、おにぎり上げったっだど。

ほうして、四升だきさ煮だ　おにぎり、みんな口さ　入れっちまったど。

婿さんは、おっかなくなっちまって　逃げっぺと思って出ていったら、相を　けえて（変えて）大蛇になって、

「なんだ、おれのこど　見っちまったな。ほんでは黙っておがんにえ。」

って、追っかげらっちゃど。

婿さんは、一生けん命　逃げだんだってなあ。

今度は、さどめえ（人里）の方さ　逃げてきたんだげんちょも、はあ、もう少しで追いつかれそうになったんだど。ほうしたどころ、よもぎど、しょうぶがあっただど。

それがら、ひょいっと、ほの、しょうぶど　よもぎの中さ　入ってかくれだんだど。

ところが、蛇はよもぎが大きらいで、よもぎの中さ入っこど出来ないで、もどっていってしまったど。

ほのときは、ちょうど五月節句の日だったど。

ほれがら、ほの五月節句には、悪まよけのために、しょうぶとよもぎを家さ下げだっちゅう話。

（新山字広町　梅田タツさんのお話）

三、馬鹿息子　（『ふたばの昔ばなし』より）

どっかの家で、供養しんのに　拝んでもらうのに、お坊さんを頼んで　くんだったど。

そこで、お坊さん頼んで　来てもらっても、何も　ごちそうねえがら甘酒でも　ごちそうしっぺぇと思って、甘酒を造って甕さ入れ、神棚の高いどごさ　あげておいたそうだ。

そして、息子が　やっぱり馬鹿息子なんだったべなあ、甕おどすのに下の息子に「甕　おせえろ。」って言うごど、

「けつ（尻）、おせえろ。」

って、言ったんだぢげんちょも、

「けつ、おせえろ、おせえろ。」

って、言ったどごろ、甕の底　おせえねえで、自分のけつさ手あてで、

「だいじょうぶだ。」

って言うがら、高いどごろから　甕おっぱなしたどごろ「バジァー」っと、おっこどして甕こわして、甘酒　みんな下さ飲ませっちまったちゅう話だ。

その息子は、「グズ」って言う息子なのよ。そして、

「困ったやつだ。ほんでは甘酒は、ごちそうさせらんにぇし、はあ、ご飯でも炊いで、んじゃら、ごちそうするしかねえがら。」

って、米といで、なべさ水入れで、いろりさかげだそうだ。

そして、一生けん命、おっかさん火燃して　ご飯炊いでいるうぢに　ねえ（煮え）だってきて、なべは、

「グズ、グズ、グズ、グズ」

って、音してきたもんだがら、息子は、

「ハイ、ハイ、ハイ、ハイ。」

って返事したんだって。とごろ、なんぼ返事しても、「グズ、グズ」やめねえもんだがら、息子は、ごせぇやぇで（腹を立てて）、いろりのあぐ（灰）つかんで、なべさ入れっちまったんだって。そして、ご飯も食べらんにゃくした　なんて話だ。


（山田字北江下　中里イノさんのお話）

四、南山の馬鹿婿〈1〉（『ふたばの昔ばなし』より）

昔、あるとき、南山さ　殿様が来て泊まったんだと。

殿様が　来るなんては、めったにねえごんで、何を　ごちそうしっぺと　考えでいたどころ、

「殿様は、どじょうじる（汁）が好きだ。」

と、わかったんで、それでは、どじょうじる（汁）を　今夜は　ごちそうしっぺぇと　なったんだど。

そしたら殿様は、それを聞いて、

「どじょうじる（汁）を作んだったら、どじょうに　ごぼうを加えろ。」

と、言ったんだど。

それで、馬鹿婿は、一生けん命　どじょうに　ごぼうを　くわえ（くちでかむ）させようとしたが、どじょうはどうしても　ごぼうを　くわえねえので、困ってしまったど。

それで、しかたねえがら、どじょうに　ごぼうをしばって、どじょうじる（汁）を作って、

「しょわせごぼうに　いたしました。」

と、言って、殿様に出したという話。


（山田字上ノ台　宇名根サワさんのお話）

五、間の良い猟師　（『ふたばの昔ばなし』より）

昔、ある所に　狩りんど（かりゅうど）さんが　いたんだって。

ほうしたら、ほの狩りんどさんは、なんでも、ほの、たくさん取ってくるって、とても自慢すんだって。

ほうして、あの、ほの狩りんどさんは、ほんでも自慢するくらいだから、上手なんだわ。

ほうして、ほれ、あるとき　ほの狩りんどさんは、ため池さ行ったんだど、ほうしたら　かもが五羽も　そろってたんだど、ほこんどこ、まず、

「バーン」

って、ぶったら、その五羽のかもさ当たって、そのかもを　池の中から引き上げて　こなくちゃなんねえ。

ほうして、まず、しりはしって（はしょる）、ふんどし一本になって　池泳いで行ったんだど、ほうしたらば、かも五羽取って　向こうの岸さ行ったところには、重くて歩がんにぇほど、ふんどしさえびたまって、三十も　えび取ったんだど。

「これは大漁だ。」

と、思って喜んでいると、今度は　大きないのししが　来たんだど。

ほれから、いのしし来たから　今度は困っちまって、木の上さ上がっちまったど。

ほしたら、下ではほれ、いのししは、ほの（その）木を倒して、ほの狩りんどのことを、なに　とって食いちゃくて（食いたくて）、ほうして　ほの木の根っ子を、

「ガリガリガリガリ」

ぐるっと　掘ったんだど。

ほうしたらば、今度は、ほの木の根っ子さ山芋たくさんあって、ほうして、ほの山芋掘って、なにしたんだっけどはあー。木の上から、ほの狩りんどさんは　下のいのししを、

「バーン」

と、ぶってやったど。ほうしたら、いのししは、はあー、じき近くだもの　たまんねわあー、あいつで　ぶだれっちまったもの。

ほうして、ほのあど（あと）　狩りんどさんは　木から降りて来てみたら、山芋、こんなに長い山芋　たくさんあって、ひとしょいもあるほど取ったんだど。

ほうしてまあー、自分で自慢したほどの、まず　なには、たくさん獲物取ってきたじわ話。


（新山字広町　梅田タツさんのお話）

六、くさし者のおにぎり　（『ふたばの昔ばなし』より）

昔、昔、わたしのような、くさしな（ものぐさ）若い者がおったそうですと。

そんで、あるとき、どこかに用たしにいぐ（行く）のに、おにぎりを　しょって出かけたそうでしたと。

ところが、だんだんお昼も近づいてきたので、まず、腹も空いできたがら、背中のおにぎりを　食べようと思ったんですけどな、背中から、おにぎり落どして（おろして）食べんのが、なんとしてもやん（いや）で、腹へらして歩いていたんだど。

そのうぢ（うち）に、向こうから大きな口をあいだ人が来ましたので、
ーははあー、あの人は、腹へったので　口あいで歩っていんだなあ。ーほんでは、おれも、このおにぎり落どして（お

ろして）広げんのが、とてもやんだから、あの男に落どさせて、二人で食べようと思って　考えているうちに、二人とも
ぶっつがってしまった。

おにぎりを　しょった男は、

「いや、おめえは、たいそう大きな口あいで来るようだげんちょも（けれども）、腹へって口あいで歩ぐのなら、わたしは、おにぎりを　こう　しょってっから、一つずつ食べるように、この背中から落どして下さい。」

と、話したどごろ、ほの男は、

「いや、わたしは　腹へったのではねえ。この肩のひもがとげた（とけた）ので、結ぶのがやんで、口をあいで、あごで　おさえて歩っていんだ。」

なんて、言われたので、―さては、そのおにぎりの男も、とんでもねぇくさしもんだ。やっぱりこの男も、おれと同じだなあ―と、感心したそうでしだど。


（新山字本町　新田ヨシさんのお話）

七、南山の馬鹿婿〈2〉

（『続・ふたばの昔ばなし』より）


昔、昔、その昔のごとと思いますが、南山という所に馬鹿婿がおったそうでしたど。

その馬鹿婿は、もとは馬鹿息子で、嫁さんをもらってがら後、馬鹿婿となったと思います。

そこでまあ、嫁さんになった方は、頭がいい方だそうでした。

たぶん、しんしょ（身上）のいい所に生まれた娘さんだと思います。利口なお嫁さんを迎えたそうでした。

そのうちに、お節句にも近づいてきたので、まあ、嫁さんの家に二人して行ぐわけになったそうでした。

それで、なんでも、嫁さんは道を案内するために先に行ぐごとになったそうです。

なんで一緒にでがげなかったが、あのころは、二人でなんど歩がなかったもんですから、今のように二人でなんど、そ

ろって歩がねえじでえ（時代）だど思うようですな。

まず、この嫁さんは、ぬが（糠）をたくさん持ってきて、

「このぬがをずうっとまいで行ぐがら、その後ぬがをたずねて来るように。」

と言って、それでまあ、ぬがをまきながら行ぐわけなんですから、婿さんは一足後に行ぐごどになったそうです。

嫁さんが、そのぬがをずんずんまいで行ぐうちに、その日は大風の日なもんですから、そのぬがは、川の中に　とばされて入ったり、とうし苗代の中に入ったりしたんですげんちょも（けれども）、その馬鹿婿は、嫁さんのまいだものと思って、川に入ったり、とうし苗代に入ったりして、ようやく嫁さんの家に　ぬがをたずねて着いたそうでしたど。

ところが、馬鹿婿はどろんこになってしまったので、なんぼが嫁さんも驚いだごとと思うようですと。

それで今度は、夕食になったので、御馳走ほれ、いただくどごろなのだがら、嫁さんも気を配って、まず、婿さんの腕の後ろに細い糸のようなものを縛って、嫁さんは、こっちで、障子のかげにいで、その糸のはじに　かつぶしをつけでおいたそうでしたから。

そうして、なんでも、ほのかつぶしをしっぱった（ひっぱった）時、おわんをたんがいだり（持って上にあげる）、また、そのかつぶしをしっぱった時　おはしを持ったりするようにというわけで、婿さんに話しておいで、嫁さんはさあ、一緒に食べないで、障子のかげで一生けん命婿さんの御飯食べるうちに、婿さんの口をうかがっておったそうでした。

ところが、嫁さんのおとっつあん（お父さん）や　おっかさん（お母さん）も、

「これは馬鹿婿だって言ったって、たいそう御飯の食べ方なんどは行儀のいいもんだ、どこも馬鹿婿のところはない。」

と言って、よろこんだそうですと。

そのうちに、その嫁さんは、何か用事があったので、そば（側）さ呼ばれたので、そのかつぶしを　そごさ置いだままにして、御飯食べでいる所さ出て行ってしまったそうです。

ところが、そこへねこがきて、かつぶしのことだからねこはよろこんで、カチャカチャ　カチャカチャ、まず、じゃら

けたそうです。

いやーそうしたら馬鹿婿は、おはしを持ったり置いたり、茶わんを持ったり置いたり、おごご（つけもの）を食べたり、後は一緒にはあー、つめごむようなわけになったそうで、まあ、その家内中で驚いたそうですと。


（新山字本町　新田ヨシさんのお話）

八、文福茶釜（『続・ふたばの昔ばなし』より）

昔、ある所に、貧乏で、その日その日の暮らしをしているおとっつあん（お父さん）があったそうでしたと。それで、子どもが大勢で、着物どころではないし、今、食べさせる米もなかったようなわけで、暮らしておったそうでしたと。

そうして暮らしておるうちに、まず、年とり（おおみそか）の日が近づいてきたとかで、その夕方、年とる金を　くめんするのに、ぶらぶら出かけたところ、一匹のたぬきが、山の中から　ちょろちょろ出てきて、まずたぬきの言うには
「どこに、用たしに行くんだ。」

と言ったところ、そのおとっつあんが、

「今、年とり来て、年とる金もねえので（ないので）、年とる金をくめんに行くんだ。」

と言ったところ、

「いや、そんでは、おれがその金を　くめんしてやっから心配するな。」

と言うので、そのおとっつあんも驚いて一なんだ、たぬきは、どこから金をもどめできて貸すんだろうなーと、思っているうぢに、たぬきは、おとっつあんの前で、くるくるっと三度回って、さかだちしたところ、そのたぬきどんは、立派な文福茶釜になってしまったそうですと。

それで、

「これを、お寺のような所に持っていって、金にして　その金で年をとれ。」

って話されたそうで、そのおとっつあんも大喜び。―良い年をとれる。子どもに着物を着せでやれるし、げだも買ってくれられるし、年とりのごちそうも出来る―と、喜んで家に帰って来たそうですと。

そこで、夕方、お寺に行って、おしょうさんに、

「こんな立派な文福茶釜があんだがら、お寺で一つ買って下さい。」

と話したどごろ、お寺のような所では、金もたくさんあるし、

「いやあ、立派な文福茶釜だ。」

って言って、買ってくれたそうでした。

そうして、一晩過ぎて、元日になって、小僧さんがその文福茶釜に、井戸に行って水をいっぱい入れて来て、火の上にかげだそうですと。

―まあ、その文福茶釜でお湯をわがしてお茶を入れていただく（飲む）だったでしょう―。

ところが、だんだん尻がらあぶらっちぇ　熱ぐなったがらとんでもねぇ、ほの文福茶釜のたぬきも、すらりとたぬきに変わって、どごにが逃げでったそうですと。

ほんで、お寺では大変たまげて
―いやあ、文福茶釜も、何かたぬきも人を助けるために、こういう形をして、金をさずけてくれたでしょうがら―って、そのまま、そのおとっつあんに　さいそくもしないで泣きやんで（なきねいりして）おったそうでした。

（新山字本町　新田ヨシさんのお話）

九、南山の馬鹿婿〈3〉（『続・ふたばの昔ばなし』より）

昔、ある所に馬鹿婿がいたんだど。

ある時、婿は嫁さんさ呼ばっちぇ、嫁さんの家さ　んぐ（行く）ごどになったんだど。

そしたら、母親は、おせ（教え）たんだど。

「嫁さんの家さんぐ（行く）ど、きっと、カニの料理出されっかもしんにえからな。カニを出された時には、食う前にふんどしをとって、そうして、ほれがら食うんだど。」

と。

そうして、嫁さんの家さ行ったんだど。

嫁さんの家さ行ったらば、さっそくカニが出たんだど。

さあ、今度、馬鹿婿は、どっこいしょって立ってな、自分のふんどし、がらっと　とって横さ置いで、ほうして、カニをごちそうになって来たっていう話。

カニのふんどしでなく、自分のふんどしとって、ちゃあんと、まるめで横さ置いで、そうしてカニをごちそうになってきたんだど。


（前田字高田　沢上ムメさんのお話）

十、南山の馬鹿婿〈4〉（『続・ふたばの昔ばなし』より）

昔、ある所に馬鹿婿がいたんだど。

そうして、ある時、その馬鹿婿は、嫁さんの家さ呼ばっちぇ、んぐ（行く）ごどになったんだど。

母親は心配して、

「嫁さんの家さ行って、ご飯食べっ時はな、ご飯食べたら今度は、お湯でっかんな。お湯が熱くて飲まんにえときには、
たくあんで、よくかんまがして、ぬるぐしてから飲むんだど。」

って教えてやったんだど。

そうして、嫁さんの家さ行ったら、さあ、お膳になったど。

馬鹿婿は、ご飯をいっしょうけんめい食べだど、食べたら今度、

「お湯ついでもらいたいなあ。」

って言ったんだど。

さあ、お湯があづいがら、

「早く　たくあん持ってこ。」って、たくさん持ってこさせ、お茶わん中さ入れで、かんまして、そうして、お茶を飲んだど。

そのうち今度、夜になったんだど。

「風呂さ入っしえ。」

って言わっちゃんだど。

馬鹿婿は、風呂さ入っぺと思ったら、熱くて入らんにえもんだがら、大声で叫んだんだど。「たくあん持ってこー、たくあん持ってこー。」

そうしたら、嫁さんの家の人が聞いで、たくあん持って行ったんだど。馬鹿婿は、ほのたくあんで、熱いお湯を一生けん命かんまがしたんだど。


（前田字高田　沢上ムメさんのお話）

『ふたばの昔ばなし』『続・ふたばの昔ばなし』（双葉町教育委員会）より一部転載〈原文まま〉

双葉　俚言集

耳を澄ましてじっとしていてごらん
ホラ　聞こえるよ
風の音の中に混じって
皆の話す声が
懐かしい　故郷の言葉が

ア

アイヤ　驚きを表す「アラ、マア」
アイベ　いっしょにいこう
アゲェ　赤い
アセェ　浅い
アッペ　あるだろう
アヤマッタ　まいったなぁ
アンニャ　兄
アンチャ　姉

イ

イイベ　いいだろう
イギヅレェ　いきづらい
イクベ　いこう
イジクル　触り撫でまわす
イダマシ　惜しい・勿体ない
イッペエ　いっぱい

ウ

ウソンコ　本当のやりとりではないこと
ウワッカァ　上側・上部
ウワカブ　膝

エ

エ　家
エガッペ　よいだろう

オ

オクライ　下さいな（店などで）
オゲハグ　ぐだぐだとした文句
オダズ　気炎を上げる
オッカネ　恐ろしい

オツケ	味噌汁
オッコドス	落とす
オッパナス	放す・置いてきぼりにする
オドドイ	一昨日
オメラ	お前ら
オライ	我が家
オラホ	私の方
オロヌグ	土から引き抜く
カ	
カイチャ	裏表が逆
カエー	痒い
カエサンニェ	返せない
カクレンコ	かくれんぼ
カタス	片付ける
カタビッコ	ちんば
カッポシ	川をせき止めて水を干す
カンカチ	火傷
カンマガス	かき混ぜる
キ	
キカネ	利かん気の強い・いうことをきかない
ギスル	ふざける
ギッチョ	左利き
キンニョ	昨日
ク	
クチェ	満腹「ああ腹くちぇ」
クラツケル	懲らしめる
クンチェ	◯◯をくれ
ケ	
ケツメド	尻の穴
ケッタクソワリイ	胸くそ悪い
ケンクツヤ	不平不満で気分を損なう人
コ	
コキタネ	汚い
コゴラヘン	ここらあたり
コスイ	小狡い
コスッカラシ	狡賢い人
ゴセヤゲル	腹が立つ
サ	
サスケネエ	差し支えない
サンザッパラ	散々
シ	
シコタマ	たくさん

シタギ	唾液
シャーネ	仕方ない
ショウシィ	恥ずかしい
ショッペ	塩辛い
シンケタカリ	気がおかしくなる
ス	
スエル	腐る
スカシッペ	音の発しない屁
ズネエ	太くて大きい
スッコロブ	滑って転ぶ
セ	
セズネ	切ない
センニ	前に・以前に
ソ	
ソックリゲエル	上体を後ろに反らして威張るさま
ソッパ	出っ歯
タ	
タノグロ	あぜ道
……ダベ	……だろう
タマゲダ	驚いた
タンパラ	短気

チ	
チンチェ	小さい
チント	少し
チンミギル	つねる
ツ	
ツンダス	差し出す
ツンノメス	突き転ばす
ツンノメル	つまずく
テ	
デッコロブ	派手に転ぶ
デレスケ	動作の鈍い者の蔑称
テンコモリ	山盛り
テンデンコ	めいめいに
ト	
トガメル	化膿する
トッシャイグ	取りにいく
トッツカメル	捕まえる
トンガラカス	先を尖らせる
ナ	
ナヅキ	額
ナガッチリ	座の長い人を指す

ナヅグ	警戒心なく親しむ
ナス	分娩する
ナメッコイ	ヌラヌラしている
ナンデカンデ	何でもかんでも
ニ	
ニシャ	おまえ
ニゴゴリ	魚の煮汁の凍ったもの
ニッペ	煮よう
ヌ	
ヌイモン	縫い物
ヌグイ	暖かい・暑い
ヌグマル	暖まる
ヌッチャ	濡れた
ヌルコイ	ぬるい
ネ	
ネエ	ない
ネッペ	寝よう
ネッパス	くっ付ける
ネッパサッタ	くっ付いてしまった
ノ	
ノス	倒してしまう

ノタクル	這いずりまわる
ノバ	素っ裸
ノバス	伸びてしまうまでやっつける
ハ	
ハア	もう
ハエー	早い
ハダゲル	広げる
パッタ	メンコ
ハッパガス	はがす
バッチ	末っ子
ハネクラ	駆けっこ
ハネマル	走る
ハレッペ	晴れるだろう
ハヤス	言いふらす
ヒ	
ヒジャカブ	膝
ヒッパリ	血縁・親戚
ヒックリゲル	ひっくり返る
ヒナガ	昼中
ヒヤッコイ	冷たい

フ

ブスグレル　不機嫌で不愛想になる
ブッタダグ　強く叩く
フルシギ　風呂敷
ブンムクレル　怒ってふくれる
ブッパナス　放つ

ヘ

ヘデナシ　でたらめ
ヘッタクレ　意味のない
ペッタルコイ　平べったい

ホ

ホイド　乞食
ホゴ　そこ
ホゴラヘン　そこら辺
ホシタラ　そしたら
ホシテ　そして
ホジグル　穴を掘るようにし中の物をつつき出す
ボッコス　壊す
ボット　もののはずみ
ホレガラ　それから
ホマジ　思わぬ収入
ホロウ　落とす
ホンドギ　その時
ホンナラ　それなら
ホンナゴド　そんなこと
ホンコ　本気のやりとり

マ

マゲ　血筋・血縁・親戚
マツボンコ　松ぼっくり
マデエニ　丁寧に
マナグ　目

ミ

ミソッカス　半人前
ミッペ　見よう

ム

ムサンコ　必至・無我夢中で
ムガッパラ　怒りが沸く
ムル　漏れる

メ

メクセ　醜い
メッケダ　見つけた
メド　穴

メンコイ　可愛い

モ

モド　昔

モモタブ　太もも

モラウベ　もらいましょう

モヤガガル　靄がかかっている

ヤ

ヤッケェ　厄介

ヤッコイ　柔らかい

ヤッタ　渡した

ヤッパシ　やっぱり

ヤワ　弱い

ユ

ユンベ　昨晩

ヨ

ヨッピデ　夜遅くまで

ラ

ライサマ　雷

リ

リグヅ　理屈

リギイレル　気合を入れる

ロ

ログデネゴド　下らないこと

ワ

ワッカ　輪

ワリィ　わるかったごめん

ン

ンダ　そうだ

ンダガ　そうか

ンダガラヨ　だからいわんことない

ンダベシタ　その通りだ

ンダゲンチョ　そうはいうけれど

（アイウエオ順）

記憶を振り絞って思い出す限りの「双葉の言葉」を連ねてみたが、抜け落ちているものがまだまだあるに違いない。また、言葉の解釈に誤りがあるかもしれないがどうかお許し願いたい。

言葉は、使わないと錆付いて、やがては朽ちてしまうという点においては刃物と同じである。

ゆえに、大いに双葉の言葉をしゃべり続ける必要がある。

方言と混同し易い用語に、「訛り」「俚言」「俚語」「地域語」などがあるが、「俚言」は特徴的な方言の単語をいう。「双葉　俚言集」とした次第である。

資料1　双葉の食　その基本形態と食べ方　〜昭和30年代〜

分類	加工・料理名	作り方・食べ方
	食文化の型	米麦型沿岸文化
ご飯	麦飯	うるち米に、煮た大麦を2〜3割。
	白飯	
	赤飯	もち米に小豆
	筍ご飯、鮭ご飯、ホッキ飯、ハツタケご飯	うるち米に、具材として筍、鮭、ホッキ、ハツタケ、醤油、酒。
	雑炊、七草粥	冷や麦飯に出し汁や味噌汁をかけ、野菜を入れ煮る。
	ぼた餅	
米粉	団子	うるち米粉
	柏餅	あんを小麦の生地で包み蒸す。
	えびすこ餅	
餅	白餅、つゆ餅、豆腐餅、小豆餅、じゅうねん餅、おろし餅、納豆餅	白（焼いて食べる）、つゆ（具入りの汁をかける）、豆腐（擂った豆腐に味付けし、餅を絡める）、小豆（あんに餅を絡める）、じゅうねん（擂ったじゅうねんに絡める）、おろし（大根おろしに味を付けて絡める）、納豆（味を付けた納豆を絡める）。
	草餅、豆餅、柿餅、凍み餅（保存食）	草、豆、柿（それぞれを、搗き入れる）。
豆類	大豆〜味噌（麹）、たまり醤油、納豆、豆腐、凍み豆腐、きらず	大豆、麹、塩、玉利（味噌から出る汁を掬い取る）。おかず
	味噌〜じゅうねん味噌、ふき味噌	じゅうねんやフキノトウを擂り味噌と合わせる。

	その他～ズンダ、ひたし豆（アオバタ） 煮豆（黒豆、いんげん豆、他）	ズンダ（エダマメを擂りつぶす）、ひたし豆（乾燥豆を水で戻し、数の子と和える）、煮豆（各種豆を砂糖で煮る）。
芋	干し芋、焼き芋、蒸し芋	サツマイモを蒸して干す。焼く。蒸す。
	煮かぼちゃ	かぼちゃを砂糖、醤油で煮る。
野　菜	季節の野菜は年間を通して豊富	各種の野菜は茹でる、煮る、炒める、蒸す。一部生食する。
山　菜	ふき、ワラビ、ゼンマイ、ウド、コゴミ、タランボ、芹	アクを取り、茹でる、煮る、揚げる、干す、塩漬けにする。
きのこ	ハツタケ、アミタケ、シメジ、イノハナ、ホウキタケ、椎茸	茹でる、煮る、ご飯といっしょに炊く、炒める、焼く。
水産資源	川～フナ、鯉、ドジョウ、ナマズ、ウナギ、ハヤ、ウグイ、鮎、川海老、川ガニ	一部生食、焼く、煮る、揚げる、干す。
	海～アイナメ、ホッキ、タコ、さば、ドンコ、メバル、スズキ、鰹、アサリ、カスベ、メヌケ、クロガラ、ワカメ、ひじき、海苔	刺身、焼く、煮る、揚げる、干す。
動物資源	ヤマドリ、スズメ、鶏、卵、マムシ、山ウサギ	焼く、煮る。

※『日本の食生活全集』（農文協発行）を参考に作成

資料2　万葉時代の食べもの

米／大豆／小豆／麦／粟《あわ》／稗《ひえ》／黍《きび》／大根《おおね》／瓜／菘《あおな》／野韮《あららぎ》／瓢《ひさご》／蓮《はちす》／薑《はじかみ》／水葱《なぎ》／臭韮《かみら》／葫《おおひる》／芋《うも》／人参《にんじん》／
蒜《にら》／百合《ゆり》／筍《たかんな》／芹《せり》／薢《ところ》／蓴《ぬなわ》／菱《ひし》／蓬《よもぎ》／蓼《みら》／堅香子《かたかご》／榧《かや》／冬薯蕷葛《ところかずら》／独活《うど》／前胡《みつばぐさ》／高良薑《はじかみ》／貫衆《おにわらび》／薯蕷《やまついも》／
葛根《くず》／蘿《たけ》／桃／葡萄／栗／橘《きつ》／椎／海布《め》／兎／猿／鹿／馬／熊／牛／猪／蜂／雉《きじ》／鵜／鴫《しぎ》／鵺《ぬえ》／鵞《が》／鶏／
鶉《うずら》／鷺《さぎ》／雀《すずめ》／鴨《かも》／雲雀《ひばり》／鳩／烏《からす》／鳶《とび》／鵲《かささぎ》／貝／蛤《うむぎ》／白蛤／海鼠《めこ》／水母《くらげ》／鯛／鱸《すずき》／海鱸《みち》／年魚《あゆ》／鮪《しび》／鰹《かつお》／
鯔《ぼら》／鰒《あわび》／蟹《かに》／蠣《かき》／鯨《いさな》／鮒《ふな》／鯉《こい》

※樋口清之『食物と日本人』（講談社）より

資料3　「食」が詠われた『万葉集』の歌

醤酢《ひしおす》に　蒜《ひる》搗《つ》き合《か》てて　鯛《たい》願《ねが》ふ　われにな見《み》えそ　水葱《なぎ》の羹《あつもの》

長意吉麻呂（巻十六―三八二九）

現代語訳　醤と酢にノビルを突き砕いて加えた、ノビル酢とでもいうような合わせ酢で鯛の刺身を和えたものを食べたいと願っているのに、普段から好きで食べているナギの汁物など今は、私に見せないでおくれ。

さて醤酢とは、どんな調味料だったのであろうか。この「醤《ひしお》」とは、穀醤《こくびしお》であって味噌のようなものと考えられる。醤《ひしお》酢《ず》とは、味噌と酢を混ぜ合わせたようなものであろう。そこに、ピリッとした野蒜を香辛料として擂りつぶして混ぜ入れ、それを鯛の刺身で和えて食べたいと作者は願っている。

そして水葱《なぎ》とは、ニラとラッキョウの中間のような植物である。また、羹《あつもの》は熱い汁もので、汁に具を入れて煮た料理のことである。作者は、普段の食事にこの好物の水葱の羹ばかり食べていたので、たまには贅沢に鯛の料理でも食べたいと願っているのである。

『万葉集』に、このような食通らしい人の歌がのせられているということは極めて画期的で、この当時はすでに様々な調理法がなされていたことを意味している。この歌こそ調味文献として我が国最初のものといわれている。

あかね差す　昼は田賜《たた》びて　ぬばたまの　夜《よる》の暇《いとま》に　摘める芹これ

葛城王（巻二〇―四四五五）

現代語訳　作者の葛城王は、昼間は、班田使としての仕事に多忙を極め、仕事が終わった夜の寸暇をさいて摘んだ芹です。忙しい合間をぬってあなたのために摘んだ芹ですからよく味わって下さい。

この歌により、万葉時代にも芹の風味が好まれていたことが分かる。芹は、茹でて醤酢を付けて食べたのか、塩漬けにでもしたものかは定かではない。

石走《いわばし》る　垂水《たるみ》の上の　早蕨《さわらび》の　萌えいづる春に　なりにけるかも

志貴皇子（巻一二一三一〇一）

現代語訳　岩の上を、ほとばしり流れる垂水のほとりの早蕨が萌えでる春になったなぁ。

志貴皇子のよろこびの御歌であるが、ワラビが歌われている。ワラビは、万葉時代に蕨菜と呼ばれて親しまれた。アクを抜き、茹でて乾燥したものを貯蔵して、時に戻しては粥に刻んで入れたのであろうか。

石麻呂に　吾もの申す　夏痩せに　よしと云うものぞ　鰻取り召せ

大伴家持（巻十六一三八五三）

現代語訳　夏痩せにウナギが効き目があるということだから、捕って食べたらどうだ。

石麻呂という老人は、痩せの大食いという体質で、からかい半分のコミカルな歌であるが、この時代にしてすでに夏痩せの栄養補給にウナギがよいという理解があったことが分かる。

この時代には、現代のような醤油、酒、みりんなどの調味料はなかったのだからウナギは蒲焼には出来なかっただろう。一体どのようにしてウナギを食べたものやら……。細かく切って荒醤《あらびしお》で煮しめて、今でいう佃煮風にして食していたのかもしれない。

『万葉集』の歌には、実に様々な食べ物が登場する。ウナギや鯨、猪鹿《しし》、糞鮒《くそぶな》、鮎などを食ったなどと詠んでいる。野草、山菜さらには、イナゴ、タニシなども食べていたらしいがどのようにして食べていたのかは分からない。ただ、この時代は、大陸から新しい様々な文化と共に食文化も入ってきたので、新しい調味料を使用してそれ以前とは一線を画する味わいを手に入れていたことは想像に難くない。

東歌に歌われた東国庶民の素朴な食の世界

次に東国庶民の素朴さと躍動感あふれる東歌（巻一四）の世界を覗いてみよう。

万葉の時代、政治経済の中心は大和が位置する畿内にあった。そのため、東国は辺境、未開の地とみなされていたのである。また当時の東国には、大和政権に従わない蝦夷《えみし》の支配する土地もあり、畿内の文化とは異なる独自の文化を持っていたのである。

『万葉集』は、基本的には文字を書くことの出来る貴族や官人の文学であるが、巻一四は東国（西は遠江から東は陸奥までの十二国）の民衆達が詠んだ歌が収められている。東国庶民は、都人士に比べ教養がない上に生活に追われる日常ゆえ、飾ることを知らないその歌の表現は自分の心のありのままであり、おおらかさがあるのが特色といえる。東歌から東国の古代や双葉の古代の庶民の食生活を推測してみよう。

伎波都久《きはつく》の　岡《おか》の茎韮《くくみら》　吾つめど　籠《こ》にものたなう　背なとつまさね

東歌（巻一四―三四四四）

現代語訳　常陸国の伎波都久の岡のニラは、私がいくら摘んでも籠いっぱいにはなかなかならない。それなら、あの人を摘みなさいな。

この時代には、食料の確保には切実なものがあった。とにかくたくさん採れた時に、塩漬けや干して保存に励んだのである。食料が底をつく早春の若菜は、ニラに限らず待ち詫びていたものであり出来る限りたくさん採って保存食にしたのであろう。またニラは滋養強壮の付く植物であることは、万葉の人々にも十分知れ渡っていたようである。ヒル、ナギ、そしてこのニラといい、万葉時代には、強い匂いを放つ栄養価の高い植物が好まれていたようである。

稲春《つ》けば　かかるわが手を　今夜《こよい》もか　殿の若子《わくご》が　とりて嘆かむ

東歌（巻一四―三四五九）

現代語訳　毎日稲を搗くのであかぎれするこの手を、今夜もまた、若様がお取りになってなげかれることだろうか。

主が炊く米は日が暮れるまでに搗いておかなければならない。たとえ若殿が慰めてくれようとも、過酷な仕事に変わりはない。アワ飯やヒエ飯に比して、米の飯ははるかに美味であるが庶民が米を常食にすることはかなわない。必然的に雑穀やイモ類で我慢することになる。米を単味で味わうことが出来たのは大王や貴族などのごく限られた人々であった。

柵越《くえご》しに　麦食《は》む小馬の　はつはつに　相見し子らし　あやに愛《かな》しも

東歌（巻一四―三五三七）

現代語訳　馬柵越しに、麦を子馬が食べている姿がちらちら見える。ほんの少しだが、膚に触れたあの子がいとしい。

万葉時代の朝廷は、主穀をイネにのみ頼れば収穫が天候に左右され易いとして、養老七年八月に「麦は人を救う最良の穀物である」という太政官符を発布して、雑穀の栽培を奨励し、気候変化による飢饉のリスクを回避しようとした。麦は盛夏までに収穫が終わり、夏の干ばつや台風の影響が少なくて済むからである。

大麦は、粒のまま食したが、小麦は、粉にして団子や煎餅などに加工され多用された。中国の食文化の影響が窺われる。

左奈都良《さなつら》の　岡に粟蒔《あわま》き　かなしきが　駒《こま》はたぐとも　吾《わ》はそともはじ

東歌（巻一四―三四五一）

現代語訳　左奈都良の岡に蒔いたアワを恋人の馬が食んでいるけれど、私はそれをソソとも追うことはすまい。

米が主穀になる前はアワが主穀であったことからもアワが重要な作物であったといえる。その当時のアワ一斗と等価値の穀物を調べてみると、稲二斗、大豆二斗、小麦二斗、大麦一斗五升、小豆一斗などであった。この比率からすると、アワは、主穀としての地位をしっかりと保っていたことが分かる。畑作物として栽培されるアワは、天皇の供御にも欠かせない重要な主穀であった。

上《かみ》つ毛野《けの》　佐野の茎立《くくたち》　折りはやし　吾は待たむゑ　来とし来ずとも

東歌（巻一四―三四〇六）

現代語訳　茎立ちは、晩春に茎立った菜、つまりトウが立った菜である。上野の佐野の茎立ちを折ってお料理を作って待っています。たとえ、あなたが今年来なくとも。

春の野菜の中でも、アブラナ科のトウ立ちしたものは旨いものである。いわゆる蕾菜というやつで、軽く塩茹ですると鮮やかな緑色になって食欲がそそられる。ほろ苦くて春の味わいであり、万葉の人々も楽しんでいたのである。現代においても蕾菜は、そのすぐれた栄養価が高く評価され好んで食べられている。もちろん、双葉の人々にとっても昔からおひたしや油炒りなどにして食されている。

等夜《とや》の野に　兎窺《おさぎねら》はり　をさをさも　寝《ね》なへ子ゆゑに　母にころはえ

東歌（巻一四―三五二九）

現代語訳　この時代にはウサギを獲るのに夜に巣穴を狙ったのであろうか。「ちっとも夜に寝ない娘」のせいで、その母に夜這いを感付かれ、叱られたと頭をかく男の歌。

ウサギは、シカ、イノシシと同じように古くから食べられていた。庶民は、この歌のように夜にウサギの穴を狙ったり、罠を仕掛けてウサギを獲り、焼肉にしたり煮て食べたのであろう。保存には、シカやイノシシの肉と同じように、干し肉や塩漬けに加工したのであろう。

都武賀野《つむがの》に　鈴が音《おと》聞こゆ　可牟思太《かむしだ》の　殿の仲子《なかち》し　鳥狩《とがり》すらしも

東歌（巻一四―三四三八）

現代語訳　都武賀野に鈴の音が聞こえる。可牟思太の御殿の次郎君が鷹狩りをなさっているらしい。

鷹狩りは、貴族や豪族の遊猟でタカにウサギや鳥を捕獲させて楽しむものであった。関東地方の豪族の可牟思太の次男が鷹狩りをしているらしいと、タカの尾に付けた鈴の音で分かったようだ。獲物のキジやウサギの肉は、醬《ひしお》や酢で膾にして、塩をふって炙り焼きにして食べたのであろう。

あじの住む　須沙《すさ》の入江の　隠沼《こもりぬ》の　あな息づかし　見ず久《ひさ》にして

東歌（巻一四―三五四七）

現代語訳　アジの住む須佐の入江の人目の付かない隠沼のように、人知れず思って息が詰まりそうだ。こんなにも長く逢わないで。

アジとはカモの一種で美味な鳥で万葉の人々の食の対象であった。その他に、カリ、ツル、オシドリ、タカベ（小鴨）、チドリ、カイツブリ、ハクチョウ、ウ、シラサギ、モズ、ヒバリ、カモメ、ヤマバト、スズメなども食用にされた。キジやヤマドリの肉は、イノシシなどに比べると脂身が少なくて味も淡泊なところから万葉人には好まれていたようだ。私の少年時代には、スズメ獲りが盛んであった。ネバネバしたトリモチやカスミ網や罠などを仕掛けてスズメを獲った。こんがりと焼いて頭からバリバリとかぶりつくのである。

――万葉時代以降の食生活は大陸の影響で大きく変化した

万葉時代には複雑な手をかけた料理があったわけではない。しかし、よいものを作ろうという意識は確実に芽ばえていたようである。

万葉時代以前の調味料は「塩梅《あんばい》」といって塩と酢（他に、糖・酒があった）が基本であったが、醤《ひしお》（今日の醤油で大陸から伝わった新しい調味料）が加わり、この時代になって調味料が発達を遂げてよく使われるようになった。香辛料（ノビル、生姜、山椒、わさび、辛子など）の利用法も相当に進んでいた。それ以前の時代とは一線を画するくらいに味がよくなった。だが、総じてまだ料理と呼べるような調理は行われていなかった時代というべきであろう。

食器や盛り付けの美しさにも努力の跡が見受けられる。都の上流階級は土師器《はじき》・須恵器《すえき》などの土器の皿、椀《わん》、高坏《たかつき》などを使っていたが、庶民は木の葉などの植物の葉であった。「笥の皮に盛る飯」「シイの葉を器の代わりに使う」などの他にふきや里芋、ホウの葉などを、その時期や用途に応じて使い分ける工夫がなされた。今日でも双葉ではお盆などに仏様に供える食べものをハスの葉に盛ったり、月見に里芋の葉に盛るのは万葉時代の名残であろう。

また、万葉時代は、日本の食生活の歴史において大きな変化が起きた時代である。それは、大陸から新しい宗教や文化が入ってきて世の中が変わったように、大陸からの新しい食習慣のスタイルが取り入れられたからである。そして何よりの極め付けといえる肉食禁止令が出されたことによって、それまで食べていた獣肉、鳥肉が食べられなくなったことが重要であろう。仏教の戒律による食味の制限は、人間の生理的現象を止めることであった。長い間の肉食の風習はそう簡単には変えられなかっただろうが、この肉食禁止はその後なんと一千年以上の長きに渡って明治維新まで続くことになった。このことが後の徳川時代の鎖国令と重なって、世界のどこにも類を見ない「日本料理」という独特の料理の展開の祖となったであろうことは疑いのない事実である。

資料4　双葉の年中料理

※暦は全て旧暦

春	夏
日常食▼芹のごま和え、からし菜漬け、豆ご飯、筍ご飯、筍とニシンの味噌煮、ワラビのおひたし、タラノメの卵とじ、タランボの天ぷら、ふきのじゅうねん味噌和え、山ウドの酢味噌和え、ゼンマイ煮、メバルの煮つけ、ドジョウ汁、川海老のかき揚げ、ふきの炒り煮、ニラと生利節の酢味噌和え、ニラの卵とじのおつゆ、アサリとキャベツの蒸し煮、新じゃがいもの煮ころがし、ワカメの酢味噌和え、ワカメ汁、白魚とウドの卵とじ、白魚ご飯、エビガニの天ぷら、味噌作り **晴れ食、行事食**▼お彼岸にぼた餅（あんこ、じゅうねん、黄粉）を作る。 **端午の節句**▼必ず柏餅を作る。端午の節句のご馳走（煮しめ、鰹の刺身、ひじきの白和え、なます、白いまんま、吸い物） **田植え**▼田植え正月といって必ずあんころ餅を作る。田植えの煮物（筍、ニシン、ワカメ）、鰹は焼きつけにする。 **遠足の弁当**▼いなり寿司と海苔巻き、茹で卵が定番。	**日常食**▼脂ののった鰹は様々に料理する。刺身、煮つけ、あら煮。残りは焼いて醤油漬けに。アイナメの味噌タタキ、アイナメの味噌漬け焼き、ホッキ飯、ホッキの刺身、ホッキと野菜の煮物、ホッキの酢の物、鯵の塩ふり焼き、ナタマメのくたくた煮、茄子の油炒り、きゅうり揉み、シソの実の味噌漬けの冷やし茶漬け、スズキの刺身、ヒラメの刺身、ウナギの蒲焼、切り昆布の煮物、白玉みつ豆、冷やしスイカ、トマトの砂糖がけ、きゅうりのドブ漬け、茄子の田楽、茄子 きゅうり ミョウガの揉み漬け、茹でとうみぎ、エダマメ、冷や奴、マクワウリ、桃。 **お盆**▼七月十三日は迎え盆で、あんころ餅を搗いて、夕方お墓に、あんころ餅を上げ、仏壇にも、あんころ餅、精進料理を供える、お盆の煮物、十四日にはうどんを冷たくしてごまだれで食べる。煮物、きゅうり揉みを仏壇に供える。十五日は、白団子（うるちの粉をこねて茹でて作る）。芋がらの酢の物を供える。十六日は送り盆で白飯、茄子とささげのごま和えを供える。

<table>
<tr><th>秋</th><th>冬</th></tr>
<tr><td>日常食▼秋は脂ののったさんまを焼いて（塩焼きはもちろん、味噌焼き、煮つけ、団子汁、みりん干し、炊き込みご飯など）。さんまの味噌漬けは、囲炉裏端に串焼きにして焼き上がるのを眺めたのは楽しい思い出。請戸に揚がる鮭も秋の楽しみの一つ。鮭のよご飯、腹子飯など。クリご飯、さばの味噌煮。また、山には秋になるとハツタケを始めいろいろなキノコが顔を出す。アミタケ、イノハナ、ホウキタケが美味。ハツタケご飯、アミタケのおろし和え、イノハナご飯、ホウキタケの味噌炒めなどいずれも絶品。ハツタケの吸い物、キノコ汁、イモガラの白和え、イナゴのつくだ煮、クロガラの煮つけ、とろろ飯、けんちん汁、ほうれん草の山かけ、白菜漬け、小かぶのゆず漬け、カニ小突き、かぼちゃの煮物、蒸かし芋。
行事食▼運動会には海苔巻き、いなり寿司、ウインナーソーセージ、ナシ、ブドウ、柿。
お月見▼白団子、ハタイモ煮、エダマメ、茹でグリ。
お彼岸▼クリおふかし、煮しめ。</td>
<td>日常食▼アンコウを始め、カスベ、メヌケ、ドンコ、ナメタガレイなどの魚の煮つけで食卓が賑わう。アンコウはドブ汁、肝はとも和えに。カスベ、メヌケは煮魚が最高。ドンコの味噌煮、ドンコ汁、ザガキ酢、フナ味噌、カキフライ、白魚のおつゆ、豚肉のすき焼き、トン汁、魚のあら汁、ほうれん草のじゅうねん和え、鍋焼きうどん、鶏蕎麦、たくあん漬け、ゆずの砂糖漬け、ゆず味噌。
行事食、大晦日の年取り膳▼大晦日は白いまんま、お煮しめ、刺身、ナメタガレイの煮つけ、茶碗蒸し、きんぴら、お吸い物などのご馳走をいただく。年取り料理は一年で一番のご馳走の夕餉。
お正月▼雑煮、あんころ餅、おろし餅、くるみ餅、納豆餅、辛味餅など多種の餅を楽しむ。他にもアオバタマメと数の子、干し柿なます、黒豆、田つくり、ニシンの昆布巻き、ごんぼ炒り、イカ人参、タコの刺身、ゆずの砂糖漬けなどのおせち料理を食べる。</td></tr>
</table>

おわりに

子供の頃から食べることが大好きであった。また食べ物に対する関心が強く、未知の食べ物に憧れ、不思議な食べ物に魅かれた。

南洋の島の子供と虎の出てくる絵本を読んで、虎がグルグル回って溶けたバターで焼いたパンケーキがどうしても食べたくなって母を困らせたり、ヘンゼルとグレーテルの森の中のお菓子の家に憧れたりした。

また「アルプスの少女ハイジ」の中に出てくるチーズに魅せられた。あの当時、ちっぽけな田舎町ではチーズなど売っているはずもなく諦めざるをえなかったが、何年か経って町の食料品店でチーズを初めて目にした。雪印から出た6Pチーズである。一日五円の小遣いを貯めて買った。胸躍らせて銀紙を開けて、ひと口齧って「うぇ」となって吐き出した。まるで石鹸としか思えないひどい味に落胆した。

昭和三十八年発売の大塚食品の「ボンカレー」との出合いは衝撃的なものであった。家族に内緒でこっそり食べたが、美味しさに感動した。

母は、洋裁が得意で雑誌『ミセス』を購読していた。私は、その料理ページを見るのが好きで新しい号が届くのを楽しみにしていたくらいだ。見たこともない食べたこともないハイカラな洋食に憧れて母にせがむも、「材料がないから作れないよ」といつもかわされた。

しかし、クッキーやスポンジケーキの誘惑には勝てず、駄々をこねてついぞ、母を説得した。そうして母は、『ミセス』の通信販売で天火を購入して焼き菓子を作ってくれたのであった。天にも昇る嬉しさだった。

料理への関心は、上京してから益々深まり、アルバイトも当時住んでいた中野の大型書店の婦人書のコーナーである。

料理書が読み放題であったが、夕方の五時から夜の九時まで空腹との闘いの場でもあった。アルバイトで資金を作り念願の「ふぐ」を食べにいったりした。就職は、大阪が本拠の料理学校の東京企画部に入り、後半は食品開発の仕事に従事し最後まで勤め上げた。

帰省の楽しみは、何といっても母の手料理であった。幼い頃からずっと食べてきた母の味が、私の人生を支え続けてくれた。

母への感謝の思いと熱い郷愁の一念がこの本を著すことになったが読んでいただいた方には、どこまで伝わったか、はなはだ心もとない限りである。何とも悔やまれるのは、母が健在な時に執筆に着手していれば、もっと正確に詳細を書けたかもしれないということである。また、これも内容の不備の言い訳じみた話になるが、親しかった双葉町の人々は皆避難してしまい「昔の食」や「しきたり」、そして「言い伝え」などを生の声で聴くことがかなわなかったのが残念でならない。そして頼みの綱であった双葉町歴史資料館の利用が出来なかったのも痛かった。全くの孤立無援でしかも丸腰での執筆作業となってしまった。結局はおぼろげな記憶に頼るしか為す術がなかったので、記憶違いや勘違いが随所にあるかもしれないがどうかお許し願いたい。あの忌まわしい原発事故から七年が経過するが、止まっていた全国各地の原発が次々に再稼働を果たそうとしている。原発事故の痛みは、被害にあったものにしか分からない。故郷を失う悲しみは、失ったものにしか分からないのだろう。またいずれ双葉町の人達と楽しく山の幸、海の幸でも味わいながら「白富士」をやりたいと切に願ってやまない。私のつたない原稿と写真が一冊の本として世に出るためには歴史春秋出版社編集担当の髙橋恵美子さんの懇切丁寧なご助言とご協力があったればこそである。初めての出版で何かと不慣れな私を全面的に支えて下さったことにあらためてお礼を申し上げたい。最後になるが本書を亡き母に捧げたい。

平成三十年十月

伊藤政彦

引用・参考文献

『改訂　調理用語辞典』　（社）全国調理師養成施設協会編　調理栄養教育公社
『たべもの日本史』　多田鉄之助　新人物往来社
『日本料理探究全書　第九巻』　平野雅章　東京書房社
『日本の食生活全集　七　聞書き　福島の食事』　（社）農山漁村文化協会
『浜通りの年中行事と食べ物』　平出美穂子　歴史春秋社
歴春ふくしま文庫㊳『ふくしま食の民俗』　近藤榮昭・平出美穂子　歴史春秋社
全国歴史散歩シリーズ７『福島県の歴史散歩』　福島県高等学校社会科研究会　山川出版社
『食べる日本史』　樋口清之　朝日新聞社
日本人の歴史②『食物と日本人』　樋口清之　講談社
『日本人は何を食べてきたのか』　永山久夫　青春出版社
『魚の食べ方４００種』　奥本光魚　（社）農山漁村文化協会
『食の万葉集』　廣野卓　中央公論社
『東国の古代』　鈴木徳松　近代文芸社
『たべもの噺』　鈴木晋一　平凡社
「あかし～思い出の町・双葉」　双葉町商工会青年部　他　双葉町商工会
『味の歳時記』　清水桂一　ＴＢＳブリタニカ
『与楽の飯～東大寺造仏所炊屋私記』　澤田瞳子　光文社
『ふたばの昔ばなし』　「ふたばの昔ばなし」編集委員会　双葉町教育委員会
『続・ふたばの昔ばなし』　「ふたばの昔ばなし」編集委員会　双葉町教育委員会
『和食を伝え継ぐとはどういうことか』　木村信夫　（社）農山漁村文化協会
『日本の食生活全集　三　聞書き　岩手の食事』　（社）農山漁村文化協会
『むかしの味』　池波正太郎　新潮社

【著者略歴】

伊藤政彦（いとうまさひこ）

昭和27年（1952）岩手県生まれ。3歳より福島県双葉町で過ごす。福島県立双葉高校、明治大学卒業。大阪を本拠とする料理学校へ就職。在職中はテレビの料理番組や新聞雑誌の料理記事などを扱う企画広報業務に従事。また海外（アメリカ・ヨーロッパ）での日本料理の普及活動や食品・流通企業との提携事業など、幅広い食の分野を拓いた。退職後の平成24年（2012）には千葉県でクッキングスタジオ&手作り工房「田園の休日」を開業し里山の四季を楽しむ日々を送っている。

昭和の懐かしい簡単レシピ帖
伊藤さん家の母の味

2018年12月3日　第1刷発行

著　者　伊藤 政彦
発行者　阿部 隆一
発行所　歴史春秋出版株式会社
〒965-0842
福島県会津若松市門田町中野大道東8-1
電話　0242-26-6567
印刷所　北日本印刷株式会社